中国符号

中国匾额

朱辉
【主编】

蒋淳霖
张毓威
【著】

河海大学出版社
HOHAI UNIVERSITY PRESS
·南京·

图书在版编目（CIP）数据

中国匾额 / 蒋淳霖，张毓威著. -- 南京：河海大学出版社，2024.12. --（中国符号 / 朱辉主编）. ISBN 978-7-5630-9539-1

Ⅰ. K875.4-49

中国国家版本馆CIP数据核字第2024G88K73号

丛 书 名	/	中国符号
书　　名	/	中国匾额
		ZHONGGUO BIAN'E
书　　号	/	ISBN 978-7-5630-9539-1
责任编辑	/	彭志诚
丛书策划	/	张文君　李　路
文字编辑	/	李河沐
特约编辑	/	翟玉梅
特约校对	/	李　萍
装帧设计	/	朱文浩　刘昌凤
出版发行	/	河海大学出版社
地　　址	/	南京市西康路1号（邮编：210098）
电　　话	/	（025）83737852（总编室）
		（025）83722833（营销部）
经　　销	/	全国新华书店
印　　刷	/	廊坊市印艺阁数字科技有限公司
开　　本	/	880毫米×1230毫米　1/32
印　　张	/	11.125
字　　数	/	280千字
版　　次	/	2024年12月第1版
印　　次	/	2024年12月第1次印刷
定　　价	/	89.80元

我们知道，符号是一种标识或印记。它是人类生命活动的积淀，具备明确而且醒目的客观形式；也是精神表达的方式，承载着丰富的意义。文化符号，可以说是一个民族的容颜。

一国与他国的区别，很重要的是精神和文化。中国历史数千年，曾遭遇无数次兵燹和灾害，却总能绝处逢生，生生不息，至今仍生机勃勃，是因为我们拥有着深入血液、代代相传的强大文化基因。我们生于斯长于斯，身上都流淌着饱含中华文化基因的血液。

文化发展浓缩到一定火候，自然会拥有符号功能，产生符号意义。中华文化以其鲜明的外在表现和深刻内涵，凸显着我们的屹立于世界民族之林的独特形象。

作为符号的中华文化，遍布中华大地，也潜藏于我们的心灵。我们在很多古宅前见过"耕读传家久，诗书继世长"，这是中国家庭的古训，耕田事稼穑，丰五谷，养家糊口，以立性命；读书知诗书，达礼仪，修身养性，以立高德。类似的楹联还有很多。再说匾额，"正大光明"悬于庙堂之上，"紫气东来""和气致祥""厚德载福"则多见于官邸民宅。它们是中华景观的点睛之笔，也是我们的精神底蕴。

　　文化需要我们的珍视。都听过二胡曲《二泉映月》，但这首曲子也曾命悬一线。1950年，华彦钧贫病交加，栖身于无锡雷尊殿，已不久于人世，南京国立音乐院教授杨荫浏偶然间得知此曲，很快找到了阿炳，他们用当时少见却算是先进设备的钢丝录音机，录下了阿炳自称"二泉印月"的杰作。他们又录下了二胡曲《听松》和《寒春风曲》，第二天，还录下了琵琶曲《大浪淘沙》《昭君出塞》《龙船》。其时阿炳已沉疴在身，衰弱不堪，当年年底，阿炳就去世了，这六首弥足珍贵的录音就成了阿炳的稀世绝唱。这曲早已走向世界的音乐，如果不被抢救，恐怕早已湮灭。

　　文化是坚韧的，但文化的载体或结晶有时却也很脆弱。外国人建造宫殿主要用石头，而我们主要用木材和砖头，这也是我们的古代宫殿难以保存千年的原因之一。家具则无论中外，都是木质的，相对于我们漫长的文明，家具显然脆弱娇贵。启功先生以"玩物不丧志"誉之的王世襄先生，

精于古代家具、漆器、绘画、铜佛、匏器的研究，对明代家具和古代漆器尤有贡献。他早年在燕京大学接受西式教育，却醉心于中国古代器物，穷毕生之力，搜集了无数珍贵文物，并为它们做出了科学便捷的索引。他的代表作《明式家具研究》已成为众多爱好者的工具书，上世纪90年代出版后，有晚辈因书价昂贵有所抱怨，王世襄先生闻之，专门登门赠书，以泽后人。黄苗子先生谓其"治学凭两股劲：傻劲和狠劲"；杨乃济先生评其"大俗大雅，亦古亦今，又南又北，也土也洋"；张中行先生感叹"唯天为大，竟能生出这样的奇才"，博雅的王世襄先生当得起如此赞誉。2003年现身于公众面前的唐"大圣遗音"伏羲式琴，就是王世襄先生丰赡收藏中的一件，世人何其有幸，终于聆听到大唐盛世的悠扬琴音。

这样的故事还有很多。随着时代进步和科技发展，某些文化器物的实用性、功能性可能逐渐减弱乃至丧失，但是它们对人类的精神活动却具有巨大的影响，它们在创新中弥散、繁衍。研物可立志，在研究和把玩琢磨中，中华文化在现实生活和全球竞争中焕发出了新的生机。我们的传统服饰，近年来就常常成为国际品牌的流行元素；"功夫熊猫"早已成为国人自豪的网络热语；大型游戏《黑神话：悟空》2024年横空出世，成为一时之热，我们理应向明万历年间的南京书商"金陵世德堂唐氏"致以最诚挚的敬意，他们以《新刻出像官板大字西游记》之名出版了神魔小说《西游记》。没有《西游记》作者不计名利的心血，没有出版家的独到眼力，就没有在一代人的记忆中留下深刻印记的周星驰系列电影，当然也不会有在大小屏幕上闪烁的《黑神话：悟空》。《黑神话：悟空》风靡全球，还将不断孳生繁衍，这就是文化的软实力。

中华文化丰富而多元。《中国符号》第一辑含括了节气、家训、民俗、诗词、楹联、瓷器、建筑、骈文、汉字、绘画，现在摆在我们面前的匾额、家具、剪纸、科举、乐器、神话、石窟、书法、书院、篆刻等，是"第二辑"。第二辑并非第一辑的简单补充，它们均是我们灿烂文化的一部分，都是中华文化最璀璨的亮点。从文化的表现形态看，如果我们把匾额、剪纸、书法、篆刻等理解为二维表达，石窟、家具就是三维，而音乐、神话、书院、科举则是多维或制度性的，它们弥散在文明的光阴中，将伴随着漫长的时光，与我们的文明一起走向世界，走向遥远的未来。

《中国符号》第二辑的出版令人欣慰。多位专家学者贡献了学识，付出了努力。它对弘扬中华文化，帮助读者尤其是青年学生了解中华优秀传统文化，必定有所助益。

是为序。

第一章 中国匾额的源流

 壹

003 · 第一节　刻字的渊源

007 · 第二节　匾额的起源

024 · 第三节　匾额的分类

第二章 中国匾额的历史演进

贰

032 · 第一节　萌芽于先秦，形成于汉魏

046 · 第二节　完善于隋唐，普及于宋元

073 · 第三节　繁盛于明清，发展于民国

145 · 第四节　创新于当代，展望于未来

第三章 匾额的形制和制作艺术

167 · 第一节　形制

195 · 第二节　制作艺术

204 · 第三节　匾额与其他艺术的关系

第四章 匾额的现代刻字艺术表现

217· 第一节　匾额平面构成与立体空间的基本形式

219· 第二节　匾额肌理与色彩的艺术表现

第五章 中国匾额的价值意义

233·第一节　经济类匾额

242·第二节　政治类匾额

271·第三节　文化类匾额

279·第四节　社会类匾额

291·第五节　生态类匾额

298·第六节　"错"字类匾额

第六章 中国匾额的审美鉴赏及当代匾额的书刻创作

317 · 第一节　匾额书法的审美

324 · 第二节　匾额创作步骤与方法

337 · 后记

第一章

中国匾额的
源流

匾额在制作之时，有两种方式进行文字书写。一种是把文字直接书写在制作好的材料上；另一种是把文字书写到纸或其他材料上以后，再进行拓字、刻字等程序。第二种方式更为常见。大多数中国匾额，是书写后镌刻出来的。所以从某种程度上来说，中国匾额可以被视为一种刻字艺术，即镌刻文字的艺术，利用工具在物质载体上刻画形成的有艺术美感的文字的艺术。

一般而言，刻字包括传统刻字和现代刻字，所以刻字艺术"可分为传统刻字艺术和现代刻字艺术两种不同的艺术形式"[1]。匾额是中国传统刻字艺术的一种重要表现形式。随着匾额文化的不断发展，匾额艺术的演变，以及社会审美观念的更新，现代刻字艺术在传统刻字艺术的基础上萌芽、嬗变、升华，成为一种独立的艺术形式。我国匾额艺术的创造性转化和创新性发展，随着现代刻字艺术的发展实现了质的飞跃。

第一节　刻字的渊源

"我国是刻字的母国。"[2] 在研究、欣赏以及创作中国匾额之

---

[1] 王志安. 现代刻字艺术技法与创作 [M]. 杭州：西泠印社出版社，2017：1.
[2] 侍少华. 中国书刻艺术 [M]. 北京：荣宝斋出版社，2008：1.

时，还需要对中国刻字的渊源有所了解。

中国刻字艺术是镌刻汉字的艺术，中国刻字与中国汉字的起源、形成、发展息息相关。

一、汉字的起源

"关于汉字的起源，古今众多学者仁者见仁，智者见智。有结绳记事说、契刻符号说、起一成文说、太极八卦说、河图洛书说、生殖崇拜说、原始图画说、仓颉造字说和生成机制说等。"[1] 周毅认为："不管是哪种学说谈汉字的起源，都与爻画有关，都离不开简单的爻画；不管汉字体系有多庞大、多复杂，都绝不能否定汉字起源、构形等与爻画、卦画的联系。当诸多爻画具有了一定的读音和意义时，就构成了真正意义上的汉字。这样，可以得出'汉字推及于爻画'的结论。"[2]

爻画是指《易》卦，亦称"爻符""爻象""爻形"，指爻的符号。分两种："—"为阳爻爻符，"--"为阴爻爻符。爻符组合可构成卦符。

二、刻字的起源

汉字和书法都起源于爻画，因此传统意义上的刻字，也可以追溯至爻画。文字出现之后，写字和刻字的行为也随之产生。人们掌握了一定技艺，形成了审美观念之后，书法和刻字艺术逐渐诞生。

中国刻字从爻画的符号起源发展至今，从石器时代的卦符或刻符，殷商的甲骨文，西周的大篆钟鼎文，先秦的石鼓文，秦代的小篆刻石，汉代的刻碑，唐宋的刻帖，明清的木、竹、瓷等材料上的刻字，直到今天的现代刻字艺术，经历了近一万年的时间。

---

[1] 周毅. 楹联书法研究 [D]. 重庆：西南大学，2019.
[2] 周毅. 楹联书法研究 [D]. 重庆：西南大学，2019.

在旧石器时代，古人类用原始的凿刻方法，在石、木、甲、骨、竹或陶器等物体上刻画符号，这时候的"刻"可能没有产生文字。后来出现了爻画，如考古发现的浙江义乌桥头遗址出土的距今约9 000年的彩陶上面有极似"八卦"短线组和"豫卦"；河南舞阳贾湖遗址发现的距今8 000年左右的卦符或刻符，不宜作为符号对待，应当是迄今为止所发现的最早的文字，是汉字书法的源头。至少有两条理由足以证明：一是发现的十多例刻符上面有"点""横""竖""撇""捺""横折""竖钩"等笔画，书写特点是先左后右、先上后下、先内后外、先横后竖等，这与汉字的基本结构一致；二是有些刻符的形状与商朝甲骨文有许多相似之处，如形似眼目的"目"等。商朝刻画在甲（龟甲）、骨（兽骨）之上的文书，称为甲骨文，距今3 000多年。甲骨文绝对不是我国文字的初始文字，在甲骨文之前，一定已有一段较长时间的文字发展历程[1]。目前发现最早的文字当属贾湖刻符，以及距今9 000年左右的义乌桥头爻画。

● "豫卦"

● 河南舞阳贾湖遗址发现的卦符或刻符

---

[1] 1984年考古工作者在陶寺遗址中发现一片扁壶残片，残片断茬周围涂有红色，残片上朱书两个字，其中一个字为"文"，而另外一个字，专家们有"尧""易""命"等多种解释。文字是人类社会发展到一定阶段的产物。关于中国文字的起源，大家公认在甲骨文之前还有一段很长的历史。这个残片上的朱书文字表明，早在比殷墟早七八百年的陶寺时期，人们已经开始使用文字，它们的发现对于研究中国文字的起源有着重要的意义。

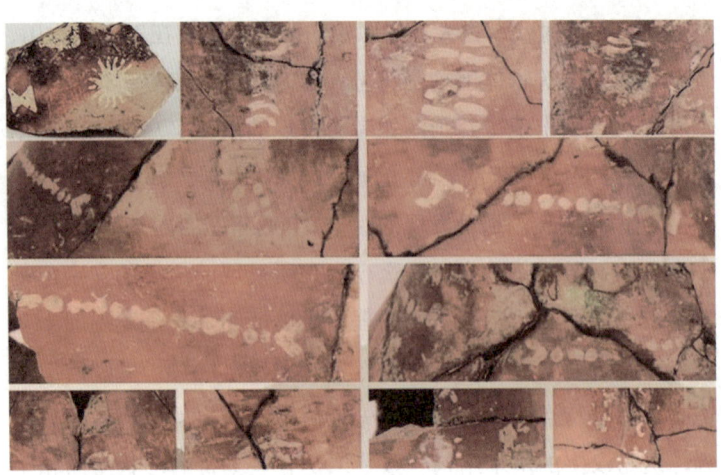

● "八卦"短线组

内蒙古阴山岩刻及岩画的创作年代可上溯到 10 000 多年前。据新华社报道，2023 年 5 月 23 日，"无字天书"阴山岩画断代工程启动。我们相信，很快就有会新的科学依据支撑。

● 内蒙古阴山岩刻及岩画

● 阴山岩画中的藏文　　　　　● 内蒙古阴山岩画中的人物岩画

中国文字源于爻画,由"刻"而萌芽。从远古人类在甲、骨、石、木、竹、陶器等物体上刻画刻符或卦符的初始文字算起,距今已有 8 000 年左右的历史。刻符是中国最原始的萌芽状态的刻字作品。"刻字艺术与中国汉文字的形成、演进紧密相连,与中国文字史、中国书法史息息相关,成为中国书法史的重要组成部分。中国书法由古文字到今体文字,经过历朝历代的演变、传承,风格丰富多彩,名家经典层出不穷,刻字艺术功不可没,它为书写中国光辉灿烂的书法史做出了巨大的贡献。"[1]

第二节　匾额的起源

探查匾额的起源,当论及匾和额的字义本源。

一、匾额的字义本源

(一)匾和额的解释

查阅文献,"匾"字、"额"字分别在《说文解字》《康熙字

---

[1] 王志安. 现代刻字艺术技法与创作 [M]. 杭州：西泠印社出版社, 2017：3.

典》《中华大字典》《汉字字源》等都有过解释。

1. "匾"字的解释

《说文解字》[1]解释为:"扁,署也。从户册。户册者,署门户之文也。"

《康熙字典》第155页第11个字,解释为:"通作扁。"

《中华大字典》[2]第156页最后一字至157页第一字,解释"匾"为:"本作扁。"

"匾"在《汉字字源》中的解释为:"扁biǎn〔附〕匾biǎn。本义是'在门户上题字'。《说文》:'扁,署也。从户册。户册者,署门户之文也。'《后汉书》:'皆扁表其门,以兴善行。'后写作'匾'。现代汉语有'匾额''牌匾'等词语。"

"门匾"就是安置在门额上的匾。如今楼堂馆所都可以在门额上置匾。一般来说,餐馆居多。"墙匾"就是墙体牌匾,在墙上的匾额,比门匾范围广些,现代使用居多。

综上,"匾"(biǎn),古作"扁"字。"匾"字作名词解释时的意思基本统一为:一种有字的牌匾或招牌,悬挂在建筑物上或室内堂壁上,一般挂在门上方、屋檐下。

2. "额"字的解释

《说文解字》解释为:"額,顙也。从頁各聲。臣鉉等曰:今俗作额。"[3]頁,人的头面部;各,脚趾;客,各自居住的人,此处引用"各自"的引申义。以冠状缝为界,头面部方向相对独立的区域即指额。造字本义是"头面部(相对)独立的区域",

---

[1]《说文解字》,简称《说文》,东汉许慎著,是世界上最早的字典之一。创稿于汉和帝永元十二年(100年),至汉安帝建光元年(121年)九月病笃中的许慎遣其子许冲进上。

[2] 纠正了《康熙字典》中两千余处错误,且全书附有各种插图,在注音、释义、印证方面则更简明、合理、有条理性。

[3] 许慎. 说文解字[M]. 徐铉,校订. 北京:中华书局,2004:181.

特指额骨区域，如额颅（前额）；引申为"顶端的部分"，如碑额、匾额等。

頟，《康熙字典》第1403页第6个字，解释为："［廣韻］五陌切［集韻］［韻會］［正韻］鄂格切，<u>丛</u>同額。［說文］顙也。"

額，《康熙字典》第1406页倒数第2个字，解释为："［廣韻］五陌切［集韻］［韻會］［正韻］鄂格切，<u>丛</u>音茖。［說文］頟，顙也。詳頟字註。"

顙，《康熙字典》第1408页第1个字，解释为："額也。"
《中华大字典》第2675页第16字,解释"額"为："頟,同'額'。"
"額"在《汉字字源》中的解释为："形声字……本义是额头……牌匾……"

综上，"额"（é），"額"的简体字，本字作"頟"或"顙"。"额"字的意思基本统一为：脸部眉毛以上、头发以下的部分，通称额头，引申用于"牌匾"。

（二）匾额的各种名称

匾额在历史上有许多名称。比如：白榜、扁榜、扁额、牌额、榜额、署书、扁书、榜书、匾式、牌面、牌匾、题额等。

白榜，语出唐代杜甫《白盐山》："白榜千家邑，清秋万估船。"

扁榜，语出宋代陆游《今上皇帝赐包道成御书崇道庵额》："于是皇帝闻而异之，故有扁榜之赐。"

扁额，语出宋代岳珂《桯史·卷十·刘蕴古》："初，吴山有伍员祠，瞰阛阓，都人敬事之，有富民捐赀为扁额，金碧甚侈。"[1]

---

[1] 岳珂. 历代名家小品文集·桯史[M]. 吴敏霞, 校注. 西安：三秦出版社，2004.

牌额，语出宋代陈善《扪虱新话》："前世牌额，必先挂而后书，碑石必先立而后刻。魏凌云台至高，韦诞书榜，即日皓首，此先挂之验也。"

榜额，语出宋代彭乘《墨客挥犀》卷三："钟弱翁所至，好贬剥榜额字画，必除去之，出新意自立名。"

署书，语出明代费瀛《大书长语》："秦废古文，书存八体，其曰署书者，以大字题署宫殿匾额也。"曰署书者，匾额也。署书用之于扁，后世因以俗称为扁书。又以扁板用于张挂，形式与张榜同，故或名榜书。

翻阅众多资料，综合多家之言，匾额概括理解为：一块写上或者刻上文字（通常是大字）的牌子（通常是木板），悬或凿于宫殿、宫室、殿堂、楼阁、亭榭、客厅、书斋、商铺、庙宇、寺观、陵墓、塔碑、牌坊、洞窟、摩崖或者园林大门等建筑物或室内堂壁的上端，一般挂在门正上方、屋檐下。

二、匾额的起源学说

匾额起源于何时，目前学术界尚无定论，众说纷纭。

（一）先秦说

先秦是指秦朝建立之前的历史时代，主要指夏、商、西周、春秋、战国这几个时期的历史。一般认为匾额之用始于先秦。

1. 从匾额产生的理论基础看，先秦"正名学"指导产生了匾额

匾额的生成是以孔子"正名以正政"和"名正言顺"的正名学思想为核心的。"正名"具体指的是什么？"名"就是名分，即社会角色，每个人都要知道自己所处的地位，在家庭、在社会、在单位、在集体中，都应做好分内之事，不要越位，不要做不

属于自己职权范围之内的事。"用'名'来识别万物，以'名'来区分贵贱尊卑，用'名'来褒扬良善。"[1]这三个基本点被应用到匾额形式之中，直接影响了匾额的产生。"匾额长方形用以显其正，而必须悬于门首之额，也是取其正中之意，表示着正统、正宗、正气和正派。"[2]在当时，匾额常常以其题名而出现。据说后来秦汉时期建成的规模宏大的阿房宫中，殿阁宫舍门阀等建筑上的门匾就有80余处。

2. 从悬帜广告的发展方向看，招牌广告是匾额的萌芽

《韩非子·外储说右上》记载："宋人有酤酒者，升概甚平，遇客甚谨，为酒甚美，县帜甚高，然而不售，酒酸。"县，同"悬"。帜，标志。这段记载翻译为：（周朝）宋国有一个卖酒的人，酒给的分量非常足，招待顾客也非常殷勤、客气、有礼貌，酿制的酒又香又醇很好喝，卖酒的标志挂得很高、很显眼。然而，酒就是卖不出去，时间一长，酒都发酸了。这里面有几层意思，一是表明"悬帜广告"最早出现在春秋战国时期；二是此为坐贾出现以后采取的一种悬帜的广告形式，以后也出现悬挂如葫芦等标志性形状物件；三是悬挂旗等招牌广告逐渐萌芽成为固定的匾额。

3. 从"扁表其门"的历史作用来看，"表闾"成为匾额起源于先秦的铁证

《史记·殷本纪》记载：周武王伐纣得胜以后，"释箕子之囚，封比干之墓，表商容之闾"，这三件事就是把箕子从牢狱里释放出来，给比干的坟墓封土修缮，给另一个商朝老臣商容的家门口挂匾。从司马迁写下"表闾"开始，旌表门闾的记载不绝于史。如何表闾？《后汉书·志·百官五》记载："凡有孝子顺孙，贞

---

[1] 舒利燕. 简谈中国匾额文化[J]. 群文天地，2012（15）：132-133.
[2] 舒利燕. 简谈中国匾额文化[J]. 群文天地，2012（15）：132-133.

女义妇,让财救患,及学士为民法式者,皆扁表其门,以兴善行。"这涉及旌表的对象及方式。"扁表其门",形式并不很复杂,即赐给匾额表彰之意。表闾方式,又见《南史·周盘龙传》:"孝子则门加素垩,世子则门施丹赭。"南朝虽多战乱,但《南史·孝义传》记榜门表闾之事却并不少,受朝廷表彰的人家,除了门加素垩、门施丹赭,还有"义行严氏之门""孝行张氏之闾"这类的标榜。

(二)周朝说

《诗经·大雅·灵台》中云:"经始灵台,经之营之。庶民攻之,不日成之。经始勿亟,庶民子来。"此诗中的灵台,就是周文王所建的集纪念、祭祀、观测、决策、动员、教化、封典、会盟、表彰、庆祝、观览、游乐等多功能于一体的场所。这个"灵台"的榜名,"可以说是我国历史上匾额的雏形"[1]。

(三)秦代说

1. 从匾额产生的历史原因看,行使治国效能促进了匾额的产生

匾额的发明没有史料记载,而把匾额作为治理国家的工具并形成国家制度的人,则是秦始皇。自秦始皇统一六国始,匾额就作为一项重要的国家制度得以颁布施行。匾额在孕育形成的过程中,融入国家意志,具有行使治国效能的内涵。匾额"在理念上有从古代'刊山表木,以定山川'国家标志演化而来的痕迹,也有受殷商天子铸钟鼎铭文的影响,在长方形及竖写文字上,则明显脱胎于竹简木牍,而这些都体现着国家意志"[2]。

[1] 赵婷. 匾额:门楣上的文化瑰宝[J]. 农村农业农民·A版,2018(1):51-53.
[2] 舒利燕. 简谈中国匾额文化[J]. 群文天地,2012(15):132-133.

2. 从匾额产生的实践意义看,"署书"直接影响了匾额的产生

秦《会稽刻石》记载:"运理群物,考验事实,各载其名。"秦始皇把这一理念运用到实践之中,在统一全国文字的同时,统一和规范了形制不一的标名形式,并定名为"署书"。署书是秦朝八种书体[1]之一,又称榜书,就是写匾额用的字体。从此,官方匾额体系开始孕育形成。

3. 从对题署事例的文献记载看,秦代已有匾额

郦道元的《水经注》中记载了题署事例:"山北有绝岩。秦始皇观礼于鲁,登于峄山之上,命丞相李斯以大篆勒铭山岭,名曰'昼门'。"[2]这里的"以大篆勒铭山岭",即用大篆字体,刻于摩崖之上,匾文为"昼门"二字,属于现代意义上匾额的范畴。注意,此题署因在注文之中,前人容易忽视。实际上这里郦道元的记载要比后面即将讲到的羊欣等人记载萧何题阙之类的传说可信度更高。这表明在萧何之前已经有题写建筑物名称的事例。

(四) 秦汉之际说

苏显双认为:"匾额最可靠的起源在秦汉之际,如李斯、萧何都有过题写匾额的经历,在汉代匾额已经普遍使用,见于汉壁画、明器等考古实物和文献记载中。但真正具有标识功能或宣示功能的文字起源或许更早。"[3] 他认为:"关于匾额的明确文

---

[1] 秦朝的书体定为八种,即大篆、小篆、刻符、虫书、摹印、署书、殳书和隶书。
[2] 王国维. 水经注校 [M]. 袁英光, 刘寅生, 整理. 上海: 上海人民出版社. 1984: 810.
[3] 苏显双. 匾额书法文化研究 [D]. 长春: 吉林大学, 2017.

献记载则在秦汉之际，如李斯书写'昼门'和萧何题宫阙。"[1]

（五）汉代说

1. 明文记载表明匾额开始于汉代

一是根据清代训诂学家段玉裁的《说文解字注》记载，最早出现的匾额是汉高祖六年（公元前201年），萧何为汉未央宫题写的"苍龙""白虎"二阙的宫阙。这里记载有两块匾额，即"苍龙""白虎"。南朝宋羊欣的《笔阵图》也记载此事："前汉萧何善篆籀，为前殿成，覃思三月，以题其额，观者如流。何使秃笔书。"[2] 可见，萧相国为了给未央宫前殿题写匾额，竟然深思三个月之久，说明匾额难作。明代方以智《通雅·卷三十二》这样描述道："署书者，户册也。宋景文公云：'萧何自题苍龙白虎二阙，后世署书由何始。'"又见，明代陶宗仪《书史会要·卷二》记载："萧何……覃思三月，以题其额。观者如流水，何便用秃笔书，时谓之萧籀。又题苍龙、白虎二观。世谓之署书，即秦之八体书也。"

二是根据东汉卫宏《汉官旧仪》记载："丞相门无塾，门署用梗板，方圆三尺，不堊色，不郭邑，署曰'丞相府'。"[3] "御史大夫寺在司马门内，门无塾，门署用梓板，不起郭邑，题曰'御史大夫寺'。"[4] 显然，这里文献当中的"丞相府"和"御史大夫寺"就是门上的匾额。

三是根据《后汉书·志·百官五》记载："三老掌教化。凡有孝子顺孙，贞女义妇，让财救患，及学士为民法式者，皆扁

---

[1] 苏显双. 匾额书法文化研究[D]. 长春：吉林大学，2017.

[2] 李昉，等. 太平广记[M]. 北京：中华书局，1961：1574.

[3] 孙星衍，等. 汉官六种[M]. 周天游，点校. 北京：中华书局，1990：36.

[4] 孙星衍，等. 汉官六种[M]. 周天游，点校. 北京：中华书局，1990：41.

表其门，以兴善行。"可知"扁表其门"在汉代有明确交代，官方和民间用匾额表彰善行、正风敦俗、教化民众的形式已经流行。在当时能获得官府或百姓的扁表是一种很高的荣誉。

2. 门阀制度印证匾额起源于汉代

门阀制度基本上萌芽于东汉后期，初步形成于三国、西晋，确立并鼎盛于东晋、南北朝前期，而衰落于南北朝后期。到了隋唐时期，科举制度的兴起导致门阀制度走向消亡。而唐末农民起义的爆发，彻底扫荡并结束了门阀制度。沉淀着历史印迹的门匾，昔日芳华虽然已经黯淡了，但是门匾所记录的鲜活故事和所承载的门风家风，通过自然多样的镌刻，而得到代代传承。匾额上的文字大多出自哲人、书家之手，精练凝重，寓意深邃，具有强烈的艺术感染力和本门世家教化的作用。匾额文字所表达的理念是中国传统核心价值观的集中体现，具有重要的社会功能和科学艺术价值。

3. 扁书出现反映匾额存在于汉代

扁书是汉代政令发布的重要方式，内容涉及赈灾恤民、奖励处罚、赦免刑徒、参战发兵等。扁书一般悬挂于县乡门亭和津关要道的显眼之处，便于官府倡导和往来行人阅读。简单地说，扁书的形式和功能类似于今之布告，狭义的"扁书"就是写在板匾上的文字。

如前文所述："扁，署也。从户册。户册者，署门户之文也。"段玉裁注："署门户者，秦书八体，六曰署书。"是说扁书是题写在门上的文字。也有人认为扁书即版书，也称板书，就是在木板上写字。

总之，扁书反映了汉代政令的信息传播方式。诏令的制定、发布，从上到下，传抄复制，以扁书的形式广告吏民。汉代政府把需要公示的信息传播给广大吏民的任务，是靠扁书来完成的。

4. 从书法角度查证匾额起源于汉代

从书法的角度，匾额的题写属于"榜书"范畴。可以这样说，榜书艺术造就了匾额艺术。榜书俗称大字，古称署书，顾名思义，即题榜之书。其体大醒目，因而古人也称"擘窠书"或"擘窠大字"。

段玉裁《说文解字注》中说："木部曰：检者，书署也。凡一切封检题字皆曰署……册部曰：扁者，署也。"这其实就是署的本来含义，就是"扁"，即"匾"。在汉代，官署门上题的"扁"（匾），实是一块方木，都是直书的，所以跟书函上的检署，形质完全相同。由此可知，署书的作用有为书函题签和为官署扁牌题名两种。这里的"扁"（户册），其实就是后世所说的"匾"，匾书写大一点，完全是为了远视的效果，虽然形式与题签相仿，但字的大小差别很大，字的大小不同，其书写技术和审美标准肯定随之变化，"署书"应需而生。署书用之于扁，后世因以俗称为"扁书"。又以扁板之用在张挂，形式与张榜同，故或名榜书。

明代费瀛《大书长语》曰："秦废古文，书存八体，其曰署书者，以大字题署宫殿匾额也。汉高帝未央宫前殿成，命萧何题额……此署书之始也。""署书之始"表明汉丞相萧何是第一位运用"署书"即榜书艺术装饰帝王宫殿的书家，但不是第一位写榜书的书家。早在秦统一文字以前，榜书就出现了。有文献记载的、第一位书写榜书的书家是秦丞相李斯。如前文所述，郦道元的《水经注》中记载了李斯题署"昼门"一事。李斯的榜书出现在泰山、琅琊、峄山、会稽等刻石上。

因此，从榜书、署书、扁书、题署等书法的角度可以查证匾额起源于汉代。

5. 类似题署实物表明匾额出自汉代

目前发现的最早与匾额类似的实物当出自汉代，出土资料中与汉代匾额直接相关者为汉陶井上的"东井戒（灭）火"题署。东井灭火陶井现藏于辽宁省博物馆，长22.3厘米，宽15.4厘米，高11.3厘米，正面有一人形塑像，左右两侧分别

●汉陶井上的题署

为"东井"和"戒火"（一说为"灭火"）篆书题署，可能表示汉代曾有专门用于灭火的消防井。

6. 根据海外信息反馈并推断匾额萌芽于汉代

据悉，大英博物馆藏有一件汉代攒尖顶陶望楼，其上有匾额。基于此，台湾学者张振辉认为："汉代崇尚厚葬，陪葬用的明器皆仿自民间日常器物为主。据此，汉代的望楼形明器上之匾额的出现绝非事出偶然。此明器必然仿自当时之楼阁建筑，因此可推断以匾额形式明示空间意义在汉代已经萌芽。"[1] 如大英博物馆的中国藏品——绿釉陶望楼，为中国

●绿釉陶望楼

东汉器物，藏品高86厘米、宽36厘米、进深36厘米。

（六）唐代说

关于匾额的起源问题，有人认为不但要查找明文记载，而且要有存世实物。

---

[1] 张振辉. 中国传统住宅及庭园之匾联研究——以台湾传统住宅及庭园为例[D]. 台北：台湾师范大学美术研究所，1993.

1. 凌云寺

唐代也有明文记载。《佛祖统纪·卷四十》记载："沙门海通于嘉州（今四川乐山）大江之滨，凿石为弥勒佛像（即乐山大佛），高三百六十尺，覆以九层之阁，扁（匾）其寺曰'凌云'。"乐山凌云寺建于唐高祖李渊武德年间（618—626 年），"凌云寺"三字应当于公元 626 年书就并悬挂。对比下图，后一张图片中"凌云寺"三字当为后期修复时仿刻。

● "凌云寺"匾额

● "凌云寺"匾额

2. 大唐兴寺、祖关、逍遥楼

现存最早的匾额文字"大唐兴寺"，目前收藏于湘潭市博物馆。公元 765 年，唐书法家颜真卿任吉州司马时为江西省吉安市青原山净居寺书题"祖关"；公元 770 年为广西桂林城墙行春门城楼上门匾题"逍遥楼"，落款为"大历五年正月一日颜真卿书"。上述都是石刻匾碑遗存。

● "大唐兴寺"匾额

● "祖关"匾额

● "逍遥楼"匾额

3. 佛光真容禅寺、观音之阁

现存唐代匾额的木匾实例，应推及山西五台山佛光寺东大殿的"佛光真容禅寺"匾，天津蓟州区独乐寺观音阁"观音之阁"匾。

● "佛光真容禅寺"匾额

● "观音之阁"匾额

佛光寺东大殿的匾额"佛光真容禅寺"，据说文殊菩萨曾经在此显露真容，故称真容禅寺。这是 1937 年 7 月 5 日，由梁思成、林徽因、莫宗江、纪玉堂组成的中国营造学社调查队，据敦煌壁画中的《五台山图》指引而发现的，彻底打破了日本学者关于"中国大地已没有唐代以前的木构建筑，要想亲眼看见唐代的木构建筑，只能到日本的京都和奈良去"的谬论。依照寺成匾立的惯例，该匾当书于大殿建成之时即公元857年之前。

天津蓟州区独乐寺观音阁始建于初唐，重建于辽代统和二年（984年），其正面上层的明间前檐下，高悬蓝地金字匾额，匾为立形，上题"观音之阁"，落款为"太白"。

（七）宋代说

1. 岳麓书院

北宋"岳麓书院"匾，现存为依据明嘉靖四年（1525年）石牌楼匾额仿制。

● "岳麓书院"匾额

北宋祥符八年（1015年），宋真宗赵恒亲自召见岳麓书院山长周式，对周式兴学颇为嘉许，册封他为国子监主簿，并赐书"岳麓书院"四字匾额。匾额为木质，黑地贴金。匾下是楹联书法"惟楚有材；于斯为盛"。在山长周式的执掌下，岳麓书院的院舍规模不断扩大，学生人数也显著增长，成了当时天下四大书院之一。关于"四大书院"有多种说法，但唯有岳麓书院为诸家共推，反映了古之学者对岳麓书院的推崇。岳麓书院历经千余年，现为湖南大学下属学院。

匾额在宋代的发展达到了一个高峰。《邵氏闻见录·卷一》记载："帝一日登明德门,指其榜问赵普曰:'明德之门,安用"之"字？'普曰:'语助。'帝曰:'之乎者也,助得甚事？'普无言。"[1] 宋代皇帝对门额题字的内容非常关注，甚至要亲自去理清一字之差，对门额的"之"字品头论足，足见皇帝对匾额的关注。皇帝尚且如此，下面的官员乃至百姓更是会争相效仿。匾额具有给建筑物命名的功能，已经不仅停留在起一个名字而已，而是开始对题字的内容咬文嚼字了。如前文已述的宋朝岳珂在《桯史·卷十·刘蕴古》中记载："初，吴山有伍员祠，瞰阛阓，都人敬事之，有富民捐货为扁额，金碧甚侈。"[2] 可见当时即便在民间，人们也非常重视匾额，捐匾之情、送匾之事已不足为奇，而有钱之人更是已造金匾，相对木匾而言，金匾更能长久地保存以达到青史留名的目的。

2.《清明上河图》

匾额在什么时候用到店铺字号上，已难以考证。今天所见北宋张择端所作长卷《清明上河图》中，给我们描绘了宋时商家牌匾最早的形象。在《清明上河图》的画面中，能看到汴京街道上，两旁并列着各种店铺、作坊，其中有酒楼、饭店、旅舍和医药铺等，如"久住王员外家"（旅店）、"刘家上色沉檀楝

---

[1] 邵伯温. 唐宋史料笔记丛刊·邵氏闻见录 [M]. 李剑雄，刘德权，点校. 北京：中华书局，1983：5.

[2] 岳珂. 历代名家小品文集·桯史 [M]. 吴敏霞，校注. 西安：三秦出版社，2004.

● "赵太丞家"匾额

香"（香药铺）、"王家罗明匹帛铺"（绸缎店）以及"杨家应症"、"赵太丞家"等医药铺，还有"孙羊正店"，"十千脚店[1]"，"天之""美禄"酒馆，"神课""看命""决疑"算命摊子，"香饮子"饮品店，"王家纸马"殡仪用品店。

其中"赵太丞家"这个医药铺的横额就是四个大字"赵太丞家"，门柱上挂一竖匾"五劳七伤◇◇◇"。门前竖有三大立招"大◇中丸医肠胃◇""治酒所伤真方集香丸""赵太丞家医药肆内科"。

3.《东京梦华录》

问世于南宋绍兴十七年（1147年）的《东京梦华录》，记载的字号就更多了。其卷二《宣德楼前省府宫宇》中，便提到"百种圆药铺""梁家珠子铺""张家酒店""王楼山洞梅花包子""李家香铺""曹婆婆肉饼""鹿家包子""遇仙正店"等。卷三《大内西右掖门外街巷》中，则有"史家瓠羹""万家馒头"，并有"清风楼""无比客店""丑婆婆药铺""枣王家金银铺"等。尽管《东京梦华录》记载这些茶坊酒店、勾肆饮食时，没有写到它们的匾额，但从其他史料也能得到证明。例如：话本《宋四公大闹

---

[1] 脚店是供人临时歇脚的小客店，也是小零卖酒店。

禁魂张》中写道："只见汴河岸上，有个馒头店……门前牌儿上写着：'本行侯家，上等馒头点心。'"[1]"牌儿"所写，一是标出"侯家"，二是明示经营的商品是"馒头点心"，这是牌匾与广告合一的所谓招牌，即匾额。话本《福禄寿三星度世》："（本道）走入城中，见一人家门首，挂着一面牌，看时，写着'顾一郎店'。本道向前问道：'那个是顾一郎？'那人道：'我便是。'……"这是说旅店以店主姓名为字号了。

4.《水浒传》

在《水浒传》里，我们看到了"牌匾"，而且，还是大名鼎鼎的苏东坡题写。第三十九回《浔阳楼宋江吟反诗 梁山泊戴宗传假信》：

> 正行到一座酒楼前过，仰面看时，旁边竖着一根望竿，悬挂着一个青布酒筛子，上写道"浔阳江正库"，雕檐外一面牌额，上有苏东坡大书"浔阳楼"三字。宋江看了，便道："我在郓城县时，只听得说江州好座浔阳楼，原来却在这里。我虽独自一个在此，不可错过，何不且上楼自己看玩一遭。"宋江来到楼前看时，只见门边朱红华表柱上，两面白粉牌，各有五个大字，写道："世间无比酒，天下有名楼。"宋江便上楼来，去靠江占一座阁子里坐了，凭阑举目看时，端的好座酒楼。

"雕檐外一面牌额，上有苏东坡大书'浔阳楼'三字"这一句，不但把匾额写出，还写出了匾额悬挂的位置。

由《水浒传》中酒楼推想，《东京梦华录》中提到的酒楼，便有：

---

[1] 孟元老. 东京梦华录笺注 [M]. 伊永文, 笺注. 北京：中华书局，2021：276.

白矾楼、欣乐楼、和乐楼、铁屑楼、清风楼、会仙楼、时楼、班楼、潘楼、千春楼、玉楼、状元楼、看牛楼等，还有以园子为名的诸多"正店"，如中山园子正店、蛮王园子正店、朱宅园子正店、邵宅园子正店、张宅园子正店、方宅园子正店等。所有这些酒楼，号称东京72楼，家家有匾额，家家匾额书法各异，又该是怎样一种风光！可惜，孟元老没有给我们留下匾额的述说。

尽管如此，我们可以从中看到，宋代匾额用于商铺酒肆，已经相当广泛且完备。看到匾额及其附带的文字，既知字号名称，又能了解其经营特点。

通过以上分析和论述，我们得知匾额的起源。根据现有文献，笔者认为匾额萌芽于先秦，形成于汉魏；完善于隋唐，普及于宋元；繁盛于明清，发展于民国；创新于当代，展望于未来。

第三节　匾额的分类

关于匾额的分类，至今还没有科学定论。按照不同的分类标准，可以得出不同的分类结果。

按匾额的做工和形状来分，有斗匾、龙匾、平面匾、清色匾、花边匾、如意匾、纸绢匾等；根据不同的边框工艺分类，斗匾又可分为浮雕云龙斗匾和如意云纹斗匾两种。

按匾额漆地颜色来分，有紫、棕、蓝、绿、红、黑等色匾，以黑色匾居多。按匾文文字颜色来分，有红、黄（金）、黑、白、绿、蓝色字匾，以文字双钩的本色（同材质色）字匾、文字雕空的镂空字匾（虚白匾）和在文字上敷贴金箔的真金字匾这三种为特殊情况。

按实用用途一般分为五类：祝福匾（贺喜、祝寿及节日祝福，这类匾的数量多且出现频繁）、题铭匾（题字匾额，文学色彩浓郁，多为座右铭式)、牌坊匾(通常用于表彰,如表彰为人师表等)、堂号匾(如纪晓岚的阅微草堂匾等)、字号匾(为店铺作坊所用,如荣宝斋、同仁堂)等。

按名胜古迹分为自然景观匾、人文景观匾。

按照字数多少分为一字匾(单字匾)、两字匾(双字匾)、三字匾、四字匾、多字匾。

按语种可以分为中藏文匾(嵌入藏文的匾)、中英文匾(嵌入英文的匾)、汉满匾、满蒙汉匾等。

按内容属性分为普通匾和特殊匾。

按总体布局分为经济匾、政治匾、文化匾、社会匾、生态文明匾。

按工作属性分为政治匾、思想匾、组织匾、作风匾、纪律匾、制度匾。

按宗教属性分为宗教匾、非宗教匾。

按刻法分为阴刻匾、阳刻匾、阴阳刻匾。

按形成匾字的方式,有木刻字匾额、灰刻字匾额、灰堆字匾额、铜字匾额等。

按匾额的形状可分为横匾、竖匾、异形匾三类。

按题字方向可分为从右向左横匾、从左向右横匾、从上向下竖匾。如:钱子龙所题"全聚德"为从右向左横匾,溥杰所题"烤肉季"为从左向右横匾,"史公祠""敬一亭"为从上向下竖匾。

● "全聚德"匾额

● "烤肉季"匾额

● "史公祠"匾额

● "敬一亭"匾额

  各种分类，各有优劣，在具体使用时，可能会发生交叉现象。当今的匾额分类，亟待创新、规范和完善。按照不同的分类方式，匾额可以分为各种类别。应当在厘清源流和发展的基础上，提出匾额分类的新标准。随着社会的发展、文化的繁荣，匾额的分类科目将会更多、更全、更新和更完善。笔者建议按照字体[1]和书体[2]来分。如果按照字体来对匾额进行分类，匾额可以分为篆书匾额、隶书匾额、草书匾额、行书匾额和楷书匾额五种；按照书体来分，匾额又分颜（真卿）体匾、柳（公

---

[1] 曹建．书法鉴赏 [M]．重庆：西南师范大学出版社，2009：13.
[2] 曹建．书法鉴赏 [M]．重庆：西南师范大学出版社，2009：13-14.

权）体匾、王（羲之）体匾、钟（繇）体匾等，或者瘦金体匾、漆书匾、六分半书匾等。这种基于书法角度的分类方法，为进一步研究中国匾额书法提供了方便。

第二章

中国匾额的历史演进

对中国匾额的记载和研究，古今皆有之。虽然我们对匾额具体的起源时间尚无法准确地考证，但从古籍的记载中，我们可以顺其脉络，理清其萌芽、出现、发展、演变的进程，使我们对匾额的历史有一个相对清晰的认识。

本章以古文献记载为基础，尽量结合查证的实物，对历代匾额的存世状况进行认真梳理。中国匾额的历史演进可分为萌芽于先秦，形成于汉魏；完善于隋唐，普及于宋元；繁盛于明清，发展于民国；创新于当代，展望于未来这四个大的阶段。

为了方便对中国匾额的各种内容信息的查阅，本书将按照时间顺序以及地域分布，进行排列。"挑选出我们所见、所知和所搜集匾额之精华，大体按照其题写时间先后的顺序整理成册。"[1]

时间顺序划分为：先秦、汉魏、隋唐、宋元、明清、民国、当代、未来。

匾额按地域可分为五个区域，即东部匾额、西部匾额、南部匾额、北部匾额、中部匾额。分别包括的省（自治区、直辖市）为：东部包括江西、安徽、江苏、上海、浙江、福建、台湾；

---

[1] 罗哲文，林声，窦忠如. 中国名匾 [M]. 天津：百花文艺出版社，2008：1.

西部包括四川、西藏、重庆、陕西、甘肃、青海、新疆、宁夏；南部包括湖南、云南、贵州、广西、海南、广东、香港、澳门；北部包括黑龙江、辽宁、吉林、内蒙古、山东；中部包括北京、天津、河北、山西、湖北、河南。

第一节　萌芽于先秦，形成于汉魏

前文已述，中国刻字从爻画的符号起源发展至今，经历了近一万年的历史。匾额属于传统刻字。匾额在先秦时期萌芽，在商、西周之际起源，在春秋战国时期发展，但此时期对匾额并没有专门的称呼。匾额最早见诸文献记载的是春秋战国时期的悬帜广告、商纣王曾建"鹿台"、周文王所建"灵台"、秦汉之际的李斯书写的"昼门"和萧何题写的宫阙"苍龙""白虎"等。这些广告、标识，都跟文字书写有关，研究匾额的历史演进，离不开其书法。

一、先秦及秦汉时期的匾额及其书法

先秦时期，在人口集中地的都城、宫楼、城门、宗庙之上，会有本建筑名称的标识、标牌或者标位，上面题有文字，后来逐渐成为匾额。尽管先秦时期的文字性标识的形制、大小，与后来的匾额不大相同，但从逻辑上、功能上推论，匾额萌芽于先秦时期。

《尚书·武成》记载："散鹿台之财，发巨桥之粟。"孔颖达疏"鹿台，其大三里，其高千尺"，服虔注"巨桥，仓名"，可见鹿台、巨桥这两个都是建筑名称，商纣王时期用于储存钱粮。又据《逸周书·卷五·作雒[1]解》记载，周建洛阳城时就营造

---

[1] 雒，同洛，指洛邑。作雒，即营造洛邑。

了五处宫殿,分别为:大庙、宗宫、考宫、路寝、明堂,"咸有四阿[1],反坫,重亢,重郎,常累,复格,藻棁,设移,旅楹,春常,画旅。内阶玄阶,堤唐山廧。应门、库台玄阃"。如此规模宏大且工艺繁复的宫殿建筑群,当中肯定会有文字一类的牌匾标识,否则容易迷路。实际上在汉代之前类似的建筑久已存在,那么当时有类似的标识就顺理成章。

到春秋时期,建筑物的标识名称尤其是城门的称谓有见于文献记载。

1985年在湖北阳新县第一中学大成殿遗址发现了《鲁国之图》石碑,北大文研院学术委员李零通过对复原后的《鲁国之图》碑解读[2]认为:鲁城十二门,其中东三门从北到南,标"始明门""建春门""鹿门";南三门,从东到西,标"章门""稷门""雩门";西三门从南到北,标"归德门""史门""麦门";北三门从西到东,标"龙门""闺门""齐门"。稷门一名高门,故门内标"高门里"。高门很高,《左传》僖公二十年"新作南门",杜预注[3]:"鲁城南门也,本名稷门。僖公更高大之,今犹不与诸门同,改名高门也。言新以易旧,言作以兴事,皆更造之文也。"[4]"正义曰:鲁城南门,本名稷门。今新作者,新修彼稷门,更令高大,因改名高门。"[5]"〔传〕二十年,春,'新作南门'……

---

[1] 指屋宇或棺椁四边的檐溜,可使水从四面流下。
[2] 李零. 读《鲁国之图碑》[J]. 中国文化, 2016(2):65-74.
[3] 杜预,西晋著名的学者,著有《春秋左氏经传集解》,考释严密,注解准确,其中不乏自己独立的见解和精辟的论述,是《左传》注解流传至今最早的一种。他也是明朝之前唯一一位同时进入文庙和武庙之人。杜预注,就是杜预注解的意思。
[4] 左丘明. 春秋左传正义•卷十四 僖十五年,尽二十一年[M]. 杜预,注. 孔颖达,疏. 北京:北京大学出版社,2000.
[5] 左丘明. 春秋左传正义•卷十四 僖十五年,尽二十一年[M]. 杜预,注. 孔颖达,疏. 北京:北京大学出版社,2000.

门户道桥谓之启，城郭墙堑谓之塞，皆官民之开闭，不可一日而阙，故特随坏时而治之。今僖公修饰城门，非开闭之急，故以土功之制讥之。"[1]

从以上内容可以得出两个结论：一是城门称谓必定有匾额指引。因为将"稷门"的称谓改为"高门"，门上的标识肯定跟着改变，不然城中官员、百姓怎么都知晓城门称谓的改变？也就是说，先秦时期的城门之上，会有本建筑上题有文字的标识名称，这就是实际意义上的匾额。由于日常生活、工作的需要，不得不出现具有标识作用的"题署"，当时虽没专名，但与向社会大众公开告示的"扁书"一结合，就形成了后来的匾额。

二是"不可一日而阙"中的门类示意物"阙"的叙述，表明匾额存在的可能性、可行性、真实性。因为"阙"是一个古代建筑用语，是一个关于范畴的概念，为一种建设在道路之上的门类示意物，用来表示由此而始，行者将进入一个"规定了的区域"，它是规范的标示物，比如匾额就可以被赋予"阙"的意思。

"阙"，在西周时已有这种建筑物出现。阙是古代宫殿、祠庙或陵墓前面的高大建筑物，通常左右各一；阙是大门前的装饰，是大门的附属物，故字从门。南朝梁陆倕《石阙铭》："或以听穷省冤，或以布化悬法，或以表正王居，或以光崇帝里。"翻译为：这些阙，要么用来采纳、接收民间的疾苦和冤情，要么用来施行教化而公告法令，要么用来标明帝王的居所，要么用来装饰和夸耀帝都。西周为了布化而将法令悬在门阙上公布，故称公布法令为"悬法"。肖武认为：中国最早的普法活动，"可溯至

---

[1] 左丘明. 春秋左传正义·卷十四 僖十五年，尽二十一年 [M]. 杜预，注. 孔颖达，疏. 北京：北京大学出版社，2000.

西周的'悬法象魏'之制"[1]。关于"悬法象魏"[2],《周礼·秋官·大司寇》中记载:"正月之吉,始和布刑于邦国都鄙,乃县刑象之法于象魏,使万民观刑象,挟日而敛之。"县,通悬,悬挂;象魏,称"阙"或"观",也指门阙,为悬示法律教令的地方。国家的法律悬于象魏、布于门闾、都鄙,刻在阙上。阙上面那些精美的镌刻艺术,也为后来真正的匾额镌刻艺术打下了坚实的基础。

以上先秦的"悬法",发展到汉代,就成了"扁书",都是在重要的地方公开宣教。匾额的放置位置、宣教功能也是如此。匾额从简单的题字悬挂方式、宣教的功能,从开始的书、刻艺术,到对匾额本身进行华丽考究的装饰艺术,与建筑物一体,互相辉映。

两汉时期,匾额已经形成。前文所述的东汉卫宏《汉官旧仪》记载的汉官"丞相府"和"御史大夫寺"就是门上的匾额。当时的匾额除了"扁书"的"标识"作用,还有"表彰"功能,与我们今天之挂光荣匾(如"光荣之家")类似。

两汉时期的匾额文化逐渐渗透至民间。《后汉书补逸》载:"淑有八子:俭、绲、靖、焘、汪、爽、肃、敷,淑居西豪里。县令苑康曰:昔高阳氏有才子八人。遂署其里为'高阳里',时人号曰'八龙'。"荀淑的住处被"署"以"高阳里",可以推断当时闾门应该有匾额一类的标牌存在,表明民间已经有使用匾额标识空间的例证。

二、魏晋南北朝时期的匾额及其书法

在魏晋南北朝时期尤其北朝,邀请、约请名家题写匾额的

---

[1] 肖武. 悬法象魏:中国最早的普法活动 [N]. 人民法院报, 2018-12-07 (5).
[2] 出自唐代李华的《含元殿赋》:"东风发春,悬法象魏,与人惟新。"

社会风气盛行。遗憾的是，魏晋时期国家明令禁止立碑，碑刻数量锐减，一定程度上影响了匾额的发展。

（一）书法名家众多，利于匾额书法的发展

魏晋南北朝是中国历史上政权更迭十分频繁的时期，也是中国书法十分辉煌灿烂的时期，书法名家非常多，首推留有书迹的今楷大家钟繇。钟繇学书颇费苦心，隶、楷、行、草书无所不精，以楷书为最。虽是今楷，却甚得汉隶的古拙之意，王羲之亦从中多有得益。除曹魏重臣、书法家钟繇之外，三国时期，魏国的书法名家还有韦诞、邯郸淳、胡昭、虞松散，吴国的书法名家有皇象、苏建、贺劭，遗憾的是蜀国未见记载。三国时期之后的西晋书法名家有索靖、成公绥、杜预等。东晋时代，众多显贵的家族集团引领书坛，如"九王"（王导、王敦、王劭、王珉、王羲之、王献之、王珣、王蒙、王述）、"六郗"（郗鉴、郗愔、郗昙、郗超、郗俭之、郗恢）、"四庾"（庾亮、庾怿、庾翼、庾准）、"三谢"（谢尚、谢奕、谢安）等。

两晋以后，书法上呈现出两种不同的派系，即南朝和北朝派系。南朝经历了宋、齐、梁、陈四个朝代，书法主要承接东晋书法一脉，书家众多但总体不及东晋。宋时书家主要有羊欣（善楷书）、孔琳（善草书）、萧思话（善行书）、范晔（善篆书）及诗人谢灵运等人。齐时的书家中，王羲之四世孙王僧虔最为出色，楷、行书尤佳。梁朝书法，首推萧子云，善草隶。陈朝时的书家僧智永，乃羲之七世孙，可能是整个南朝中最杰出者。北朝大兴立碑之风，书法主要承接汉制，大兴碑刻，以魏碑最为典型，形成了著名的北碑书风。北朝之魏初，主要有崔（崔悦、崔潜、崔宏、崔浩）、卢（卢谌、卢偃、卢邈、卢渊）两族和寇谦之等人。北魏有郑道昭，北齐有张景仁，北周有赵文渊。但《龙门二十品》《张猛龙碑》《张黑女墓志》等一些名作的作者没能留名，实属憾事。

（二）韦诞高题、王献之拒题、葛洪飞题、卢渊多题，代表对匾额书法的重视

魏晋南北朝时期，匾额书法受到帝王和民间的高度重视。善题匾额者也非常多，比如三国时期的韦诞，东晋时期的王献之、葛洪、刘琼、许静民，南朝时期的汤惠休[1]，北朝时期的窦遵、卢渊、江式、沈含馨、释敬脱、王远（书《石门铭》）、郑道昭、僧安道壹[2]（铁山摩崖刻经《石颂》）、赵文渊等人都擅长书写碑榜大字即匾额书法，他们共同推动了匾额书法的发展。

1. 韦诞笼中高悬恐题凌云台

韦诞（179—253年），字仲将，京兆杜陵（今陕西省西安市）人，出身京兆韦氏。三国时期魏国大臣、书法家、制墨家，太仆韦端的儿子。羊欣在《采古来能书人名》中记载："姜诩、梁宣、田彦和及司徒韦诞，皆英弟子，并善草，诞书最优。诞字仲将，京兆人，善楷书，汉、魏宫馆宝器，皆是诞手写。魏明帝起凌云台，误先钉榜而未题，以笼盛诞，辘轳长绠引之，使就榜书之。榜去地二十五丈，诞甚危惧，乃掷其笔，比下焚之。乃诫子孙，绝此楷法，著之家令。"[3] 这段文字是关于韦诞笼中登高恐题凌云台的记载。翻译为：姜诩、梁宣、田彦和及司徒韦诞，都是

---

[1] 唐代段成式《红楼联句》里面的诗句"苔静金轮路，云轻白日宫。壁诗传谢客，门榜占休公"说的是作者看到了当时著名诗僧"休公"题写的匾额；"休公"指南朝宋僧人惠休，极有文才，善为诗文，本姓汤，故称"汤惠休"。

[2] 胡新立. 黄易与邹城北朝佛教摩崖刻经[J]. 中国美术, 2018（2）：60-75.

[3] 上海书画出版社，华东师范大学古籍整理研究室. 历代书法论文选[M]. 上海：上海书画出版社，1979：45.

张伯英（张芝，字伯英，东汉大书法家，人称"草圣"）的弟子，都善作草书，韦诞的书法最好。韦诞，字仲将，京兆（今陕西西安）人，善作楷书，汉、魏宫馆玉器上的字，都是韦诞亲手写的。魏明帝曹叡修建一座高大的建筑"凌云台"[1]，因工匠失误，将待题的匾额悬挂了起来，不能取下，只好用吊笼盛装韦诞，用辘轳长绳将其悬吊至匾额所在的位置来书写。榜书时匾额距离地面有二十五丈（约今天的60米[2]），韦诞写完后惊吓过度，将毛笔扔下并焚毁。后来韦诞便严告子孙，不允许再学"此楷法"，并将其写入家规。

2. 王献之正色拒题太极殿

王献之（344—386年），字子敬，小字官奴，琅琊临沂（今山东省临沂市）人。东晋驸马、书法家、诗人、画家，简文帝司马昱的女婿，书圣王羲之第七子，与父合称"二王"，与张芝、钟繇、王羲之并列"四贤"。虞龢《论书表》云："子敬出戏，见北馆新泥垩壁白净，子敬取帚沾泥汁书方丈一字，观者如市。羲之见叹美，问所作，答云'七郎'，羲之作书与亲故云：'子敬飞白大有意。'"[3] 这表明王献之自幼擅长书写大字，大者可径达两米以上，且得到了王羲之的肯定。

《晋书·卷八十·列传第五十》记载："太元中，新起太极殿，安欲使献之题榜，以为万代宝，而难言之，试谓曰：'魏时凌云殿榜未题，而匠者误钉之，不可下，乃使韦仲将悬凳书之。比讫，须鬓尽白，裁余气息。还语子弟，宜绝此法。'献之揣知其

---

[1]《三国志》《洛阳伽蓝记》等均认为凌云台是由魏文帝曹丕兴建，魏明帝曹叡只是在即位后做过整饰。

[2] 三国时期2.4米为一丈。

[3] 上海书画出版社，华东师范大学古籍整理研究室. 历代书法论文选[M]. 上海：上海书画出版社，1979：54.

旨，正色曰：'仲将，魏之大臣，宁有此事！使其若此，有以知魏德之不长。'安遂不之逼。"这段话翻译为：太元年间（376—396年），太极殿落成，"江左风流宰相"谢安打算让书法名家王献之来题写大殿匾额，以作为流传万代后世的墨宝，但谢安难于直言，去试探王献之说："曹魏时的凌云殿匾额没有题写，就被工匠们失误地钉了上去，取不下来了，只好让韦仲将（韦诞）站在悬挂的凳子上书写匾额。等匾额写完了，韦诞的头发也都变白了，衰老得仅剩一口气儿了。韦诞回到家里，严肃地告诉子孙们，以后千万再也不能用这种方法题写匾额了。"王献之明白谢安的意图，正色道："韦仲将是曹魏大臣，哪会有此等事！如果真有此事，足以显示曹魏德薄而不能长久。"谢安便不再追逼他题字[1]。

名门望族出身的王献之拒题太极殿的原因，应该是不愿为艺所累，不愿因擅书而为人所役使，不愿与"写字匠"为伍，只愿保持自己文人的风骨。

3. 葛洪飞白大字题天台观

葛洪（约283—约363年），字稚川，自号抱朴子，世称小仙翁，丹阳郡句容（今属江苏）人。东晋时期道士、道教学者、炼丹家、医学家、科学家。文献记载葛洪曾在灵隐寺题写匾额"绝胜觉场"，在天台观题写匾额"天台之观"。

灵隐寺，又名云林寺，位于浙江省杭州市，始建于东晋咸和元年（326年），灵隐寺开山祖师为慧理和尚。唐末五代前蜀诗僧、书画家贯休在《寄杭州灵隐寺宋震使君》诗中写道："僧房谢朓语，寺额葛洪书。"这副颔联还配了原注："晋道士葛洪与灵隐寺书额了去。至今在。"可以得知东晋葛

---

[1]《书史会要》记载："刘瓌之，字元宝，沛国人，官至御史中丞。善八分，二王之次，骨正力全。献之既不肯书太极殿榜，谢安遂令瓌之以八分题之。"

洪题写了灵隐寺的匾额。但不是"灵隐寺"三字,据《灵隐寺志·卷二》记载:"寺自晋咸和间理公开山,山门榜曰'绝胜觉场',葛洪所书。"慧理和尚开山时的灵隐寺山门所题"绝胜觉场"四字,正是由葛洪题写。

  天台观,位于浙江省台州市天台县,是三国孙权为葛玄在桐柏瀑布下建造的一座道观,葛玄是最早进入天台山的一位道士,是天台仙山的开创者。作为葛玄的侄孙和再传弟子,葛洪或许是追随葛玄的足迹来到天台山的。葛洪的主要成就是丹道医学、道儒学术,但他的"天台之观"飞白大字匾额被载入了中国书法史,获得历代文人的高度称赞。相传同时代的王羲之曾见过此匾额,评其书如"乌鹊势骞巘岘";宋代米芾直接而肯定地说:"葛洪'天台之观'飞白,为大字之冠,古今第一。"[1]飞白是书法中比较特殊的一种笔法,用这种笔法写出来的字,有的笔画夹杂着丝丝点点的"白痕",呈枯丝平行,很像缺少墨水的枯笔写出来的效果,给人以飞动的感觉。这种笔法,相传是东汉时期的文学家、书法家蔡邕创造的。蔡邕偶然看到维修鸿都门(鸿都门学是当时研究文学艺术的专门学校)的工匠,用笤帚蘸满石灰水粉刷宫墙,受其启发,从而创造出这种"飞白书"。飞白在匾额题字中被广泛采用。葛洪的"天台之观"飞白大字有如飞泻的桐柏瀑布,落入深潭,流向静谧的灵溪。[2]

  4. 卢渊多题京中宫殿牌匾

  卢渊(454—501年),字伯源,小名阳乌,范阳郡涿县(今河北省涿州市)人。北魏书法家,平东将军、固安惠侯卢度世的长子。《魏书·卢玄传》云:"初,(卢)谌父志,法钟繇书,

---

[1] 上海书画出版社,华东师范大学古籍整理研究室. 历代书法论文选 [M]. 上海:上海书画出版社,1979:360.

[2] 左溪. 名人书画与天台山 [N]. 天台报,2021-09-30(4).

传业累世，世有能名。至（卢）邈以上，兼善草迹。渊习家法，代京宫殿，多渊所题。"卢渊秉承家学，善书法，当时京城宫殿牌匾题字多是卢渊所书。

(三) 郑道昭题名、僧安道壹刻经，印证匾额书法的风格

东汉建安十年（205年），曹操下令严禁厚葬与立碑，所以当时石刻很少。魏有隶书石刻《上尊号碑》《受禅表》《范式碑》《孔羡碑》《王基残碑》《三体石经》；蜀无石刻流传；吴有篆书石刻《天发神谶碑》《禅国山碑》，还有介于楷隶之间的《谷朗碑》，结体方整，笔画圆劲，书风浑朴古雅，可称为最早的楷书碑刻。两晋时期的碑刻，有朴厚古茂的《广武将军碑》《爨宝子碑》。南北朝时期的石刻相对于两晋而言较多些，由此可以印证匾额书法榜书大字的风格特点。南北朝时期擅题匾额的书法家多出自北朝。榜书，以北朝为尊，如《泰山经石峪金刚经》，以及山东邹城的"四山摩崖石刻"（葛山、尖山、铁山、岗山石刻），字有尺径，以方圆笔兼施，高古浑厚，简整和穆。下面以郑道昭、僧安道壹为例说明。

1. 郑道昭《白驹谷题字》

郑道昭（？—516年），字僖伯，自署中岳先生，司州荥阳开封（今属河南）人。北魏诗人、书法家。郑道昭的《白驹谷题字》，在山东青州玲珑山北麓山谷内，巨大石壁上刻有用方笔书写的"中岳先生荥阳郑道昭游槃之山谷也，此白驹谷"，共19个大字，字径一尺见方。整个题名结构宽博，笔意苍老，遒劲奇伟，尤以方笔写大字，深得雅健之致。《白驹谷题字》不仅是郑道昭40余处碑刻之最，也堪称1 500多年前中国榜书之最。这19个字当中，"荥"应为"荥"。因为郑道昭实为荥阳人。历史上无"荥阳"这个地方。"荥"与"荥"，字形相似、读音不同。《山门题字》

《朱阳台题字》《青烟寺题字》《玄灵宫题字》《白云堂题字》《置仙坛诗》《中明坛题字》《东堪石室铭》《"上游下息"题字》《郑文公下碑》[1]等题刻，都是"荧"，不是"荥"。郑道昭所书的刻石为"荧"，而不为"荥"的秘密在哪里，这个问题有待学者进一步研究。郑道昭《双钩白云堂题字》的"白云堂"三字双钩，"移步换形，富于情趣"[2]。

● 《白驹谷题字》

郑道昭的书法特色是：笔法是篆法、隶法皆有，方笔、圆笔并用，大字方笔多于圆笔。云峰山刻石《论经书诗》、大基山刻石《置仙坛诗》，均系榜书大字，浑厚古穆，字体圆润；玲珑山刻石《白驹谷题字》用笔方折，波挑翻动，字径一尺多，和《郑

---

[1] 镌刻于永平四年（511年）的摩崖刻石、楷书书法作品《郑文公碑》中关于"荥"或"荧"的文字，上碑为"荥"，下碑为"荧"。《郑文公碑》是由"故吏主薄(簿)东郡程天赐等六十人"所立，碑中并没有提到撰文和书写者的姓名。书手、刻手的姓名，至今无定论。学者根据郑道昭所书其他刻石字迹等判断此碑为郑道昭所书。

[2] 李精圃．郑道昭父子与云峰诸山北朝刻石[J]．齐鲁艺苑，1986（1）：27-29．

●《"上游下息"题字》　　　　　　　　　　●《双钩白云堂题字》

文公下碑》一样,是雄强厚密、笔力横绝的方重之笔。近代康有为评价为:"数寸大字,莫如郑道昭《太基仙坛》及《观海岛诗》,高气秀韵,馨芬溢目。"[1]"《云峰山石刻》,体高、气逸,密致而通理,如仙人啸树,海客泛槎,令人想象无尽。若能以作大字,其秾姿逸韵,当如食防风粥,口香三日也。"[2]"《白驹谷题字》,则纯为方笔。方笔写大字更难,在道昭书中,又别为一体,甚为可贵,留在下面详论之。所惜者,其行草小字,没有流传下来,和王羲之没有大字留下来,同是憾事。"[3]

2. 僧安道壹刻经

僧安道壹,又名道一、僧安、僧安一、安公、安法师等,广大乡人(今山东东平人)。他一生历经北魏、东魏、北齐、北周、隋五个朝代,是北齐皇家大沙门、佛门高僧。他经历了北周"二武灭佛"之难,认为"缣竹易销,皮纸易焚;刻在高山,永留不绝",故在迁移中把佛经刻于石崖之上。僧安道壹是中国

---

[1] 康有为. 广艺舟双楫注 [M]. 崔尔平, 校注. 上海: 上海书画出版社, 2006: 181-182.
[2] 康有为. 广艺舟双楫注 [M]. 崔尔平, 校注. 上海: 上海书画出版社, 2006: 181-182.
[3] 祝嘉. 书学论集 [M]. 南京: 金陵书画社, 1982: 247.

古代摩崖刻经的开拓者，山东地区刻经活动的主要人物，主要作品有《铁山摩崖石刻》《泰山经石峪金刚经》等刻石。僧安道壹刻经字大如斗，独创了隶楷兼备、方圆共施的大字刻经书体，他的字被称为"大字鼻祖，榜书之宗"[1]。杨守敬说："擘窠大字，此为极则。"因其书艺甚高，开一代新域，中外影响颇大。僧安道壹是中国书法史上首位具有独立表现体系的大书法家，其书法造诣及成就可与"书圣"王羲之媲美。

有学者考评僧安道壹为泰山羊氏后人羊钟，也有说是毕氏后人毕僧安。僧安道壹在山东二十余年的刻经活动中，书法风格有所变化，早期作品以隶书成分为主，后期转变为隶、楷笔法兼容的隶楷书法。《石颂》石刻，隶书为主。尖山山上刻有"大空王佛"四字，被视为北朝时期榜书之宗的书法奇迹，更成为古典美学的书法典范。《李祖勋墓志》[2]中，僧安道壹把刊刻、书写、汉字、古书体结合在一起，最终形成了具有独立审美价值的"古意书体"美学系统。[3]其字更接近于后期的楷书。

刻经书丹人僧安道壹创造出的隶楷刻经书体，在中国书法史上占有重要的一席之地。胡新立有三个观点："第一，刻经隶、楷书巧妙结合，取得了成功；第二，刻经开大字榜书新境界，自然高绝；第三，刻经书法审美内涵丰富，影响深远。"[4]

郑道昭的大字题名刻石，将篆书和隶书融合；僧安道壹的

---

[1] 清代书法家包世臣称四山摩崖为"大字鼻祖，榜书之宗"。康有为有言：《四山摩崖》通隶楷、备方圆，高浑简穆，为大字鼻祖，榜书之宗也。"

[2] 张强. 僧安"古意美学"多向实践及"墓志体"新概念——新发现的《李祖勋墓志》及相关问题探讨[J]. 中国书法，2022（2）：185-189.

[3] 张强. 僧安"古意美学"多向实践及"墓志体"新概念——新发现的《李祖勋墓志》及相关问题探讨[J]. 中国书法，2022（2）：185-189.

[4] 胡新立. 黄易与邹城北朝佛教摩崖刻经[J]. 中国美术，2018（2）：60-75.

● 《石颂》　　　　　　　　　　　　　● "大空王佛"

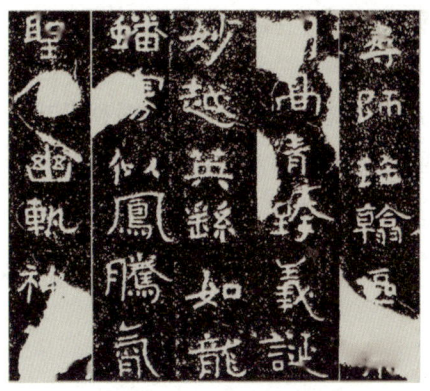

● 《李祖勋墓志》

刻经作品,将隶书和楷书融通结合。他们将书法的艺术美、刻石环境的自然美二者融合,产生严整浑穆、劲挺空灵、宁静淡泊、自然和谐的审美效果。他们篆隶融合、隶楷融合的成就无疑为匾额书法的发展提供了有益的启示。以郑道昭、僧安道壹为代表的南北朝刻字艺术,对匾额书法中的镌刻影响深远。

第二节　完善于隋唐，普及于宋元

匾额萌芽于先秦，形成于汉魏。在魏晋南北朝时期尤其北朝，造请、约请名家题写匾额的社会风气盛行。大字题名刻石，对匾额及其书法影响深远。随着时代发展，匾额在隋唐逐渐完善，在宋元普及开来。

一、隋唐宋元的匾额考据

（一）隋唐五代匾额书法考

隋唐五代时期匾额书法文化开始完善，擅题匾额大字者很多，无论帝王还是臣子，都热衷于匾额书法。全国上下认可、参与匾额书写活动，名家题写、品评匾额蔚然成风，民间的匾额文化逐渐完善。

《大唐新语》记载："张志宽为布衣，居河东，隋末，丧父，哀毁骨立，为州国所称。寇贼闻其名，不犯其闾。后为里尹在县，忽称母疾。县令问其故，志宽对曰：'尝所害苦，志宽亦有所害。向患心痛，是以知母有疾。'令怒曰：'妖妄之词也！'系之于法。驰遣验之，果如所言，异之。高祖闻，旌表门闾，就拜散骑常侍。"[1] 高祖就是唐代的开国皇帝李渊，他为张志宽这个布衣赏赐匾额。《舆地纪胜》还记载了武则天题匾一事："唐则天书明果寺。在西安县北玉泉乡，明果禅寺额。"[2] 唐宣宗题匾一事："法华院，在桐城县东三十里。乃梁昭明太子肄业之所，寺额乃唐宣宗御书。"[3] 《全唐诗话》记载了唐文宗题匾一事："尝吟杜

---

[1] 刘肃.大唐新语[M].许德楠，李鼎霞，点校.北京：中华书局，1984：78.

[2] 王象之.舆地纪胜：第12册[M].赵一生，点校.杭州：浙江古籍出版社，2012：16.

[3] 王象之.舆地纪胜：第4册[M].赵一生，点校.杭州：浙江古籍出版社，2012：1392.

甫《曲江篇》……乃知天宝以前楼台之盛。郑注乃命神策军淘曲江、昆明二池，许公卿立亭馆，两年造紫云楼、彩霞亭，内出楼额以赐之。"[1] "内出"就是指由唐文宗所御书匾额。北宋书学理论家朱长文《续书断》记载了五代南唐后主李煜题匾一事："李煜字重光，王江南……颇尚儒雅，工笔札，遗迹甚劲锐，今清凉寺有'德庆堂'榜犹在。"可见，唐代、五代的许多帝王都曾参与匾额书写活动。

除帝王外，许多大臣、民间人士也参与书匾活动。明陶宗仪《书史会要》记载："杜牧，字牧之……人号'小杜'，以别杜甫。作行草气格雄健，与其文章相表里，亦善大字，尝有分书'碧澜堂'三字，今在湖州驿，径三尺许，茂密满榜，都欲灭缝，世少识之。"[2] 杜牧是晚唐著名诗人，以书法而论，堪与同时代之大书家并驱而略无逊色。唐代张彦远《历代名画记》记载："(唐净域寺) 三阶院东壁张孝师画《地狱变》，杜怀亮书榜子。院门内外《神鬼》，王韶应画，王什书榜子。（王什、杜怀亮书人罕知，有书迹甚高，似钟书。）"王什和杜怀亮显然就是当时民间的书写匾额的高手。宋代陈思《书小史》记载："乔龟年，善小篆，养母至孝。大历中，每为人写大字，获钱以供甘旨。"表明唐朝时民间已经出现了专门靠写匾额大字养家糊口的"职业书家"。又北宋黄休复《益州名画录》载："滕昌祐，字胜华，先本吴人……攻书，时呼滕书。今大圣慈寺、文殊阁、普贤阁、萧相院、方丈院、多利心院、药师院、天花瑞像数额，并昌祐笔也。"可见唐朝的滕昌祐也是民间很受欢迎的匾额书家。

---

[1] 计有功. 唐诗纪事：上 [M]. 上海：上海古籍出版社，2013：20.
[2] 陶宗仪，朱谋垔. 书史会要　续书史会要 [M]. 徐美洁，点校. 杭州：浙江人民美术出版社，2012.

当时民间邀请名家题匾也比较普遍。比如，东晋书法家王羲之的第七世孙智永，也是一位书法家。智永在永欣寺修行时盖了一座小楼专供练字使用，发誓"书不成，不下此楼"。经过二三十年的努力，智永书法大成，名气响亮。"请题额者如市"，很多人都来索求他的匾额书法作品，人来人往，络绎不绝。时间久了，永欣寺的门槛都被踩坏了。他只好把门槛用铁皮包起来，人们就笑称为"铁门限"。《太平广记·卷二百六十五·轻薄一》记载："杨炯，华阴人。幼聪敏博学，以神童举，与王勃、卢照邻、骆宾王齐名。尝谓人曰：'吾愧在卢前，耻居王后。'当时以为然。拜校书郎……授盈川令……又所居府舍，多进士亭台，皆书榜额，为之美名，大为远近所笑。"这里的"皆书榜额"，表明杨炯为自己家亭台题匾的事实，且史料确切。

总结隋唐时期的匾额书法文化特点，可以发现较前一个时代已经逐渐完善。从参与书写、品鉴匾额的人员来看，无论是帝王大臣，还是平民百姓，都有极高的参与热情，整个鉴赏的风气由书法家所引领；从字体上看，规格较高的匾额使用的是较古的篆书，一般民间的匾额则使用当时通行的字体，如楷书、行楷、行书。在这一时期还出现了御赐匾额以示恩宠的记载，且民间已经出现了悬挂匾额以附庸风雅之事，这些都表明匾额文化的完善状况。

（二）现存唐匾实物考

1. 中国现存七件唐匾考

唐代的匾额现存实物寥寥可数，截至目前仅见七件，按时间顺序介绍如下。但真伪无法断定，有的存疑。

一是"凌云寺"。如前文所述，今四川省乐山市岷江东岸的凌云寺，建于初唐高祖李渊武德年间（618—626年），早于乐山大佛 95 年[1]。唐代边塞诗人岑参（约 715—770 年）的《登嘉州凌云寺作》一诗曾这样描写凌云寺："寺出飞鸟外，青峰戴朱楼。"现在我们看到的凌云寺，早就不是唐代的原貌了。凌云寺经历了唐宋元明清等多个朝代，元顺帝战乱时被毁后，虽然在明代进行了两次较大的修理、恢复，但是明末又经兵祸，凌云寺大部被毁。清代康熙六年（1667 年）重新修建了凌云寺，以后又经多次检修、恢复。依照寺立匾成的习惯，匾额"凌云寺"三字应当于凌云寺完工之时即 626 年书就并悬挂。"凌云寺"三字当为后期修复时仿刻，落款书家为赵熙。赵熙为何人？现在公开信息是：匾额"凌云寺"三字，为清末著名书法家赵熙所题。因此，最早的"凌云寺"匾额属于唐代的说法，查无实据。

二是"大唐兴寺""祖关""逍遥楼"。如前文所述，现存世最早的匾额文字，相传为唐代书法家褚遂良于 655 年所书题的"大唐兴寺"。此说法似有误。如下图，可见石匾最上面所刻的"通邑"隶书二字，当为后人所加。经查褚遂良所书这几个字的书法字典，从其书法特点来研究，考证书法风格和文献依据，楷书当中有行书笔意的"大唐兴寺"四个字的笔迹，不大符合褚遂良的书法特点，因此，此匾为褚遂良所书题的可能性非常小。

● "大唐兴寺"匾额

---

[1] 乐山大佛开凿于唐代开元元年（713 年），完成于贞元十九年（803 年），历时 90 年。

● "大唐兴寺"匾额

● "大唐兴寺"匾额

　　颜真卿765年任吉州司马时所书、悬于江西省吉安市青原山净居寺的"祖关"匾，右侧署"颜真卿书"，左侧署"宛陵施闰章重立"。"祖关"二字字体主要为隶书，没有蚕头燕尾的笔画，有篆籀气。明代方以智所撰的地方志《青原志略》记载，北宋米芾曾说："鲁公笔迹，惟庐山、吉州题名为不失真。所谓吉州者，即青原山'祖关'二字也！"[1] 米芾《海岳名言》记载："唯吉州庐山题名，题讫而去，后人刻之，故皆得其真，无做作凡俗之差，乃知颜出于褚也。又真迹皆无蚕头燕尾之笔，《与郭知运争坐位帖》有篆籀气，颜杰思也。"意思是：只有在吉州庐山的题名，是当时题完就走了，后人根据原迹刻石，所以保存了颜书的本来面目，没有做作庸俗的缺点。看了这个才知道颜书是出于褚体的。况且，颜字真迹中也没有蚕头燕尾的笔画。颜真卿的《与郭知运争坐位帖》有篆书籀字的味道，是颜书中的

---

[1] 方以智. 青原志略 [M]. 张永义, 校注. 北京：华夏出版社，2012：58.

杰作。可见，该匾额是明人伪作的可能性较小。

颜真卿 770 年所题城楼门匾"逍遥楼"，均为石刻匾碑遗存。"逍遥楼"三字为楷书，属于典型的颜体，基本上不存在疑点。

三是"佛光真容禅寺""观音之阁"。唐代匾额"祖关"和"逍遥楼"都是石刻，现存唐代匾额的木匾实例，应推及山西五台山佛光寺东大殿的"佛光真容禅寺"匾和天津蓟州区独乐寺观音殿"观音之阁"匾。

匾额"佛光真容禅寺"书于大殿建成之时即 857 年之前。但是有人根据此匾左右两侧的小字，看出不同时期的叠刻痕迹，得出结论：该匾为佛光寺住持本随和尚 1438 年所立，明代书法名家黄养正榜书"佛光真容禅寺"。这个结论尚待进一步考证。

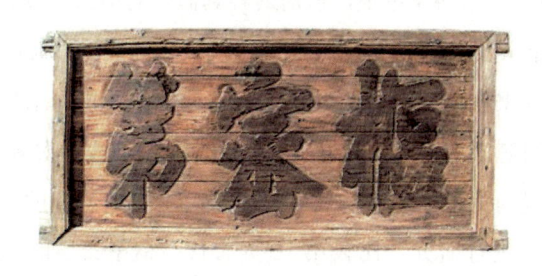

● "枢密第"匾额

学者史树青先生认为"观音之阁"匾应是大诗人李白所题，论据是唐代建筑匾额多为立形，五台山"佛光真容禅寺"匾就是立额。如果对照李白其他作品如《上阳台帖》、"水天一色，风月无边"（岳阳楼题联）、《月下独酌•其二》（残帖）、《壮观》（题字）、《送贺八归越帖》、《访戴天山道士不遇》、《清平调词》，以及《嘲王历阳不肯饮酒帖》，根据书法风格判断，匾额"观音之阁"是否伪托，尚待进一步考证。有学者认为是明代李东阳所书，但该匾背面出现明代以前修治的题记，显然也不可能是李东阳所书。苏显双认为该寺建于宋辽时期，李白书题匾额的可能性不大。该匾为辽匾实物，匾额由"辽代的无名氏所书"[1]。

四是"枢密第"。"枢密第"牌匾位于湖南省开元博物馆。中国在线、《长沙晚报》2010年9月的报道称："更令人惊叹的是，其中的一块'枢密第'牌匾，为唐代名将郭子仪五世孙郭延嵩所题，是目前国内发现的仅有的一块唐代牌匾，珍贵无比。""记者看到，虽然历经千年，但该匾题字依然清晰，字体遒劲端庄，显示出大家风范。""郭延嵩中进士后官至枢密观察使，故题此匾。目前国内发现的匾额多出自明清两代，宋代已是凤毛麟角，唐代所题的匾，更是仅此一块。唐代郭延嵩所题的这块'枢密第'，可谓是'天下第一匾'。"了解相关报道，我们真是感到"惊喜"。我们应该科学审慎，辨清内容真假，对历史负责。实事求是，不能弄虚作假，否则就是对传统文化的亵渎。此匾仅从公布的图片来看，从匾文的书写艺术、边框的装饰、木材经过千年以后的变化，很快就会得出结论：此匾假的成分太多。

再根据黄彬荣编著的《华夏名匾》一书所记载的"馆藏匾额展示"进行研究，比较第10页唐代"枢密第"匾额图片与第11页北宋"殿元"匾额图片，正如该书中所记载的"杉木制成"，这两块匾额的材质一样，其中第11页作者明说"清雍正元年（1723年）季夏月（六月）由后人重立"，同样可以得知前面一块匾额"枢密第"不是"由后人重立"而是伪造的结论。再比较该书第12页南宋"崇本堂"匾额图片与第13页南宋"重桂联芳"匾额图片，作者都说是"杉木制成"，那么匾额伪造的可能性就更大了。再比较"德性坚定"寿匾。该匾出土于湖南省湘西龙山县，清光绪三十年（1904年）刻制，匾长225厘米、高75厘米。该匾与"枢密第"匾形制类似，但湖南省开元博物

---

[1] 苏显双. 匾额书法文化研究 [D]. 长春：吉林大学，2017.

馆的"枢密第"匾最早归为清代产物,内容却是唐代名人所题,因而判断"枢密第"匾为伪造无疑。

● "德性坚定"寿匾额

综上所述,国内现存唐代匾额,真迹可能性较大的要属颜真卿765年所题"祖关"匾和770年所题"逍遥楼"匾,这两匾应该算是目前所见最早的匾额实物了。

2. 日本现存两件木质唐匾考

今天的日本,保存着两件似为中国唐代的匾额,一件为"唐招提寺",另一件为"金光明四天王护国之寺"。

● "唐招提寺"匾额    ● "唐招提寺"匾刻字

现在位于日本奈良市五条町的唐招提寺,始建于唐乾元二年(759年),770年建成。原址为日本新田部亲王旧宅邸地,

赐予中国唐代高僧鉴真，建成唐招提寺。今天唐招提寺的南大门上，悬挂着一件木质匾额的复制品，原件在寺内珍藏。该匾没有边框，查其目前原件边缘，估计本来就没有，不存在边框脱落之说；另外原匾有否漆饰亦不详。据寺院文献记载，横匾"唐招提寺"四字为日本孝谦天皇在位时亲笔所书。孝谦天皇在位两段时间，一是749年8月19日到758年9月7日，二是764年11月6日至770年8月28日。758年之前唐招提寺还没有开建，"唐招提寺"四字应该是孝谦天皇第二次在位时所书。还记载，匾额"唐招提寺"四个大字，是孝谦天皇根据鉴真和尚带来的王羲之的书法，模仿书写而成，赐予寺庙。原作保存在新宝藏库内。"唐招提寺"四个大字用行楷书写，为竖排双钩体，浅雕，刻于木制匾额上。仔细研究，让人总感觉是从《集王圣教序》中集字而成。

位于日本奈良县东大寺中的"金光明四天王护国之寺"匾额，目前保存在博物馆中。该匾额是总寺的寺额，在日本的镰仓时代（当时中国处于宋元时代）重新加装了外框，形制为中国宋代的"风字牌"。在外框上雕刻了八尊佛像，最上方是两位天女，最下方是两位力士，中间是四大天王。整个匾额几乎相当于两个"唐招提寺"匾额大小。该匾为圣武天皇（701—756年）亲笔书写，书写时间约在741年前后。"金光明四天王护国之寺"十个大字与"唐招提寺"一样，都为竖排双钩体，浅雕，刻于木制匾额上。用楷体书写，与我国当

● "金光明四天王护国之寺"匾额

时的楷书名家所写楷体差距较大，书风接近后来我国宋代发明的一种汉字印刷字体——宋体字[1]，只是横竖笔画粗细变化不大而已。"我们认为所谓的'北朝碑榜'中的'榜'，可能就是'金光明四天王护国之寺'样式的字体，这件木匾为我们推测中国久已不存的'北朝碑榜'的样貌提供了最直接的依据。我们并不关心上述两方匾额是否为日本天皇书写，但通过史料可以推知其肯定相当于我国中唐时期的匾额原物。当时日本正在全面学习大唐文化，因此通过这两方日本匾额约略可以推知中国唐代乃至稍早的北朝时期的匾额样式，这也是日本匾额受我大唐影响的一个最可靠印证。"[2]

（三）宋元匾额举隅

如前文所述，《清明上河图》描绘了宋代商家牌匾形象。匾额在什么时候用到店铺字号上，已很难考证。今天所见北宋张择端所作长卷画面中，能看到汴京街道两旁林立着各种店铺、作坊，显得一片繁华，真实地再现了匾额在当时人们生活中的普及程度。由此可见，当时善匾额大字的能手众多。

在宋元时期，许多帝王喜好匾额并亲书御赐、推广，匾额在全社会得到进一步普及。但匾额文化的真正普及，与宋代帝王尤其是仁宗、高宗、宁宗、理宗四位的大力推崇密不可分，史书等古文献曾记载了他们大量赐匾之事。元世祖忽必烈虽然不善书法，但重视书法。许多蒙古贵族都热衷书写擘窠大字，据《书史会要》所载，有布哈特穆尔、笃列图等十多位。

与隋唐时期相比，宋元时期保存至今的匾额较多，当然其中多数都已经过多次修复，不再是当时原貌。

---

[1] 最终的宋体从明朝传入日本，而又称为明体、明朝体。
[2] 苏显双. 匾额书法文化研究 [D]. 长春：吉林大学，2017.

目前，能够查到的宋（金、辽）代的匾额实物大致按照时间顺序介绍如下：

宋真宗赵恒书"岳麓书院"匾，楷书，紧密端庄，圆劲舒畅。

辽代无名氏所书的"大雄殿"匾，位于辽宁省锦州市义县县城的奉国寺。该寺始建于辽开泰九年（1020年），原来规模宏大，现只有辽代的大雄宝殿完整地保存下来。该匾为木质竖匾，无上下款，

● "大雄殿"匾额

现在不知何人所书。"大雄殿"三字书于1020年后，楷书，蓝地金字，阳刻。笔力沉着雄浑，外形润美，内寓刚劲，功力深厚，堪称书家之作。

米芾所书的"第一山"匾，位于山西交城境内卦山的天宁寺。横匾白地黑字，行书字体，"民间俗语则云：'第'字像美人，'一'字像游龙，'山'字像高峰"[1]。

● "第一山"匾额

朱熹书"正气"匾，位于福建泉州涂门街中段北侧关岳庙正殿。"正气"匾额为木质，楷书，颜体风格，沉着典雅，"赏此匾真有一种'道义精神之气,浑浑灏灏之感'"[2]。该匾真实性

---

[1] 罗哲文, 林声, 窦忠如. 中国名匾 [M]. 天津: 百花文艺出版社, 2008: 15.
[2] 罗哲文, 林声, 窦忠如. 中国名匾 [M]. 天津: 百花文艺出版社, 2008: 19.

● "正气"匾额

存疑。

朱熹书"小山丛竹"匾，位于福建泉州模范巷与县后街的交界处的城隍庙东侧的小石坊。"小山丛竹"是一座书院的名称，匾额为石质，行楷书，笔势迅疾。

● "小山丛竹"匾额

苏东坡书"六榕"匾（1100年书），位于广东广州六榕路的六榕寺。匾额为木质，楷书，结体扁方，宽绰刚健，如绵裹铁，虽为后人复制翻刻，但仍然凸显苏体的书法特点。

● "六榕"匾额

南宋抗金名将韩世忠书"名医进士"匾（1142年后书），位于江苏无锡东南域马山小墅湾附近一处别墅老宅——许叔微故居（又名三槚老屋、梅梁小隐）。"名医进士"四大金字，气势连贯，劲健遒美，雄心勃勃的大将风范流照在这四个字上。

● "名医进士"匾额

张孝祥书"天下第一真仙之岩"匾[宋乾道元年（1165年）]书，位于广西融水县境内一处被宋太宗敕封为"真仙岩"的岩洞。石匾楷书，潇洒劲美，大小错落，有颜真卿和苏东坡的书法特点。

● "天下第一真仙之岩"匾额

金代官吏王瓛书"释迦塔"匾（1194年书），位于山西朔州应县县城西北的佛宫寺。匾面上有250余字的阴刻题记。该匾为华带木匾，颜体正楷书，间架严整，遒劲刚毅，结构浑然一体，气势雄伟壮丽。尤以上面的款识记录了该塔及匾额几次修复的历史最为珍贵。

● "释迦塔"匾额　　　　　● "宝顶山"匾额

杜孝严书"宝顶山"匾［嘉定十六年（1223年）］书，位于重庆市大足区的大足石刻[1]景区的宝顶山。成就大足石刻的南宋名臣杜孝严书写的"宝顶山"三字，端庄沉静，铿锵有力，有颜笔意，被视为难得的书法精品。

---

[1] 大足石刻有"东方艺术明珠"之称，是世界石窟艺术的最后丰碑。大足石刻，是唐末、宋初时期的宗教摩崖石刻，以佛教题材为主，尤以北山摩崖造像和宝顶山摩崖造像最为著名，是中国著名的古代石刻艺术。北山摩崖造像位于重庆市大足区城北1.5公里的北山。北山摩崖造像长300多米，是全国重点文物保护单位、世界文化遗产。造像最初开凿于晚唐景福元年（892年），历经后梁、后唐、后晋、后汉、后周五代至南宋1162年完成，历时250多年。现存雕刻造像4 600多尊，是中国晚期石窟艺术中的优秀代表。大足石刻群有石刻造像70多处，总计10万多躯，其中以宝顶山和北山摩崖石刻最为著名，其以佛教造像为主，儒、道教造像并陈，充分展示了中华民族忠孝、诚信、礼义、廉耻的核心价值理念，是中国晚期石窟造像艺术的典范。与敦煌莫高窟、云冈石窟、龙门石窟、麦积山石窟等中国四大石窟齐名。规模之宏大，艺术之精湛，内容之丰富，保存之完好，更是世界罕见。

魏了翁书"毗卢庵"匾无题书年月，大约嘉定十六年（1223年）后，与杜孝严几乎同时书写。位于重庆市大足区的大足石刻景区的宝顶山。石质，篆书，有隶书味，自然畅达，疏密得当，收放自如，有力有神。

● "毗卢庵"匾额

宋代张即之的榜书作品《大德名帖东福寺匾额题字》，现藏于日本京都东福寺。张即之所书"方丈"匾和"三应"匾，均为纸本。观此二匾，从唐人楷法入手，对颜真卿书法有较深入的研究，得其宽博厚重、雍容大度的形态和遒劲雄强的骨力，且将阴阳哲学融入书法当中，气格很高，书风独树一帜。不愧为《中国书法发展史》中宋代六位书法家之一，更不愧为"宋书殿军"和"南宋书坛第一人"。

● "方丈"匾额 　　● "三应"匾额

陈珩书"丹凤楼"匾（1271年书），位于上海丹凤路、人民路口的古城公园，匾额为木质，楷书，行笔粗重，淳厚遒劲，有欧体楷书风格。原匾不存，此匾为后人复制。

● "丹凤楼"匾额

文天祥书"永镇江南"匾（1275年书），位于江西兴国县北部大乌山山巅之上。石刻，阳文镌刻，点画厚实，笔力遒劲，书风洒脱，唐法宋意兼有。另外《江宁府志》记载："应天府学书'明德堂'，文天祥手书。"

● "永镇江南"匾额 　　　　● "明德堂"匾额

元代的匾额实物相对较少。目前，能够查到的元代的匾额实物有以下几个。

元代高僧李溥光书"传法正宗之殿"匾，位于山西省大同市浑源县的永安寺。永安寺建于金代，后经元明清代多次重修。寺内的传法正宗殿前檐下正中挂着该匾，木质，现存该匾虽据影印件复制，但意义非凡。

● "传法正宗之殿"匾额 　　　　● "无极之门"匾额

元代商挺书"无极之门"匾（1294年书），位于山西省运城市的永乐宫。作为永乐宫宫门的无极门，修建于元世祖至元二十八年（1291年），建成于至元三十一年（1294年）。"无极之门"匾额左右两侧各有两行小字。左侧外行题有"太原府录事司三桂坊居住奉道功德主安远大将军保宁等处万户府万户石抹不老夫人马氏谨施"。可知此门是石抹不老夫人马氏捐建的。右侧内行题有"奉正大夫参知政事枢密副使商挺书　三官提点刘志和庄施"。这说明"无极之门"榜书出自元朝的商挺之手。商挺，字孟卿，号左山老人，在元世祖忽必烈时期，曾任参知政事和枢密副使（元朝的副宰相和管军事的二品官），深得忽必烈的赏识。右侧外行书"大元国至元三十一年岁次甲午九月重阳建　少府监梓匠翼城县朱宝并男朱光造"。由此可见"少府监梓匠"是元代官匠，永乐宫有少府监梓匠题名，可确定是元代官式建筑。

● "东坡书院"匾额

赵孟頫书"东坡书院"[1]，位于海南省海口市的五公祠，在浮粟泉和洞酌亭之间的门额上，匾的材质为玄武岩石，赵体，楷书。

元代大学士许有壬书"天下第一洞天"，原存于王屋山，明嘉靖四十一年（1562年）蔡汝楠重置于河南省济源市济渎大街的济渎庙。石刻，楷书，风格秀润华美，正雅圆融，类似于官方楷书即清代所称的"馆阁体"。

● "天下第一洞天"匾额

元代匾额文化进一步发展和普及。全国各地凡是在文学艺术上有一定影响力的人都擅长写大字，经常给人题写匾额。著名的就有赵孟頫（字子昂，号松雪道人）、李溥光（号雪庵）、康里巎巎（字子山）等。有关元代匾额的记载、著述较多。

例如，元代陶宗仪《南村辍耕录》记载："延祐间，兴圣宫成。中官李丞相邦宁传奉太后懿旨，命赵集贤孟頫书额。对曰：'凡禁匾皆李雪庵所书，公宜奏闻。'既而命李赵偕至雪庵处，雪庵曰：'子昂何不书，而以属吾耶？'李因具言之，雪庵遂不固辞。前辈推让之风，岂后人所可企哉！"[2]

明代董斯张《吴兴备志·卷二十四》记载："天圣寺有古桧，赵子昂题曰古桧堂。玄妙观，赵子昂书额。金婆楼、迎真道院，赵子昂题额。"

明代沈德符《万历野获编》记载："元朝宫殿扁额，初出李雪庵笔，元世祖大加赏爱，赵松雪因让之，不复书。"[3]

---

[1] 陈耿，岑明道. 书院串起海南千年文脉 [N]. 海南日报，2017-09-12（B8-B9）.
[2] 陶宗仪. 南村辍耕录 [M]. 北京：中华书局，1980：49.
[3] 沈德符. 万历野获编 [M]. 北京：中华书局，1959：682.

明代田汝成《西湖游览志馀》记载："巙巙子山者，康里人，元时，为浙江行省平章。书法妙绝，自松雪翁之后，罕能及之。杭州匾额多出其手。"[1]

清代李卫等修《雍正浙江通志·卷二百二十七》记载："奉真道院，海宁县志在县西北二百五十步，元至元二十九年建，赵学士孟𫖯题额，明末毁邑。"[2]

但是，以上所记载的元代所书题的匾额实物，至今尚未发现。"隋唐以后，宋、辽、金、元、明、清匾文化伴随着中国民族文化，特别是民族建筑的发展，不断地有所发展。匾的形式也越来越丰富。"[3] 匾代表了不同时期的文化、宗教和社会价值观。

（四）宋元匾额书法风格特征

匾额在宋元时期发展达到了一个高峰，在全国范围内普及。如前文所述，宋代皇帝对门额题字的内容非常关注，甚至要理清一字之差。在宋代民间赠匾送匾应已不是奇事，匾额在质地发生变化的同时，也产生了多样的功能。商匾作为匾额的一种重要形式，使用广泛，已经发展得相当完备。宋代匾额从庙堂到民间，得到如此程度的普及，得益于文化艺术的发展和社会经济的繁荣，古代文献的记录也逐渐从趣闻逸事、民俗风物转向专业性的论述。

如前文所述，我们今天所见的宋元时期的原匾实物很少，多数为复制品。虽然与原作相差无几，但毕竟不是原作，我们难窥其真实原貌，难以评价其书法风格。

---

[1] 田汝成. 西湖游览志馀[M]. 上海：上海古籍出版社，1958：339.
[2] 浙江省地方志编纂委员会. 清雍正朝 浙江通志[M]. 北京：中华书局，2001.
[3] 林声. 中国匾文化初探[J]. 社会科学辑刊，1995（6）：120-126.

宋元匾额书体多以楷书、行楷为主，其书法风格各异。

米芾《海岳名言》记载："江南吴皖、登州王子韶，大隶题榜有古意。吾儿友仁大隶题榜与之等。又幼儿友知代吾名书碑及手大字更无辨。门下许侍郎尤爱其小楷，云：'每小简可使令嗣书'。谓友知也。"[1] 可见吴皖、王子韶、米友仁三人均擅长大字隶书题榜。

还有朱希真为寺院写过隶书匾额"揽辉亭"。南宋爱国诗人陆游在他的《入蜀记》中提到：乾道六年（1170年）他路过金陵，曾在七月九日游保宁寺揽辉亭，"寺僧言：'亭榜本朱希真隶书，已为俗子易之。'"陆游还在他的《剑南诗稿》中提到朱敦儒曾为他的弟子吴景先作榜书"达观堂"匾，唯不知是篆是隶。不过，朱敦儒能作擘窠大字却是可以肯定的。

隶书匾，明人还曾见过，至清代已经不存。关于篆书匾额的例证，文献中也有一些记载。

如宋代书法家陈归圣擅写大号篆书，明陶宗仪《书史会要》记载："陈归圣，官至秘书丞，能篆书，尤工径丈大字。"[2] 宋代潘继先曾篆书"金华福地"四字匾悬挂于赤松山桥亭上[3]。《书史会要》还记载："（元代）徐琰，成都贡士，工篆书。宣和初，尝书'剑南西川'四大字，字身长五尺，雄伟可喜。"[4]

对于匾额书风，《学古编》阐明："凡写牌匾，字画宜肥，体宜方圆。"这也是宋元时期的匾额书法风格。

---

[1] 上海书画出版社，华东师范大学古籍整理研究室. 历代书法论文选 [M]. 上海：上海书画出版社，1979：360.

[2] 陶宗仪，朱谋垔. 书史会要 续书史会要 [M]. 徐美洁，点校. 杭州：浙江人民美术出版社，2012.

[3] 方凤. 方凤集 [M]. 方勇，辑校. 杭州：浙江古籍出版社，1993：108.

[4] 陶宗仪，朱谋垔. 书史会要 续书史会要 [M]. 徐美洁，点校. 杭州：浙江人民美术出版社，2019：164.

二、隋唐宋元的匾额书家考据

（一）隋唐擅匾书家介绍

隋、唐是中国书法史上最繁盛的时期。隋代立国时间较短，书法虽臻于南北融合，但未能获得充分发展，仅为唐代书法起了先导作用。隋书法家有僧人智永和丁道护等。前者曾用30年时间，书写《真草千字文》800本，后者传世书法作品有《启法寺碑》，现原碑已佚，仅有一拓本流传。唐代书法在楷、行、草、篆、隶各体书方面都出现了影响深远的书家，比如欧阳询、虞世南、褚遂良、薛稷、李邕、怀素、张旭、颜真卿、柳公权、李阳冰、杜牧等，还有唐太宗、唐玄宗等一大批书法家，楷书、草书的影响最甚。唐代书法家众多，但并非人人都擅长题写匾额。

唐代书法的繁荣离不开统治者的喜爱，统治思想为儒学，儒学倡导"礼仪""仁爱""开放""包容"等内容，因而在书法艺术中主要注重法度和人文精神。二者至臻至盛的协同发展，匾额等书法应用场景越来越广泛，大字书写越来越完善。古文献中记载的擅长书写匾额的书法家有以下几位。

一是初唐的殷令名、殷仲容父子。殷令名，唐朝大臣，书法笔法精妙。其子殷仲容，活动于唐高宗到武则天时代，善篆隶，尤精于榜书题额。《陕西通志·卷二十八》记载："庄严寺，在城西南十二里木塔寨，隋文帝为献后立为禅定寺，唐武德年改今名，殷令名题额。"《海岳题跋》记载："仲容奕世工书，精妙旷古。令名尝书'济度寺'额，后代程式，父开山也。"[1]《书史会要》记载："殷仲容，令名子。武后时礼部郎中。工书，尤善牌额。玄宗尝命模拓孔子所书季子墓碑。"[2]《书断》记载："殷

---

[1] 卢辅圣. 中国书画全书：第1册[M]. 上海：上海书画出版社，1993：955.
[2] 陶宗仪. 书史会要　续书史会要[M]. 徐美洁，点校. 杭州：浙江人民美术出版社，2012.

侍御仲容，善篆隶，题署尤精……"[1]《述书赋注》记载："仲容书汴州安业寺额，京师哀义开业资圣寺、东京太仆寺、灵州神马观额，皆精妙旷古。"[2]

二是初唐的薛稷。字嗣通，蒲州汾阴（今山西万荣）人，与虞世南、欧阳询、褚遂良并列初唐四大书法家。朱景玄《唐朝名画录》记载："薛稷书师褚河南（褚遂良），时称'买褚得薛，不失其节'。"薛稷不但擅长绮丽媚好的楷书，而且也擅长作擘窠大字。宋王象之《舆地纪胜》载："薛稷书'慧普寺'三字，方径三尺，笔画雄健，在通泉寿圣寺聚古堂。"[3]唐代大诗人杜甫在他的《观薛稷少保书画壁》中赞道："仰看垂露姿，不崩亦不骞。郁郁三大字，蛟龙岌相缠。"[4]

三是武后时的王知敬。唐怀州河内（今河南沁阳）人，武后时仕为麟台少监。善署书，与殷仲容齐肩。《书史会要》记载："王知敬，太原人。官至秘书少监。工正行草，峻利丰秀，尤善署书。"[5]窦臮《述书赋·注》谓："知敬工正、行，善署书，与殷（仲容）同工而异曲，兼善草书。"又称："与仲容齐肩。天后诏一人署一寺额，仲容题'资圣'，知敬题'清禅'，俱为独绝。《洛川长史德政二贾碑》在修行寺东南角，即知敬之迹，极峻利丰秀。清禅、资圣寺，至今路人识者，驻马往观。"

---

[1] 张怀瓘. 书断[M]. 杭州：浙江人民美术出版社，2012：211.
[2] 上海书画出版社，华东师范大学古籍整理研究室. 历代书法论文选[M]. 上海：上海书画出版社，1979：256.
[3] 王象之. 舆地纪胜：第12册[M]. 赵一生，点校. 杭州：浙江古籍出版社，2012：57.
[4]《海岳名言》记载："薛稷书慧普寺，老杜以为'蛟龙岌相缠'。今见其本，乃如柰重儿握蒸饼势，信老杜不能书也。"
[5] 陶宗仪，朱谋垔. 书史会要 续书史会要[M]. 徐美洁，点校. 杭州：浙江人民美术出版社，2019.

四是盛唐、中唐期间的颜真卿。殷颜两家，世代通婚。殷仲容的夫人是颜顽，海内大儒颜师古之女，大书法家颜真卿之堂姑祖母；殷仲容又是颜真卿的父亲颜惟贞的舅父，颜惟贞少孤，在殷家受教养。颜真卿两岁多时父亲去世，跟随殷夫人寄养在舅舅家中，13岁时舅舅也去世，后来又寄养在外祖父家里。殷仲容去世时，颜真卿还不到6岁。但是，颜真卿的书法学习包括大字书写，肯定受到世代家族长辈包括殷仲容的影响。书品和人品俱佳的颜真卿所书楷体榜书大字，最适合题署而雅俗共赏。颜真卿的榜书开创了新局面，促进了摩崖石刻和匾额的发展，这之后写榜书大字者都向颜真卿学习。

五是盛唐、中唐期间的李阳冰。李阳冰性喜刻石，颜真卿所书之碑多请他篆额。《舆地碑记目》记载："唐李阳冰篆西楚霸王灵祠额，在乌江庙。""黄帝祠宇篆额，唐李阳冰篆，在仙都山。"

六是其他人。隋唐擅匾书家除许多帝王、王什、杜怀亮、滕昌祐、智永、杨炯、张旭、徐安贞、李邕、褚遂良、颜真卿、杜牧、殷令名、殷仲容、薛稷、王知敬、李阳冰以外，唐代擅长书写匾额大字的还有很多，比如刘子皋、上官昭容。《书史会要》记载："（唐）刘子皋，玄宗朝，南熏殿学士。尝书'西明寺'[1] 额。"[2] "昭容上官氏，尝书'千福寺'[3] 额极佳。"[4] 比如裴休。《海岳名言》记载："裴休率意书写牌，乃有真趣，不陷丑怪。"据《书林纪事》描述，他"镇

---

[1] 寺院名，位于唐长安城延康坊西南隅。西明寺额，为唐玄宗朝南薰殿学士刘子皋所书。

[2] 陶宗仪，朱谋垔．书史会要　续书史会要 [M]．徐美洁，点校．杭州：浙江人民美术出版社，2019：105．

[3] 千福寺，唐代在长安建立的佛教寺院。位于唐长安城安定坊东南隅，现西安市城外西北火烧壁西村至西斜路一带。据《历代名画记》，千福寺额为上官昭容所书。

[4] 陶宗仪，朱谋垔．书史会要　续书史会要 [M]．徐美洁，点校．杭州：浙江人民美术出版社，2019．

太原时，太山建化成寺，寺僧粉额陈笔砚以俟休。休神色自若，以衣袖墨书之，极遒健。"比如王播。据《新唐书》记载，唐宪宗曾"诏礼部尚书王播署榜"，表明礼部尚书王播的榜书得到了宪宗的高度认可。

（二）宋元擅匾书家介绍

宋元擅匾书家除苏东坡、黄庭坚、米芾、赵恒、韩世忠、蒋瑎、朱熹、张孝祥、王璹、杜孝严、魏了翁、张即之、陈珩、文天祥、吴峴、王子韶、米友仁、陈尧佐、朱希真、陈归圣、潘继先、商挺、许有壬、赵孟頫、李溥光、康里巎巎、徐琰等，还有：

一是推广书法的宋高宗赵构（1107—1187年）。宋朝第十位皇帝，因为批准秦桧杀岳飞，历来名声不好。但他的书法很出色，楷书、行书、草书以及榜书都有造诣，笔法洒脱婉丽、自然流畅，颇得晋人神韵。宋高宗还致力于推广书法，南宋朝廷上下掀起了一个学习书法的高潮，就连后宫皇后及妃嫔也常练书法。《舆地纪胜》记载，"高宗皇帝御书'大成殿'榜"[1]，赏赐给成都府学。这是高宗书匾的例证。宋高宗既为书家，见到好字，想写出来比一比，应该也是常情。他就曾与"游丝书"创造者吴说有过一比。

宋代陈晦的《行都纪事》记载："北山'九里松'牌，吴说书。高宗诣天竺（寺），遂亲御宸翰，撤去吴书。吴未几出守信州，陛辞，高宗因与语云：'"九里松"乃卿书乎？'吴唯唯。复云：'朕尝作此，三次，观之终不如卿。'吴益逊谢。暨朝退，即令再揭原牌。遍索之，乃得之天竺库院，复令植道旁，今所榜是也。"[2]

---

[1] 王象之. 舆地纪胜：第12册[M]. 赵一生, 点校. 杭州：浙江古籍出版社，2012：60.

[2] 王原祁. 佩文斋书画谱：第3册[M]. 北京：文物出版社，2013：1399.

意思是：西湖北山"九里松"牌匾上的字，本来是吴说题写的。高宗皇帝去天竺路过时见到了，不禁技痒，于是自己动笔，另外写了，将吴说的字换下。不久以后，吴说被派去信州任职，向高宗辞行。高宗问他："'九里松'是你写的吗？"吴回答："是的。"高宗说："我写了三次，看来看去，还是不如你写得好。"吴说再三表示不敢，然后告退。吴说走后，宋高宗仍叫换上吴说的题字，找了许多地方，最后总算从天竺的库房里找到，便将其重新挂上了。如今挂在那里的，还是吴说所题的"九里松"。诚然，宋高宗比了又比，觉得自己终不如吴说写得好，便放下皇帝的架子，将"御笔"撤下，"再揭原牌"，有此雅量和风格，作为书家已属难得，作为皇帝就更难得了。

二是让皇帝佩服的吴说（约1092—约1170年）。字傅朋，号练塘，杭州钱塘人。其楷书、行书、草书以及榜书均佳，小楷有"宋时第一"之称，榜书沉稳端润，行、草圆润流丽，深入黄太史（黄庭坚）之室，而得其精髓，又时作魏钟繇之体，颇有新致。其独创的"游丝书"颇负盛名，一笔一行，游丝连绵。宋高宗赵构在其书论《翰墨志》中说："至若绍兴以来，杂书、游丝书，惟钱塘吴说。"[1]这承认了吴说在当时书坛的突出地位。

吴说的榜书也很受欢迎。除了前述的"九里松"牌匾，吴说《垂喻帖》云："垂喻锦里园亭诸榜，何其盛也。悉如尺度写纳，告侍次为禀呈，第愧弱翰不称尔。"[2]据考，此帖的受主为南宋中兴名将，曾两次拜相的张浚，其修建园亭，特向吴说求题榜。虞集《道园学古录》中记："予幼过豫章，见滕王阁扁，吴傅朋公所题也，裴回顾瞻，叹其深稳端润，非近时怒张筋脉，屈折

---

[1] 上海书画出版社，华东师范大学古籍整理研究室．历代书法论文选 [M]．上海：上海书画出版社，1979：369-370．

[2] 刘正成．中国书法全集 [M]．北京：荣宝斋出版社，2013：134．

生柴之态。"[1]《大慧普觉禅师年谱》记绍兴三十一年辛巳禅师"访吴傅朋郎中请书'法宝轮藏'四字"。周密《癸辛杂识》记载:"杭之北关接待寺,寺额乃吴傅朋书'敕赐妙行之院'……其右庑有古观音殿,亦傅朋书,极佳。"[2]周紫芝《次韵何子楚题吴傅朋石渠大字》诗云:"吴侯妙翰绝古今,高榜横空近风雨。大字三尺古所难,细书不要乌丝栏。"[3]江西九江永修县云居山真如禅寺山前的岩壁上有"赵州关"三字大楷书,每字两尺余见方,落款为"钱塘吴说书",点画肥厚,笔力雄强,结构紧密,与吴说常见的纤细风格对比强烈。见于文献记载的还有江西九江"清燕堂"题额等。需要说明的是,吴说的这些题榜,也未必全为楷体,很有可能还有隶书和行书,遗憾的是吴说的题榜大字书迹留存下来的也极少。[4]

三是两宋之交的潘良贵(约1086—1142年)。字义荣,号默成,金华城区人。居官刚正不阿,晚年甚贫,社会上号称"清潘"。

四是"长留天地间"的周伯琦(1298—1369年)。字伯温,饶州鄱阳(今江西鄱阳)人。《元史》本传称:"伯琦博学工文章,尤以篆隶真草擅名当时。"篆书习徐铉(字鼎臣,北宋初书法家)、张有(字谦中,北宋书法家,道士)行笔,其字肥润可爱。至正二十二年(1362年)临《石鼓文》册,现藏故宫博物院。周伯琦工书,名显于当时,《元史》记载:"帝以伯琦工书法,命篆宣文阁宝,乃题匾'宣文阁'及摹王羲之所书《兰亭序》、智永所书《千文》。刻石阁中。自是累转官,皆宣文、崇文之间,而眷遇益隆矣。"同赵孟頫一样,也是皇帝"字而不名"的人物。

---

[1] 虞集.道园学古录[M].长春:吉林出版集团有限责任公司,2005:176.

[2] 周密.癸辛杂识[M].北京:中华书局,1988:143.

[3] 北京大学古文献研究所.全宋诗[M].北京:北京大学出版社,1998:17292.

[4] 李剑锋.吴说书法及南宋审美风格之嬗变[J].中国书法,2016(1):148-161.

据悉，如今苏州留园的"长留天地间"匾额[1]，篆书，落款有"伯温"等字，不是刘伯温所书写，而是周伯温即周伯琦所书写。

● "长留天地间"匾额

五是哲学家、易学家邵雍（约 1011—1077 年）。字尧夫，谥号康节，自号安乐先生、伊川翁，后人称百源先生、玄学千古第一人。他以其卓越的学术成就，受到四位皇帝的赐封，北宋哲宗赐谥"康节"。南宋理宗颁诏，邵雍与周敦颐、张载、程颢、程颐并称"道学五子"，从祀孔子庙庭。宋度宗赐封号"新安伯"[2]，康熙皇帝赐"学达性天"匾。

六是其他人。宋元擅匾书家除前述人员以外，还有很多，比如：钱易、石延年、沈文旭、段少连、赵宗望、陈亮、刘泽、王广渊、吕权、范子奇、李时雍、李时敏、关蔚宗、张察、王俣、阎苍舒、林伯修、熊方、周必大、周必正、吕伯恭、

---

[1] 门额上除了有从右到左"长留天地间"五个篆字，右下角还留有"蓉峰鉴赏"印鉴，左上角有椭圆形篆字"花步"印鉴一方，左中有楷书"伯温"二字，下另有"周氏伯温""玉堂学士"二方闲章。

[2] "新安伯"即"新城故国安居乐道之伯"。邵雍被宋朝皇帝封为"新安伯"，从祀孔子庙庭，这是中国历史上一介布衣被封为"圣人"的第二人（第一人是从布衣到宰相的伊尹，被孔子称为"大贤唯有伊尹"，被孟子称为"伊尹，圣之任者也"）。邵雍也是布衣从祀孔庙唯一一人。由"新安伯"之封号，也可看出当时朝野对邵雍在伊川神荫原安居乐道办书院教书育人事迹的肯定。

洪适、吴境、邓增、杨万里、楼钥、薛师石、夏执中、王壁、吴理、萧寓、马光祖、姚勉、刘震孙、龚颖、左光庆、王竞、王中立、史弼、廉希贡、程钜夫、顾信、郝思温、史性良、王龙泽、郭贯、虞集、王士点、顾安、牛师厚、脱脱、额森特穆尔、牛麟、赵凤仪、伯勒齐尔布哈、庆通、达实特穆尔、实喇卜、李敏中、汪从善、宗椿、郑构、余襄、缪贞、布哈特穆尔、笃列图、张如遇、张仲寿、张与材、祝玄衍、孟应之、蔡仍七等。

第三节　繁盛于明清，发展于民国

明朝建国后，随着专制统治的巩固，朝廷不断大兴土木，宫殿馆阁的规模也超越以前。为了增添文化元素，匾额、楹联成了必有的装饰形式，这也成了书家大显身手之地。自社会进入明代，直到清代到民国时期，匾额都非常盛行，形制也十分完备，无论是官署、庙宇、商宅、园林，还是斋堂、雅屋、书院、民居；无论是修身立志，还是旌表贺颂，匾额已经渗透到人们生活的方方面面。

一、明清民国匾额考据

明清民国时期，除了李渔的《闲情偶寄》中有专门论述联匾，在各地方志以及中央政府的钦定则例中都不同程度地出现了关于匾额的记载。这段时期传世的匾额数量较多，书风各异，而且大量的原匾被保存下来。本书对中国匾额的搜集主要以罗哲文、林声、窦忠如所编《中国名匾》为基础，选取一些具有代表作用的匾额做分析。

(一)明代匾额

在明代，不但一般文人大练书法，朝廷中至高无上的皇帝也不例外，在皇室中除皇帝外，诸如藩王、王妃[1]等也都热衷于对书法的研究学习，甚至擅写匾额大字。王宫贵族往往是王侯将相、士大夫们的榜样，一时间，王侯将相与士大夫竞相仿效。所以楹联、匾额之属的装饰品更是盛兴不衰，成为明代建筑的一大特色。学习匾额书法、制作匾额、悬挂匾额等活动在全国呈现一片繁盛的景象。按照前述区域划分方法，明代匾额整理如下。

1. 东部

(1) 江西

白鹿洞书院位于江西庐山五老峰下。其实，白鹿洞最先并不是一个洞穴，也不是一座书院，而是唐代著名学者李渤少年时的读书地，传说白鹿伴随他读书并高中。史书记载：南宋淳熙六年（1179年）安徽人朱熹在白鹿洞创建书院，设坛讲学，著书立说，成为一代理学大师。明正德七年（1512年），弘治年间进士李梦阳（1473—1530年）出任江西提学副史，到书院讲学时应邀提笔书写了"白鹿洞书院"五字，后被刻石制匾嵌于坊上。如今，镶嵌在书院入口处门楣上的"白鹿洞书院"匾额，为一块长2.3米、高0.46米的阴刻楷书青石匾，五字结体肥厚圆满，遒劲端庄，雄浑劲拔，运笔潇洒，结构舒畅。

● "白鹿洞书院"匾额

---

[1]《书史会要》记载娄妃题额："娄妃，书仿詹孟举，楷书《千文》极佳，江省永和门并龙兴普贤寺额，其笔也。后人以其贤，不忍更之。"

石匾"岭南第一关"位于江西大余县城正南约 15 里处梅岭上的关门南边的关楼上。关门两边的楹联书法，上联是"梅止行人渴"，下联是"关防暴客来"。关楼北门上书着硕大苍劲的"南粤雄关"四字。

● "岭南第一关"匾额

● "南粤雄关"匾额

明成化十五年（1479 年），大书法家张弼出任南安知府时，在对梅岭古驿道和关楼进行大规模修复后，挥毫题写了"岭南第一关"五个大字，并镌刻成匾额镶嵌在关楼之上。不过，如今人们在关楼南墙上所见到的"岭南第一关"几字并非张氏所题，而是明万历二十六年（1598 年）时任知府蒋杰，在该关楼及张弼题匾被倾圮毁坏后，重新修复关楼时所题写的。他以行草书体将这五个字写得俊逸流畅、运转自如，但运笔时在洒脱中又不失含蓄，这就使这五个字的章法显得错落有致、古朴自然，实在可以看出其书法艺术深得颜体之精髓。

（2）上海

豫园位于上海老城厢东北隅。始建于明嘉靖三十八年（1559 年）的秀丽园林"豫园"，是一座集明朝江南园林建筑艺术精华于一体的古典园林,海派书画发源于此。"豫园"二字,就是明代文徵明的关门弟子、书法家王穉登所题。二字隶书,结构严谨、体势端正且颇为遒劲,但又不乏古意。

● "豫园"匾额

(3)浙江

"一尘不到"匾额位于浙江绍兴市前观巷大乘弄,明代大书画家、文学家徐渭的诞生地兼读书处——青藤书屋前室格窗上。"一尘不到"匾额是一块长1.16米、高0.34米的横匾,行草大字,右上角刻有"与木石居"闲章一枚,左旁落款则为"天池"二字,下钤"徐渭之印"与"天池"两枚名章。如果单就"一尘不到"这四字来说,实在是言简意赅地表达了徐渭不与权贵及世俗妥协的清高品格,至于这四字所体现的书法艺术价值,还是来看看明代文学家袁宏道在《中郎集》中所说吧:"文长喜作书,笔意奔放如其诗,苍劲中姿媚跃出,在王雅宜、文徵仲之上。不论书法而论书神,诚八法之散圣,字林之侠客也。"诚如袁宏道所言,徐渭自题"一尘不到"这四个字,在笔法上纵横挥洒,字法上跌宕多姿,墨法上燥润相间,章法上整个作品气韵生动而奔放,深得黄庭坚、米芾与祝允明等书家之精髓。

● "一尘不到"匾额

"宝书楼"匾额位于浙江宁波著名风景区月湖之西的"天一阁"[1]楼上。"宝书楼"匾额长1.09米、高0.8米，上款为"守郡前柱史东粤王原相于"，下款署"隆庆五年岁次辛未季冬吉旦立"，由此可知这是天一阁建成四年后即明隆庆五年（1571年）由范钦好友广州人王原相所题写。试想，如果范钦及其后人对王原相所题"宝书楼"不予认可的话，这块匾额何以留存至今呢？当然，王原相所题"宝书楼"这三个字，确实是笔法淳厚，严谨端庄，称得上是楷书体之楷模。

● "宝书楼"匾额

（4）福建

"乡贤名宦"是明代著名思想家、文学家李贽为一位名叫赵德正的人所题写的匾额。这块匾额曾悬挂于赵氏大宗祠门口，而今则悬挂在

● "乡贤名宦"匾额

福建泉州市南门万寿路一栋老屋——李贽故居的正厅之上。匾额长1.88米、高0.72米，上下署款分别为"特峰赵公德正"和"云南姚安军民府知府李载贽立"。李贽书写这四字，疏密有致、圆润洒丽，书风介于苏东坡与董其昌之间。将由李贽为他人题写的"乡贤名宦"匾额，移挂在李贽本人故居门楣之上的行为，从一定意义上说，李贽与他题匾颂扬的赵德正一样，都是为官清明又不忘故里的情怀之人。另外,关于这方匾额上署款为"李载贽"之名，据有关学者考证，李贽原名李载贽，"载"字是其

---

[1] 天一阁建于明嘉靖四十年至四十五年（1561—1566年），原为明朝兵部右侍郎范钦的藏书处，今为中国现存历史最悠久的私家藏书楼，也是世界上现存最早的三座私家藏书楼之一。

辈字。明隆庆元年（1567年），为了避明穆宗隆庆皇帝朱载垕的名讳，故李载贽不得不改名李贽。

"完璧楼"匾额位于福建漳浦县城东南35公里处湖西乡硕高山西北麓。"完璧楼"三字，取成语典故"完璧归赵"之寓意。"完璧楼"

● "完璧楼"匾额

匾额长1.5米、高0.6米，石刻，行书，由赵义所书，笔酣墨畅、挥洒自如，藏锋取势，无半点斧凿之痕，有米芾书风。"完璧楼"中的"璧"字写法，便有如上所述的特征，因为"璧"字中的"辛"字竟占全字一半，而"王"字则被挤在了左下方。

"洗心之藏"匾额位于福建诏安县城西北15公里处九侯山的九侯禅寺正殿堂内。"洗心之藏"匾额由明代大学者黄道周题写，木刻，用笔方折深沉，点画波磔、停顿明显，结体平中寓奇，拙中藏巧。从"之"与"藏"两字中就不难看出，黄道周在书写时表现出于统一中求殊异、在和谐中寻变化的艺术追求及其浑厚的功力。沈尹默曾诗赞黄道周的书法艺术为"高格倪黄见性情，即论险怪亦天成；此流未许他人与，雅俗相看最易明"。

● "洗心之藏"匾额

2. 西部

（1）陕西

"能有有有"匾额位于陕西西安鼓楼街北隅化觉巷内的清真

寺的礼拜大殿内第一道檐枋正中。"能有有有"匾额,木刻,长2.5米、高1.15米,四周边框有红、绿、蓝和金色彩绘的蔓草花纹,而内部则是阿拉伯文组成的装饰图案。遗憾的是,这块根据四周边框彩绘图案的纹饰和设色等判断为明末清初之匾额,虽然行书"能有有有"四个大字用笔遒劲,书写流畅俊逸,特别是在同一块匾额内出现三个相同的"有"字,而这三个"有"字在书写时又富有变化,反映出书法家娴熟功力和巧妙布局,但其书写者却至今无考。"能有有有"四字体现伊斯兰文化与中国传统建筑艺术有机统一,三个"有"字表示人之生前、死后以及现身三界。

● "能有有有"匾额

(2) 甘肃

"小有洞天"匾额位于甘肃天水东南约25公里处的麦积山石窟,具体镶嵌在麦积山东崖从第四窟散花楼通向第五窟牛儿堂石甬道通道口上方。"小有洞天"石质匾额,长1.14米、高0.36米、字径0.25米,阴刻双钩线法显字,由明嘉靖年间进士甘茹于明嘉靖四十三年(1564年)与友人胡安同游麦积山时所书,落款"泰谿"。"小有洞天"这四个字乍见并无奇特之处,不仅笔锋稍散,而且其外表也朴实得甚至有点粗糙,但其架正骨直,给人一种庄重平易之感。由此可见,书者甘茹不仅深通柳骨之道,而且不为拘囿,遂能脱胎于柳,自成风格。

● "小有洞天"匾额

3. 南部
（1）云南

"永镇山川"匾额，镶嵌在云南大理以北3里处苍山应乐峰下的崇圣寺三塔之主塔千寻塔（高69.13米）东面正中的石照壁上。"永镇山川"四个大字由黔国公沐英后裔沐昌祚[1]题写，落款为"黔国公古濠世阶题"。刻在高1.7米、宽1.2米的大理石板上，字径高1.32米，阴刻双钩，楷书，笔法浑厚，气势雄伟。

● "永镇山川"匾额

（2）广东

"母节子孝"匾额位于广东兴宁黄陂镇陶古村的中山公祠堂中厅正上方横梁上。匾额长2米、高0.8米、字径0.4米，黑地、金字、木质，匾文虽为祝允明于明正德十四年（1519年）

---

[1] 沐昌祚，明初率兵平定云南的沐英的第八世孙，石刻立于明万历年间，恰巧是沐昌祚镇守云南袭黔国公时。

所书写，但这块四边边框装饰有金龙盘云纹的匾额则是清乾隆四十二年（1777年）重刻之物，不过这并不妨碍与唐寅、文徵明、徐祯卿并列被誉为"吴中四才子"之一的祝允明所题"母节子孝"匾额的神采。确实，祝允明以楷体书写的"母节子孝"四字，用笔矜贵，结构左顾右盼，格韵劲练兼胜，雍和之气逼人，是祝允明书法艺术的难得之作。

● "母节子孝" 匾额

"天宁古刹"匾额位于广东雷州市雷城街道的天宁寺大门门额上。"天宁古刹"石匾由中国古代

● "天宁古刹" 匾额

清正耿介官员代表人物海瑞所题，长2.1米、高0.65米、字径0.45米，匾额四周装饰有灰塑图案，匾内并无上款，下款也只有"海瑞书"三个小字。至于匾文"天宁古刹"这四个大字楷书，笔法上迟慢不流畅，古拙遒劲；字法上构字无晦滞之色，骏雄沉毅。该作品书法特色可以远追颜（真卿）柳（公权），实为天宁寺镇寺之宝。作为琼山人的海瑞（1514—1587年），虽历任淳安知县、吏部右侍郎、南京右金都御史等职，但他每回故乡则必经雷州天宁寺，故有人考证说"天宁古刹"匾额是其于明

嘉靖年间返乡时所写,当属不谬。

"善世堂"匾额位于广东番禺石楼镇一村西街的陈氏大宗祠祠堂中厅横梁上。"善世"语出《易·乾》:"善世而不伐,德博而化。"也就是"为善于世"的意思。匾额长3.6米、高1.15米、字径0.5至0.6米,无边,木质,金地,黑字,下款书有"毗陵戚继光拜题"字样,并钤有"戚继光印"和"南塘"两方印章;上款则书"乾隆己丑仲秋穀旦重修"楷书,这是重修时后人所补刻。这方"善世堂"楷书匾额,点画沉劲,结构浑厚,行笔流畅,气韵自然,兼有黄庭坚和柳公权书风。

● "善世堂"匾额

4. 北部

(1)内蒙古

内蒙古包头土默特右旗美岱召镇境内的泰和门上有一匾额,左图为美岱召泰和门石匾拓片,右图为美岱召泰和门石匾原件。石匾约长0.7米、高0.52米、厚0.19米,四周刻有蒙古族惯用的云纹。铭文分藏、汉两种文字,藏文一行横刻石匾上方,下为汉文竖刻。藏文译为"唵啊吽!顶礼圣识一切锁南嘉措!唵嘛呢叭咪吽!"汉文的正文内容为:"皇图巩固,帝道咸宁,万民乐业,四海澄清。"上款内容为:"元后(注:蒙古土默特部,为元朝王室的后代,故自称'元后')敕封顺义王俺答呵嫡孙钦升龙虎将军天成台吉妻七庆大义好五兰妣吉(蒙语汉译音,即斯琴太后五兰妣吉)誓愿虔诚。敬赖三宝选择吉地宝丰山，起盖灵觉寺泰和门，不满一月工城圆备，神力助佑，非人所为也。"下款内容为："大明金国（注：明顺义王俺答汗和他的后人归服明朝后，即自称大明金国）丙午年戊戌月己巳日庚午时（即明万历三十四年九月四日正午）建。木作温伸，石匠郭江。"由此可见，当时蒙古土默特部与明朝之间关系状况。从形制上看，石匾包含了蒙古族纹饰和藏、汉两种文字。蒙古族的云纹象征圣洁与吉祥；藏文部分，据专家考证，是藏族的"发愿文"（祷词）；汉文部分也是同时代中原地区发愿文的典型格式。这样，蒙古、藏、汉三种文化元素就完美融合在一块石匾上。因此，美岱召泰和门石匾单从形制上看，已显示出多民族的文化交流。汉文为16个字的阴刻双钩楷书，结构严谨、笔势飞动，颇有赵孟頫笔意。至今也没能考证出书写者是何人，但其称颂国家巩固、帝王圣明、万民乐业、天下太平之意则表露无遗。

●美岱召泰和门石匾拓片　　●美岱召泰和门石匾原件

还有一块砖刻匾额也叫"皇图巩固"，位于晋祠舍利生生塔第五层。匾额长1.7米，高0.63米，清代乾隆十三年（1748年）刻匾。另有一块清代的石刻，此碑当为纪念关帝而作，碑额正面楷书"皇图巩固"，现收藏于成都华通博物馆。放在这里，以供对比研究。

●"皇图巩固"匾额

（2）山东

"金声玉振"匾额位于山东曲阜孔庙的万仞宫墙后面的石坊上。匾额上"金声玉振"四字语出《孟子》："孔子之谓集大成。集大成也者，金声而玉振之也。金声也者，始条理也；玉振之也者，终条理也。"即比喻孔子的思想是集先贤圣哲之大成，就好像古代用钟磬编钟在演奏音乐一样完美无缺。"金声玉振"四个大字是明都察院右副都御史胡缵宗于嘉靖十七年（1538年）所书，书法刚健雄浑，确实具有颜书之风格。

●"金声玉振"匾额

5. 中部

（1）北京

"教忠坊"匾额位于北京东城区府学胡同西口路北的文丞相祠内享堂西壁之上。相传文丞相祠是元军关押南宋右丞相兼枢密使文天祥

●"教忠坊"匾额

的地方，后人为了纪念文天祥，就修建了这座祠堂。"教忠坊"三字体势朴茂、舒展自如，遗憾的是只知是明朝初年之人书写，姓氏名谁至今也无从考证。

● "皇乾殿"匾额

皇乾殿位于北京南城天坛祈年殿正北一座严谨的巨形院落中，其功用与皇穹宇相同，是尊奉皇天上帝和皇帝祖先牌位的地方，故有明嘉靖二十四年（1545年）由世宗皇帝朱厚熜亲题的匾额"天帝寝宫"，时为黄琉璃瓦殿顶，清乾隆朝改为蓝瓦。皇乾殿五开间，殿前丹墀为汉白玉石。南向三出陛，东西各一出陛，俱八级，檐下悬九龙华带匾，匾上青地金书"皇乾殿"。在皇乾殿明间门额之上悬挂着的"皇乾殿"匾额，为金龙华带匾，长约1.2米，高约1.2米，其中的"皇"字意为宏大辉煌，"乾"字即指"天"。"皇乾殿"三字，端厚丰实，具有颜体楷书风格。

"宝藏"匾额位于北京西南房山区境内的"小西天"山脚之下的云居寺的一山洞外。题额"宝藏"的则是藏有珍贵石经的山洞之一。作为"国之重宝"的房山石经，在社会经济、政治历史、文化艺术包括佛教研究等方面蕴藏着相当丰富的资料，尤其在书法艺术上有着极其重要的文化价值和艺术价值。镶刻在明末新凿小洞外的那方"宝藏"横匾，就书法艺术而言早已为书界所称道。这是一块长0.87米、高0.44米的横书石匾，在"宝藏"二字下署有"董其昌书"之款，其左侧有跋书"司权氏新安许立礼同侄中秘志仁、文学谢绍烈、黄至虬、何如霖、田鐩、李自杰游小西天勒石，大明崇祯四年三月四日"。人们不仅能够明白无误地得知镌刻"宝藏"匾额之经过，更可以欣赏到一代书法大家董其昌那秀逸飘洒、清丽中见风骨的书法艺术。

● "宝藏"匾额

（2）河北

"天下第一关"匾额位于河北秦皇岛东北17公里处山海关关城的东门上。关城上那著名的"天下第一关"匾额，是进士、本地人萧显所书。现在关城楼下所藏的是原匾，楼上所藏是光绪八年（1882年）的摹刻品，而楼外悬挂的则又是1929年摹刻的。这方长5.9米、高1.55米的巨幅横匾，单是"天下第一关"这五个楷体大字就高达1米，而且书写时笔力雄浑凝重，苍劲有力，结构谨严，气势宏大。关于萧显这位家住山海关东罗城萧家胡同的"进士书家"，是何时题写"天下第一关"匾额一事，有人考证说应在其结束30年仕途卸任回归故里后所写，这从书体已经成熟的风格中大约可信。

● "天下第一关"匾额

（3）湖北

"金殿"匾额位于湖北丹江口市境内武当山海拔高达1 612米的主峰——天柱峰绝顶之上的铜铸鎏金大殿檐下。金殿是中国现存最大的一座铜铸鎏金仿木构建筑，代表了公元14世纪至15世纪中国最高科技水平和审美观念。在重达40吨的大殿檐下，有一块通高0.55米、长0.42米，而且和金殿大殿材质一样的鎏金竖匾。匾额中间写着"金殿"二字，四周斗边上铸有浮雕游龙宝珠。曾有人这样评论这二字："结体方正谨严，笔法劲健精密，撇如刀，点如珠，外圆内方，横平竖直，点画波磔，毫厘不苟，虽未能摆脱台阁体之板滞，然一派矜重端肃，凛不可犯的气势溢于毫表，以此匾，书此字，悬斯位，可谓恰如其分。"因此，"金殿"这二字可谓是楷书中的精品。不过非常遗憾的是，题写在这方由提督武当山的李瓒于明嘉靖七年（1528年）造施匾额上的"金殿"二字，至今也不知是何人所书写。能够悬挂在供奉有象征着明成祖朱棣本人的"真武大帝"金殿上的匾额，绝对不是什么凡夫俗子敢动笔题写的，可能为明成祖本人亲自动手书写，可谓非常珍贵。这座坐西朝东指向太阳升起方向的金殿，由于高高耸立在武当山巅峰之上，每当太阳东升时则金光闪烁、耀人眼目，实在是武当山上一道绚烂而独有的景致。当然，作为这座金殿或这处景致的点睛之笔，那方悬挂在金殿檐下的"金殿"匾额，更是光彩夺目、霞光万道。

除此之外，不得不提武当山的另外一块石匾——"治世玄

● "金殿"匾额

岳"[1]匾。该石匾位于湖北省武当山的一座极其精美的明代道教石牌坊上面。牌坊即玄岳门,背倚武当山,俯瞰丹江口水库,是明清时期进入武当山的第一道门。明嘉靖三十一年(1552年)皇帝降旨雕造并亲自题书匾额。正中坊额上"治世玄岳"四字,

● "治世玄岳" 匾额

笔势遒劲有力,用双钩绳边镌刻于石之两面,不分正反方,寓意神灵不分贵贱、待人一律平等。石匾四周采用了浮雕、镂雕和圆雕等各种精湛手法,雕有精致生动的龙、凤、仙鹤、千年古树、连心草、云纹等,象征吉祥、长寿,寓意与日同辉。

(二)清代匾额

1. 东部

(1)江西

"山房涉事"匾额位于江西南昌城南郊定山桥附近的八大山人纪念馆内。纪念馆前身是明末清初著名书画家八大山人朱耷隐居修道之所——青云谱道观。青云谱道观始建于东晋大兴四年(321年),最早是许逊(即许真君)创立的一处道场。道观创建后,多历兴废,现存殿宇多为清末重建之物,其中部有一悬挂"山房涉事"匾额的房室,据说就是八大山人的寓所——"黍居"。在书法艺术上,八大山人行楷学习王献之,淳朴而圆润,这从他题写的"山房涉事"匾额上不难看出。长1.7米、

---

[1] "治世玄岳"的意思是用武当道教和其供奉的玄天上帝来治理天下。嘉靖皇帝对玄天上帝的信仰,以及建设"道国"的想法,在此表现得相当明白。

高 0.42 米的木质"山房涉事"匾额，为阳文金地墨字，匾文"山房涉事"四字，起笔藏锋，

● "山房涉事"匾额

点画方圆兼备，笔法粗细一致，结体平稳，浑然天成，那种淳朴圆润之风溢于笔端。"山房"，即山中之屋，古人常用来称书室或僧舍；"涉事"，即动笔书画，与涉笔意近，八大山人的书法绘画作品常署此二款。

（2）安徽

位于安徽安庆县宜秀区五横乡白林村凤凰河畔的铁砚山房，是一代书法大家邓石如的故

● "守艺堂"匾额

居。铁砚山房是一座穿斗式砖木结构的四进院落，第一进为三开间的门厅，门厅之上悬挂有邓石如之子邓传密题写的"铁砚山房"隶书匾额；第二、三进为面阔五间、进深两间的两层楼阁式建筑，其中在第二进正厅门楣之上就悬挂着著名的"守艺堂"匾额；第四进是存储粮食的仓房。据说，邓石如之所以将自己的居所命名为"铁砚山房"，完全是由于其收藏有清两湖总督毕沅所赠送的一方铁砚之缘故。

邓石如之子邓传密，同样在书法方面有着非凡的造诣，这从他题写的"守艺堂"匾额上不难发现。长 2.1 米、高 0.7 米的木质"守艺堂"匾额，行书阴刻。在这方著名的匾额之上，除了"守艺堂"匾文，最吸引人的还有多达九行 84 字的隶书跋语和题款，即"昔在元候，笃行纯备，子十三人，各守一艺，

整饰闺门,为法后嗣。人无行则堕,不知理则昧。堕乃匮家,昧乃自弃。明理莫如治经,勤业莫如笃志。迪前人光,在尔继嗣。登斯堂者,庶求无愧。强圉作路之岁立秋前一日制。传密"。由此,人们不难明了邓传密题写"守艺堂"之初衷。

(3) 浙江

位于浙江古城绍兴西南12公里处的书法圣地兰亭,是江南一座著名的山水园林,以自然山水的曲水平冈为主景,风光清雅优美,秀竹宜人。作为全园主要木构建筑的流觞亭,前临曲水,面阔三间,单檐歇山顶,四周设有围廊;室内水磨细砖镶贴壁面,方砖墁地;建筑四周通透,用一式的冰裂纹槛窗和落地宽门;明间后金柱上悬挂着"曲水邀欢处"大方匾额,以及明永乐十五年(1417年)的木刻拓片"流觞图",再次强调了曲水流觞的风流雅事。

既然无缘得见王羲之的书法珍品《兰亭集序》,我们还是来欣赏一下由江夏(今湖北武汉)太守李树堂为流觞亭题写的这方"流觞亭"匾额吧。长3.35米、高1.05米的"流觞亭"匾额,白地黑字,字底铺砂,饱满润厚。特别是"流觞亭"匾文字体,运笔燥润相间,刚柔相济,结构紧密修长,虽然明显有受欧体之影响,但依然气势非凡、自具特色。遗憾的是,该匾由于年深日久的风雨剥蚀已变得难以入目,清光绪二十五年(公元1899年)冬十月,由名人宁本瑜重新进行了补书。

● "流觞亭" 匾额

"三味书屋"匾额位于浙江绍兴都昌坊口 11 号的清末书屋三味书屋北边的厢房即鲁迅先生的读书处的墙壁上。

● "三味书屋" 匾额

三味书屋这座普通的私家书塾，因为中国现代伟大文学家鲁迅的《从百草园到三味书屋》这篇精妙散文，不仅得以较为完整地留存下来，而且还蜚声海外，名扬天下。其实，"三味书屋"原本是一私家书房，且最初名称并不是"三味书屋"，而叫"三余书屋"。对此，有文章曾这样解释："三余"即"冬者岁之余，夜者日之余，阴者晴之余"。当时，绍兴有一位以酿酒为业的人，名叫寿峰岚，因他颇通文墨、喜爱书法，一次他见到署款"钱塘梁同书"的"三余书屋"匾额后，便想方设法搜到自己家中，并高高地悬挂在书房门楣之上。不过，这位寿峰岚先生虽然喜爱"三余书屋"这四个字，但他并不赞同其意，遂将"余"字挖掉，而模仿梁书补上一个"味"字，便成为今日之"三味书屋"。

对于"三味书屋"之"三味"，又有文章解释说："三味"者，即"读经味如稻粱，读史味如肴馔，读诸子百家味如醯醢"。由此可见，以酿酒为业的寿峰岚还是极为尊奉"万般皆下品，唯有读书高"这一传统信条的。所以，当寿峰岚年迈将"三味书屋"传给其子寿云巢时，这位寿云巢果真弃商从学，开始在这所书房内设塾教书，后来再传到寿云巢之子寿镜吾时，恰逢少年鲁迅自 12 岁至 17 岁就读于此，此后便使"三味书屋"名扬天下。

当然，三味书屋不仅因为鲁迅就读于此而为人所熟知，由清代著名书法家梁同书题写匾额也为其增色不少。这位在书法方面初学颜（颜真卿）柳（柳公权）、后采苏（苏东坡）米（米芾）的书法家，字元颖，号山舟，钱塘（今浙江杭州）人，曾官至翰林院侍讲。能诗工书的他，在书写"三味（余）书屋"匾额时，可以说是运笔沉着饱满，通体紧密圆浑，不失为书法艺术之精品。

（4）福建

"江左风流"匾额位于福建连城县城东三里处冠豸山（又名莲花山，与武夷山一起被人们并称为"北夷南豸，丹霞双绝）东山草堂厅堂内。"江左风流"匾额由晚清名臣林则徐题写，对于题写缘由，林则徐在这一木质匾额的署款中有所体现。在长1.95米、高0.57米的"江左风流"匾额上，除匾文外还有上下两款，上款是"小田年弟，偕群子侄读书，弦诵于东山草堂，风雅名流，不愧为乌衣之族，因题赠曰"，下款是"道光甲申清和毂旦，少穆林则徐题"。当然，林则徐在这方匾额上除了告知人们以上信息，最为引人入胜的当属"江左风流"这四字匾文了。确实，这四字匾文行笔流畅，坚劲沉厚，势似刀枪剑戟，结体险峭至极而能保持平稳，规矩至严而能体现深邃古雅、浑穆高简。

● "江左风流"匾额

"二宜楼"匾额位于福建华安县仙都镇大地村蜈蚣山麓的二宜楼正门上。二宜楼是一座巨大的圆形土楼式建筑，素有"土楼奇观""民居瑰宝""建筑奇葩""楼中之宝"等称誉，堪称福建境内数千座土楼中的"土楼之王"。"二宜楼"石刻横匾，长

2.2米、高0.88米，其匾文书法结体平稳，方俊秀丽，神采清妍。至于"二宜"之含义，当地人因为大地后井村人蒋士熊在家排行第二，有"后井二"之绰号，故其所创建之楼为"二宜楼"。而蒋士熊自己却将"二宜楼"之意，通过一副楹联告知了人们："大地着蜚声考思维鼎，二宜昭令德记事孔明。"

● "二宜楼" 匾额

（5）台湾

"亿载金城" 匾额位于台湾台南市安平区南塭16号的亿载金城古堡入口城门上方。亿载金城始建于清同治十三年（1874年），是清政府在日军侵略台湾后，由钦差大臣沈葆桢主持修建，沈葆桢在详细勘定安平险峻地势的基础上，仿照西洋几何形营垒的做法，建造了一座方形棱堡式炮台。该炮台前角凸出，凸出处安放阿姆斯特朗前膛大炮，以作远攻之用；中央凹入，凹入墙面处则安设洋枪队，以防敌近扑。据说，这座延请法国人帛尔陀设计、历时近两年才建造完成的二鲲鯓炮台，在防守海口阻遏日军的多次战斗中予敌以重创。后来，台湾被日本占领，二鲲鯓炮台被敌毁坏殆尽，光复后又加以修复而成今天之风貌。作为保护台南府城安全的一座重要城堡，二鲲鯓炮台如今已以"亿载金城"而扬名天下。确实，1876年9月大炮台竣工后，清代名臣沈葆桢亲笔题写的"亿载金城"四个大字，不仅体现了该城垒固若金汤、永垂万世、牢不可破之美好寓意，而且单就其匾额的书法艺术而言,"亿载金城"这四个字实在是丰厚沉稳,气势宏大,充分显现了颜书之风格。

● "亿载金城"匾额

另外,中国台湾最早的孔庙——台南孔庙,建于明朝永历十九年(1665年),是清末之前官办的最高学府,故有"全台首学"之称。重要的匾额有三块:一是大成殿内康熙御笔"万世师表",一是咸丰帝复笔"德齐巾寿",以及知府蒋元枢1777年所撰"全台首学"。

● "全台首学"匾额

2. 西部

(1) 四川

位于四川眉山市城西南隅纱縠行内的三苏祠,是北宋著名文学家苏洵、苏轼、苏辙父子三人的祭祀祠堂。这座于元代由苏氏宅第而改建的祠堂,虽然几经兴衰,但一直以来是文人墨客和广大民众拜祭圣贤的聚集场所,所以如今依然是一座极富南方特色的私家园林。在三苏祠众多的匾额楹联中,直接点明主题的那黑地金字木质"三苏祠"匾额,实在是其中最耐欣赏的一方。款署"道州何绍基"的"三苏祠"匾额,长2.92米,高1.2米,横置于祠堂大门的门楣之间,匾文"三苏祠"三个大字，苍润遒宏，体势雄峻，遣笔造势，方圆互施，疏密有致，能于刚峭中见血肉，沉凝中寓飞动，在遒婉俊逸中表现出了一种阔达厚重的气局及奇丽潇洒的风采。

● "三苏祠"匾额

（2）陕西

"醇儒气象"匾额位于陕西勉县城西 3 公里处的川陕公路边上的武侯祠内。目前，武侯祠内保留有 60 多通石碑、30 多方匾额和 20 余副楹联。其中，著名的"醇儒气象"匾额就悬挂在戟门南面正中的门额上。蓝地金字的"醇儒气象"匾额，是清朝第一代果亲王允礼[1]于雍正乙卯（1735 年）三月赴勉县捐修武侯祠时亲笔题写的。这从该匾左侧有"雍正乙卯三月果亲王题"落款中可以得知，而篆刻阳文"和硕果亲王之宝"朱印亦赫然在目。长 2.14 米、高 0.73 米的"醇儒气象"匾额，四周雕刻有六条金龙及祥云图案。至于"醇儒气象"匾文的含义，有专家解释："醇儒"是指纯粹不杂、知识渊博的学者；而"气象"则指气质与情态。所以，"醇儒气象"四字是赞颂诸葛亮不仅具有精纯渊博的学识，而且其大学问家的气质与情态也高尚无比。与诸葛亮学识、情态相匹配的，就是允礼这"醇儒气象"四个金字的行书题额，其用笔丰润洒脱，结构谨严，益显雍容华美。

---

[1] 第一代果亲王，名爱新觉罗·允礼，是康熙皇帝的第十七子，于雍正元年（1723 年）赐封为果郡王，雍正六年（1728 年）晋封为果亲王。

● "醇儒气象"匾额

（3）甘肃

"寿安寺"匾额位于甘肃甘南藏族自治州夏河县城西北的拉卜楞寺内的"狮子吼"殿门之上。该寺是中国藏传佛教格鲁教派（黄教）六大宗主寺院之一。经过历代僧侣历时近三百年的兴建，在这样一处著名的佛教寺院内，其中一座因殿内供奉有宗喀巴化身铜制鎏金佛像，即俗称"狮子吼佛"而得名"狮子吼"的殿堂，其殿门之上就悬挂着由清嘉庆皇帝用汉、藏、满、蒙四种文字书写而御赐的"寿安寺"匾额。宽1.37米、高1.7米的木质"寿安寺"匾额，黑地金字，匾额周围饰有九龙蟒袍等的缎幕，匾文字体端正，笔画严谨，属于清代时期极为盛行的一种书体——馆阁体。

● "寿安寺"匾额

（4）青海

"御赐贤能述道禅师"匾额位于青海西宁市东南25公里处湟中区境内的塔尔寺，四山环绕，殿宇宏伟，佛像庄严，梵塔棋布。寺中悬挂有"御赐贤能述道禅师"四龙二凤匾额。此匾通高 1.2 米，宽 0.5 米，长方形，木质。匾额中央自上至下为"御赐贤能述道禅师"八个楷体字，右缘系蒙文，右缘上部间有藏文，其文字义同"御赐贤能述道禅师"。藏文下为"十二年四月吉日立"，藏文上为"同治"二字，也就是说该匾是同治皇帝于同治十二年（公元 1873 年）所书写。"御赐贤能述道禅师"八字，其书法为柳体，兼有颜、欧之风，笔锋遒劲有力，柔中见刚，刚中见柔，浑然一体。

● "御赐贤能述道禅师"匾额

3. 南部

（1）湖南

"印心石屋"匾额位于湖南益阳桃江县城西南 12 公里处的浮邱山主峰顶上的浮邱寺内的一座佛台上，长 3.27 米、高 1.2 米、厚 0.16 米、字高 0.6 米的，由道光皇帝题写。匾额四周饰以浮雕龙凤边框，上款为"道光乙未秋日"，下款为"御笔"二字；首印为"清静虚泰"，上钤"道光之宝"，下钤"慎德堂御书宝"。"印心石屋"四字，结体严谨，字迹平稳，方正端庄，为当时士人极为崇尚的官方书体——"馆阁体"。

● "印心石屋"匾额

始建于周敬王十五年（公元前505年）的岳阳古城，原有五座城门，东、南、西、北四门分别叫作：湘春门、迎薰门、岳阳门和楚望门，除此之外还有一座小西门。不过。在岁月沧桑中其他各门均已毁坏无存，只有悬挂着著名"岳阳门"匾额的岳阳门依然留存。在长1.6米、高0.6米的"岳阳门"匾额上，匾文三字为欧体楷书，笔画方整刚劲，笔势坚拔，用笔遒练利落，坚若垂露，波磔整洁，短横画以点代之，于规整中见潇洒，端正中显变化，看似笔力清瘦而不失端庄凝重。不过，从匾额的款署中可以得知，该匾已经不是原先旧物，而是张自检重修时所增刻。匾额的上款是"乾隆丁卯年嘉平月，知岳州府事黄凝道题"，下款为"道光庚子年清和月，知岳州府事张自检重修"。至于张自检是何许人也，限于手边资料，暂时不详，而书写"岳阳门"三字的黄凝道，除了知晓他是安徽休宁人，岁贡出身，曾任岳州知府，就连其生卒年月也是不详的。不过，这并不妨碍人们对"岳阳门"匾额的追捧。

● "岳阳门"匾额

（2）云南

"文献名邦"匾额位于云南大理古城南门外的文献楼。提起"文献名邦"匾额，就不能不回顾清朝时一位边疆大吏——偏图。偏图，本姓李，汉军正白旗人，清康熙十九年（1680年）以督标别将身份随云南总督赵良栋征讨吴三桂。后来，偏图因屡建战功被提升为云南随军总兵，康熙三十年（1691年）云南平定，偏图又被提升为云南提督，提督衙门就设在大理古城。随后，偏图在大理为官长达十五年之久，他深感大理的人文兴盛，遂向朝廷申请"文献名邦"匾额。因此，在得到朝廷允许后，偏图遂亲笔题写了"文献名邦"四个大字，并镌刻匾额高悬在大理城南门外新建的一座三层楼上，后该楼取名为"文献楼"。1951年，当地政府为了拓宽马路便于行车而将该楼拆除，幸运的是将这方匾额被移挂于文庙大成门上。长1.6米、高0.52米的木质"文献名邦"匾额，横右起阴刻行书"文献名邦"四字，匾文右侧为直书阳文宋字体"康熙四十年岁次辛巳季夏毂旦"13个字，左侧为"提督云南全省军门偏图题"阳文宋字体的落款。匾文四字，书法浑朴，苍劲醒目，赞扬大理古城文教昌盛。

● "文献名邦" 匾额额

（3）广西

广西桂林市中心的王城即靖江王府的"端礼门""体仁门""遵义门"这三座城门上分别悬挂有著名的"三元及第""状元及第""榜眼及第"三方匾额。悬挂在"端礼门"内侧门额上的"三元及第"匾额，高1.85米，长7.2米，大字径1.1米。遗憾的是，在这方匾额上除了有"太子少保兵部尚书都察院右都御史总督广东广西两地方军务阮元为嘉庆十八年癸酉科解元嘉庆廿五年庚辰科会元殿试状元桂林陈继昌书"署款，并没有可供考证的年款。

● "三元及第"匾额

● "状元及第"匾额

● "榜眼及第"匾额

  悬挂在"体仁门"内侧门额上的"状元及第"匾额，高1.8米，长7.2米，大字径1.1米。与"三元及第"匾额有所不同的是，在"状元及第"匾额上除了右边署刻有"道光二十一年辛丑恩科殿试第一甲第一名龙启瑞，光绪十五年己丑科殿试第一名张建勋，光绪十八年壬辰科殿试第一甲第一名刘福姚"，竟然连作者的名款和题写的年款都没有。悬挂在"遵义门"内侧门额上的"榜眼及第"匾额，高1.4米，长7.2米，大字径1.1米。与"状元及第"匾额相同的是，"榜眼及第"匾额也没有名款和年款，只在匾额右边署刻上"同治四年乙丑科殿试第一甲第二名于建章"十几字。即便如此，有书家在对这三方匾额的字体与笔迹进行考究后认为，这三方楷书匾额笔力遒劲，结构劲紧，笔体取法于柳公权，当属同一人书写无疑，即"太子少保兵部尚书都察院右都御史总督广东广西两地方军务"的阮元所题写。

（4）海南

"溪北书院"匾额位于海南文昌市铺前镇的溪北书院门楣之上。"溪北书院"四字匾额由清末书法家、历史地理学家杨守敬书写。在这方长 2.5 米、高 0.76 米的匾额上，匾文为阳刻隶书大字，其行笔流逸，讲求韵律，集汉隶魏碑于一体，神采飞扬，堪称杨守敬书法之精品力作。

● "溪北书院"匾额

（5）广东

"云泉仙馆"匾额位于广东西樵山的云泉仙馆馆门上方。"云泉仙馆"匾额，长 4.55 米、高 0.83 米，石质，匾文从右至左为"云泉仙馆"四字，每字径 0.55 米，上款书有"道光戊申新正"几字，下款则署名为"钦差大臣太子少保协办大学士兵部尚书两广总督宗室耆英书"等字。四字行楷"云泉仙馆"，源出元代的赵孟頫，故耆英在书写此匾时用秃颖挥写，放开笔墨，笔笔讲求赵意。特别是"泉仙馆"三字，不仅肥圆厚重，转折提按轻重分明，字字分布匀停，各自独立。虽然没有牵丝引带，但四字气势连贯，圆韵一致，处处显现出赵氏《玄都坛歌》传至耆英肘下的行笔多样变化之美。

● "云泉仙馆" 匾额

4. 北部：山东

"神光锺暎"匾额位于山东省聊城市古城区中心的光岳楼二楼南檐下。"神光锺暎"匾额，就是清康熙皇帝南巡至聊城光岳楼时所题。匾额木质、蓝地金字，长3米、高1.4米，四边缘为红地，雕刻有七条鎏金蟠龙。"神光锺暎"四个大字丰腴端庄，清俊秀丽。特别值得一提的是，这四字中竟有三个字与规范字有所不同，即"神"字缺了一点，"锺"字的金字旁往上露了头，而"暎"字本来是"日"字旁，此匾却写成了"月"字旁。不过，这些缺笔多画均是出于字体美观对称之需要，实为中国书法艺术之常见，也反映出了康熙大帝不拘一格的审美观点。"神光锺暎"源于"光岳楼"之名，"神光"一指"岳"（东岳泰岱）之光辉，二指"楼"（光岳楼）之光辉，意为山之瑞光与楼之瑞光交相辉映，山光城色充满祥云瑞气，也暗喻了国泰民安的盛景。

● "神光锺暎" 匾额

"生民未有"匾额位于山东曲阜孔庙的大成殿正门之上。"生民未有"匾额，木质，长6米、高2.6米，匾缘浮雕云龙图案，贴金装饰，海蓝地上阳刻"生民未有"，这四字虽是楷书，却有行书之笔意。"生民未有"，出自《孟子·公孙丑上》中孟子赞扬孔子的话："自有生民以来，未有孔子也。"孟子在同弟子谈话时，借孔子弟子有若的话赞扬孔子："出于其类，拔乎其萃，自生民以来，未有盛于孔子也。"据此，雍正皇帝题匾推崇孔子是最伟大的圣人，自有人类以来没有任何人能比。

● "生民未有"匾额

5. 中部

（1）北京

"正大光明"匾额位于北京故宫乾清宫正殿内正中上方。乾清宫是明代十四位皇帝和清代顺治、康熙两位皇帝的寝宫，不但是居住、处理日常政务的地方，而且是批阅奏章、读书学习、召见官员、举行内廷典礼、接见外国使节以及举办家宴的地方。甚至清朝规定那还是皇帝死后停放灵柩的地方。所以说，当时紫禁城是全国的政治中心，乾清宫则是整个紫禁城的中心。"正大光明"这四个大字是清朝顺治皇帝的御笔亲书。"正大"，典出《易·大壮》中："大者，正也。正大而天地之情可见矣。""光明"，典出《易·履》中："刚中正，履帝位而不疚，光明也。"意思就是说，帝王应明辨，不偏邪，上敬苍天，下顺民心，统治才能长治久安。所以,"正大光明"这四字是为清朝皇帝们标榜的祖训格言,是皇帝们修身、齐家、治国、平天下的基本遵循。"正大光明"匾额,为墨拓木框纸匾,匾长4.4米,高1.3米。"正大光明"四字书于正中,上款为:"皇考世祖章皇帝御笔书'正大光明'四字……康熙十五年正月吉旦恭跋。"钤阳文"广运之宝"印一方。下款为:"皇曾祖世祖章皇帝御书匾额……乾隆六十二年孟冬月恭跋。"钤阳文"太上皇帝之宝"印玺。据前后两段跋文可知,康熙十五年(1676年)正月,康熙帝亲笔摹写了顺治御书"正大光明"四字,加跋语后,将其摹勒上石保存。嘉庆二年(1797年)十月二十一日,乾清宫遭丙丁之厄,顺治帝的御笔匾额随之一并焚毁,幸好有康熙帝摹写的副本藏在御书处,据康熙摹本,太上皇乾隆才得以恢复了正大光明匾额的原貌。这样可知:原匾为顺治皇帝所书,后康熙皇帝摹勒刻石,今悬者乃是乾隆皇帝再次临摹。匾为行书体,用笔结体肥厚丰满,其撇捺随意拖出,逸气横霄。对于"正大光明"这四个字,康熙皇帝在跋中盛赞其结构苍秀,超越古今。

● "正大光明"匾额

"山色湖光共一楼"匾额位于北京西郊的清朝皇家御园颐和园内。颐和园长廊绵延728米,分成273个间隔,中无砖墙,全靠间柱支撑,经过常年风雨侵袭,无一倾倒。被列入了《吉尼斯世界纪录大全》。与长廊相映生辉的,就是诸多匾额了。例如,长廊西端与鱼藻轩对称向北伸延出的一段短廊,连接着"山色湖光共一楼"。楼为三层八角式阁楼,底层八面设窗,中层八面架回廊。游人登临半临湖水半依山,开窗面湖,昆明湖水碧波似破窗涌入;北望万寿山,秀木琼宇似托云移木,使人恍然如融入山水之间。"山色湖光共一楼"之名,即采取写实手法信手拈来。匾额长2米,高0.5米,黑地金字,是乾隆皇帝御笔书写,行楷书体,出笔自然,楷行相间,七个大字顺势写成,行间错落,似和着吟咏山色湖光共一楼的铿锵音韵,分间布白,有效地增强了精美建筑与天成画图的诗情画意。

● "山色湖光共一楼"匾额

"葆光室"匾额位于北京西城区前海西街的恭王府西路建筑第二进那面阔五间名曰"葆光室"正厅

● "葆光室"匾额

的门楣上。"葆光"二字,典出《庄子·齐物论》:"注焉而不满,酌焉而不竭,而不知其所由来,此之谓葆光。"葆光即珍藏无尽、善于存储之意。黑地金字的"葆光室"木质匾额,长1.5米、高0.5米,上方正中钤有"咸丰御笔"印一方。咸丰皇帝用笔纵肆直率,文雅遒劲,静中有动。

"颐和园"匾额位于北京西北郊的颐和园东宫门正间檐下。"颐"典出《易·颐第二十七》中"天地养万物,圣人养贤,以及万民,颐之时大矣哉"之意;"颐和"即为养天地圣明、享长治久安之意,又取颐养冲和、安享康乐的意思。光绪皇帝亲笔御书的"颐和园"三字匾额，长 1.62 米、高 0.78 米，青地金字，边框浮雕有金漆九龙，显得富丽堂皇。"颐和园"这三字楷书，写得

● "颐和园"匾额

硕壮雍容，为夸张体势，有意加重了外围笔画的处理，虽然中空部位结字运笔有延促之感，但很有益于总体气势的烘托。在匾额上方，共有钤印三方：正中为"慈禧皇太后御览之宝"，左为"数点梅花天地心"，右为"和平仁厚与天地同意"；署款有"光绪御笔之宝"和"爱日春长"印两方。

"性月恒明"匾额位于北京海淀区寿安山下十方普觉寺（卧佛寺）中卧佛殿内的正面墙上。黑地金字横书"性

● "性月恒明"匾额

月恒明"匾额，长 1.5 米、高 0.45 米，上方正中钤有"慈禧皇太后御览之宝"玺印一方。至于"性月恒明"这四字之含义，有佛学专家解释："性"指的是"法性"，也就是"真如"，"法性"即"一心"的意思，全句可解释为佛性像月亮一样永恒光明。慈禧太后所书，端庄，雍容华贵，大气磅礴，精气神十足，又不失女性的丰腴圆润，骨子里透着一股浓浓的艺术情趣。

（2）河北

"水东楼"匾额位于河北保定古莲花池北塘东侧的水东楼上层正中。水东楼在清同治年间就曾是"莲花池十二景"之一。

始建于唐高宗上元年间，初为"临漪亭"，是一座小巧玲珑的古代园林，为中国十大名园之一。1227年，因池内荷花繁茂，命名为"莲花池"，堪称中国园林中一颗璀璨的明珠。1900年10月12日，英、法、德、意四国侵略者又上演当年火烧圆明园的丑剧，不仅将造价千百万两白银的古莲花池内的珍宝文物抢掠一空，而且园内亭台楼阁皆为灰烬。据《清苑县志》记载，直到1901年夏季侵略军撤出保定时，古莲花池内仍是瓦砾遍地，到处残垣断壁，其惨淡之状难以形容。"水东楼"匾额，为杨士骧于宣统元年（1909年）二月所书。"水东楼"三字，书法超逸豪放，丰伟秀拔，气势磅礴，雄浑俊丽，颇有颜书神韵，又独具风格。

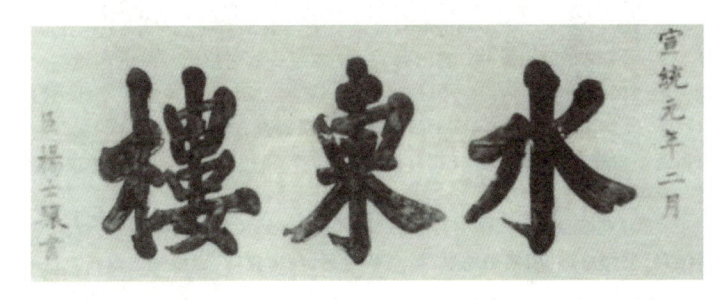

● "水东楼"书法

● "水东楼"匾额

（3）湖北

"东坡赤壁"匾额位于古城黄州的西北边，今湖北省黄冈市公园路，东坡赤壁景区进门后不远处的砖砌门楼上，东坡赤壁，因为有岩石突出像城壁一般，颜色呈赭红色，所以称为赤壁。

清康熙六十年（1721年），著名书画家、汉军镶红旗人郭朝祚出任黄州府同知，他久慕黄州赤壁之盛名，遂挥毫题写了"东坡赤壁"四个大字，并镌刻匾额悬挂在以青瓦飞檐装饰的垂花门之正中。长1.8米、高0.5米的行楷"东坡赤壁"匾额，字法上结体爽健、端庄；笔法上用笔清劲挺拔，转折多方，笔势峭峻而不失流畅；墨法上略显圆润；章法上疏密轻重，对比强烈，严谨灵活，具有较强的立体感。

● "东坡赤壁"匾额

（三）民国匾额

民国时期是中国历史上一个重要的时期，在这个时期，由于社会变革、文化交流和新思潮的影响，匾额艺术也经历了一系列的变革和创新。以下是对民国匾额的考述。

1. 东部

（1）江苏

"天下为公"匾额位于江苏南京东郊紫金山上的中山陵的陵门之上。中山陵是由建筑大师吕彦直设计的，吕彦直是中国近代第一位将西洋建筑理论与中国传统建筑思想巧妙结合起来、具有开创性贡献的建筑大师。有专家总结认为共有三个特点：一是结构完整，聚散巧妙。二是中西一体，珠联璧合。三是气势磅礴，视角见奇。"天下为公"匾额，为孙中山先生题写。匾长 2.3 米、高 0.6 米，石质；匾文书体为行楷，俊秀，豁然大度，颜筋柳骨，庄重有力。关于"天下为公"这四个字，原是孙中山先生赠给中国电影事业先驱者黎民伟的。据说，在辛亥革命时期黎民伟曾追随孙中山先生，拍摄了大量反映孙中山早期革命活动的纪录片。黎民伟创办"民新影片公司"时，孙中山先生即亲笔题匾"天下为公"赠予黎民伟。"天下为公"，古代指不以君为一家所私有，天子即皇帝之位传贤而不传子。孙中山先生借用"天下为公"此语，对"民权主义"进行解释，意思是"政权为全体平民所共有"。后来，这一墨宝镌刻在中山陵陵门的石匾上，以示孙中山的这一主张，并供人们谒陵时瞻仰。

● "天下为公" 匾额

（2）上海

"力学堂"匾额位于上海华山路的复旦中学内的一座 3 层校舍的正门上方。著名匾额"力学堂"由于右任题写，至于为什么将这座校舍命名为"力学堂"，这从题写在该匾额上的款署中可以得到答案——"纪念邵力子先生及其夫人傅学文女士，因以为名"。1934 年"力学堂"建成后，校方盛情邀请复旦校友于右任先生题写匾额。这是一方长 3 米、高 0.9 米的深黄地黑字木质匾额，匾文"力学堂"三字为于右任先生最擅长的行草体。记得有人曾这样评价于右任先生的书法艺术："所作行草，别具神韵，榜书寸楷，挥洒自如。"

● "力学堂"匾额

（3）福建

"共进大同""为国树人"匾额位于由英国教会于1904年创办的福建泉州培元中学内。不过，该校创办之初就曾受到中国民主革命先行者孙中山先生的关怀，60年后又得到孙中山的夫人、时任中华人民共和国名誉主席宋庆龄先生的勉励，这从悬挂在该校内的"共进大同"和"为国树人"两方匾额上可得验证。1920年，培元中学校长许锡安在拜见孙中山先生时，得到孙中山先生寓意深刻、极为珍贵的题词"共进大同"，就是希望共同促进国家一统、创建盛世太平的意思。新中国成立不久，孙中山先生题写的"共进大同"四字，被特制成为长1.52米、高0.52米的匾额，醒目地悬挂在学校图书馆的门额上方。在这方木质匾额上，上款为"培元学校"四字，下面署款"孙文"，并钤有朱文"孙文之印"一方。匾文"共进大同"四字是兼融魏碑的楷书体，但运笔稳实流转，勾啄撇捺，峭立方劲，明显具有苏东坡的书风。1980年5月，孙中山的夫人宋庆龄先生在年近九旬高龄时，也应邀为培元中学题写了"为国树人"匾额。在两位伟人的勉励与鞭策下，百年来，培元中学培养出了一大批杰出人才，遍及全国及世界上许多其他国家和地区。

● "共进大同""为国树人"匾额

"当红军是最光荣"匾额为土地革命时期文物。系当时的福建省新泉县直属市（如今的福建省龙岩市连城县新泉镇）制作的木质荣誉牌匾。现收藏于古田会议纪念馆。

● "当红军是最光荣"匾额

"是最胜处"匾额位于福建省福州市西郊 8 公里处闽江南港的金山寺内的妈祖殿门额之上。"是最胜处"匾额，漆金行楷，长 2 米、高 0.8 米，木刻，上款为"中华民国廿四年五月"，下款为"林森"。匾书取魏碑笔法，沉着庄重，古朴厚实，方圆兼备，行楷相间，虽轻巧入笔，但不失俊秀凝重之感，真是"楷中存行，行中见楷"，轻重顿挫，神采飞扬。题匾之人林森担任过国民政府主席一职长达 12 年之久。

● "是最胜处" 匾额

2. 西部

（1）四川

"山水清音"匾额位于四川省乐山市东郊凌云山上璧津楼长廊间。闻名天下的"乐山大佛"就在凌云寺前不远处。由近代经学大师廖平所题写的"山水清音"匾额，在材质上毫无奢华之处。在长 1.25 米、高 0.55 米的木质"山水清音"匾额上，虽然除匾文之外只有"壬申夏月井研廖平左书"几字款署，但"山水清音"这四字匾文却颇有深意。经学大师廖平在用左手书写过程中，也是运挥自如，毫无拘谨之气。有书家这样评价说，其用笔外柔内刚，精华内敛，于韶秀中寓清刚，妍丽中含朴雅，婆娑袅娜，极臻阴柔之美。

● "山水清音" 匾额

"旷怡亭"匾额位于四川乐山乌尤山顶的乌尤寺建筑群中，

在原尔雅台旧址上建造起来的旷怡亭檐廊下。"旷怡亭"匾额，长1.14米、高0.65米，木质，上款署"丁丑冬"，下款署"欧阳渐"，款下复镌有名氏印两钤。"旷怡"二字，似取自宋代范仲淹名篇《岳阳楼记》中的"心旷神怡"一句。匾文"旷怡亭"三字，用笔在楷隶之间，豪放雄姿，精神振奋；结字奇逸多姿，倜傥不拘。据说，此匾为欧阳氏用猪鬃笔书就，一开劲健朴拙、雄肆泼悍的猪鬃书风之先河。

● "旷怡亭"匾额

"是为不朽"匾额位于四川省成都平原西部岷江之上的都江堰渠首东岸玉垒山麓二王庙建筑群主体建筑大殿的右廊柱之间。"是为不朽"匾额，由国民党高级将领关麟征所书，长3.9米、高1.47米，木质，蓝地阴刻白字，上下款均在"文革"中被抹掉，至今犹未清洗显出。匾文"是为不朽"四字之意，是指李冰父子能做出都江堰这样造福民众于千载的伟大业绩，故当英名不朽，永垂人间。至于关麟征书写的"是为不朽"四字书法，有书家评价是，洒脱超迈，飘扬豪放，气势浩荡，翰墨飞动；其用笔使转有则，险夷有度，放而不纵，留而得体，气贯神畅，潇洒自如，颇富风神。

●"是为不朽"匾额

（2）陕西

由鲁迅先生题写的著名"古调独弹"匾额，悬挂在陕西省西安钟楼东北300米处西一路西段的易俗社剧场前厅。成立于1912年的西安易俗社，原名"陕西易俗社"，是一个秦腔艺术团体。1924年7月，鲁迅先生在观看了易俗社《双锦衣》等戏后，不仅把自己的讲学酬金50大洋赠予易俗社，而且欣然提笔写下了"古调独弹"四个大字，并与十多位教授学者联名制匾赠送给易俗社，以示褒扬、规勉。遗憾的是，由鲁迅先生亲笔题写的"古调独弹"匾额，不幸毁于战争。现今悬挂在易俗社剧场前厅的那方黑地金匾，是1990年易俗社为庆祝建社78周年时，根据原先留存的照片资料而复制的。匾文四个大字"古调独弹"，不仅用笔古朴浑厚，结构端庄严谨，而且字体俊秀，颇有清代大书法家何绍基之笔意。

●"古调独弹"匾额

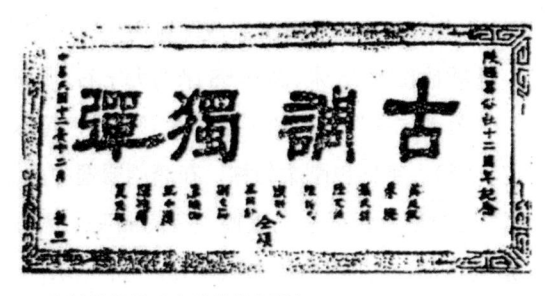

●鲁迅所书的"古调独弹"匾额

2004年出版的《陕西省志·文化艺术志》附录了《鲁迅先生及其同仁书赠陕西易俗社匾额——古调独弹》一文，文中记述了"古调独弹"牌匾多次制作的情形："1924年夏，鲁迅先生及其同仁来西安讲学期间前往陕西省易俗社观看演出，并书题匾额'古调独弹'。该匾抗日战争期间被日机炸毁。"后复制，"上下款为高培支书迹。"这就是《鲁迅讲学在西安》一书所附照片上的牌匾，四个大字"古调独弹"隶书当中带篆书笔法，风格明显。而且，题赠者全部12人的署名齐全。

"百里金汤"匾额，原悬挂在陕西省蒲城县城隍庙内一座木牌坊上，民国二十一年（1932年）由书法家周爱諏重摹上石并跋文刊刻，今镶嵌在该县文化馆院内西侧石刻艺术陈列廊房的砖墙上。周爱諏在刻石题跋中这样记载："霁堂先生书法出入晋唐，庙内诸额各体兼备。此四字尤见真力弥满，运笔入神，允为先生得意之书。惟悬诸木坊已数百年，不免风雨剥蚀之虞。李警吾县长盖深惜之，因命手民摹勒上石，嵌诸壁间，永垂不朽，后之人庶于此得以常睹先民矩矱云。癸亥冬十月周爱諏识并书。"在这里，周爱諏不仅详细记述了"百里金汤"刻石经过，还对原书写者"霁堂先生"的这几个字予以高度赞誉。这位"霁堂先生"是何许人也，他高妙的书法技艺又源自何处呢？"霁堂先生"，姓王名进德，字霁堂，蒲城人，明末廪生。据说他多年坚持临摹李邕所书《云麾将军碑》,终成蒲城历史有名的书法家。"百里金汤"匾额是长1.76米、高0.58米的大字石刻,研习《云麾将军碑》、兼蓄"二王"书风的王进德在书写时,可以说是用笔洗练、气势磅礴,字体也刚柔匀称,在潇洒飘逸中颇见骨力。遗憾或者说幸运的是一代书家王进德颇有陶渊明之风骨,为人正直不阿,清高自洁,一生潜心于书法研究,并不追求浮世功名,故因终身布衣而在史书和地方志中不留盛名。

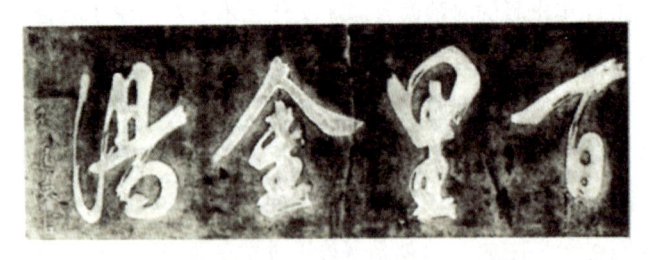

● "百里金汤"匾额

"人文初祖"匾额位于陕西黄陵县城北桥山山麓的黄帝庙(又称轩辕庙)中的主体建筑正殿正中门额之上。"人文初祖"

● "人文初祖"匾额

匾,木质,黑地金字,隶书,上款为"中华民国二十七年夏立",下款为"程潜敬献"。匾文"人文初祖"意指轩辕黄帝。1938年4月5日由程潜拜谒黄帝陵庙时所题写的"人文初祖"匾额,在汉隶中又略带有魏体,用笔瘦硬、平稳、娟秀,有静气,骨力超群,飘逸超脱,有铁画银钩之誉。遗憾的是,匾额镌刻时,没有注重章法。或许书手就是如此构建章法的,刻手没有纠正。

镌刻在北京西郊中共中央党校大门前照壁上的"实事求是"四字校训，是 1943 年毛泽东为延安中央党校礼堂题写的匾文。

● "实事求是"匾额

● "实事求是"匾额

如今保存在延安革命纪念馆陈列室里的"实事求是"匾额，每块石刻长 70 厘米、宽 63.5 厘米、高 14.5 厘米。当时写在四张二尺见方的麻纸上，写好字的麻纸被人铺在方石上，照笔画开凿。字虽然凿好了，但手迹损坏没能保留下来。只见刻后的四字为行楷，用笔刚劲俊逸，字体取斜势并且稍长，雄健、潇洒、隽永。

3. 南部

（1）云南

"牧梦亭"匾额位于云南昆明以西两公里处滇池湖畔的大观公园里一座单檐悬山三开间的古式平房牧梦亭檐之下。"牧梦亭"匾额，长 2.5 米、高 0.7 米，墨地金字，素面无饰。匾文"牧梦亭"三字为楷书，书法真卿，兼有柳意，点画骨鲠，顿挫

● "牧梦亭"匾额

爽健,结构中密,四面放开,端严凝重,刚中有柔,俨然是一派大家手笔。与众不同的是,该匾尾部有多达102个小字跋语,记述匾额之由来:"道光中,仪征阮文达公督滇,构亭于翠海之滨,榜曰'牧梦勤民'。心事寓'维鱼维旐'之占也。亭圮未复,桑海屡更。今修近华浦诸亭馆,余乃补书此榜,移悬是间,自惟于昔贤无能为役,而祈丰年,述国故,义俱有取,亦职在则然也。时中华民国六年,岁次丁巳秋,九月既望。"落款:"会泽唐继尧跋。"匾文与跋语均出自时任云南省省长唐继尧[1]之手笔。至于"牧梦"二字之含义,查阅《诗经·小雅·无羊》可知:"牧人乃梦,众维鱼矣,旐维旟[2]矣。大人占之,众维鱼矣,实维丰年。旐维旟矣,室家溱溱。"意思就是说,牧人梦见"众"(即蝗虫)变成鱼,龟旗变成隼旗。卜筮官占梦说:"蝗虫变鱼,预兆年成丰收;龟变年鹰,预兆子孙繁衍。"很显然,作为云南省省长的唐继尧书此匾额,就是寄

---

[1] 唐继尧(1883—1927),字蓂赓,云南会泽人,同盟会会员。日本士官学校毕业回滇后,历任新军管带、云南军政府军政部次长、云南都督、云南省省长等职,曾参与云南"重九起义"和护国讨袁等爱国行动。

[2] 旐(zhào)旟(yú):喻人口兴旺。语本《诗经·小雅·无羊》:"牧人乃梦,众维鱼矣,旐维旟矣。大人占之,众维鱼矣,实维丰年。旐维旟矣,室家溱溱。"朱熹《诗集传》:"或曰:众,谓人也。旐,郊野所建,统人少。旟,州里所建,统人多。盖人不如鱼之多,旐所统不如旟所统之众。故梦人乃是鱼,则为丰年。旐乃是旟,则为人众。"

托他对云南人民人寿年丰的一种美好愿望。

"和顺图书馆"匾额位于西南古丝绸之路的要冲之地云南西南边陲腾冲市的和顺镇的和顺图书馆第一道大门门楣上，是一方长 1.8 米、高 0.65 米的蓝地白字匾额，由于其悬挂得高，从而给人一种气宇轩昂的感觉。特别是由乡人张砺于民国十七年（1928 年）所书写的"和顺图书馆"五个大字，虽是行书体，但结体谨严，遒劲秀美，其笔势勾画也运用得非常自如，如挑担者肩势轻盈、步履稳健。从书法技艺和审美而言，遗憾的地方是弯曲方向一致的横画太多了，"馆"字的一勾是败笔。产生上述问题的原因很多，有可能是刻手出错。这些遗憾都不能撼动这块匾额的好名声。和顺图书馆，中国最大的乡村图书馆之一，现藏书 10 余万册。为其题写的匾额也较多，比如，中国著名数学家熊庆来题写"民智泉源"，胡适书白地黑字的"和顺图书馆"木匾，国民党四大元老之一李石曾书的蓝地白字的"文化之津"石刻，王云五题"文化源泉"，周钟岳题"馆媲谟觞"，李根源题"文化嬓蘖"，龚自知题"贡山之阳，和顺有乡。十载辛勤，精神聚粮。蕴二酉秘，耀石室光。香飘芸带亦琳亦琅。启蒙益智，人文孔昌"，中国语言学家、文学家郭绍虞题"图书之府"。

● "和顺图书馆"匾额

"彩彻云衢"匾额位于云南昆明华亭山的华亭寺大雄宝殿左次间的廊檐下。"彩彻云衢"匾额长 3.3 米、高 1.06 米,红地金字，黑漆素框。匾文"彩彻云衢"，即铺满彩云的大道之意，在这里则引申为参此佛门便可登上通天大道的意思。文为楷体,剑锷刀锋,威严方正,体出真卿,而犹有魏书之笔意,结体内紧外松,落笔力透榜背,体现出一派大家风范。匾额上款为"民国十七年仲春月吉旦",下款是"昆明陈荣昌书",由此可知此匾为陈荣昌于1928年所书写。

● "彩彻云衢"匾额

(2) 贵州

"克缵前绪"匾额位于贵州兴义刘氏庄园的刘氏宗祠前院门额上。占地70余亩的刘氏庄园,是贵州军阀"兴义系"代表人物、贵州省第一任省长刘显世家族之住所。庄园内诸多的题刻文字与艺术构件,处处都蕴藏着深远的文化内涵,具有较高的历史价值、艺术价值和科学价值。在众多题刻中由国民党军政要员何应钦题写的"克缵前绪"匾额,当属其中的精品。"克缵前绪",语出《中庸》中"武王缵太王、王季、文王之绪",意思就是希望后人继承前辈未竟的事业。"克缵前绪"匾额为长2.55米、高0.8米、字径0.4米的黑地木质匾额,上款为"渊老建祠落成纪念",落款是"军政部长何应钦敬贺"。匾文"克缵前绪"四字,系魏体字,阴刻贴金,结构严谨,点画安排疏密合度,"缵"与"绪"两个字的绞丝旁采取不同写法,使匾文在整体布局上又显得有所变化。在题写时,用笔藏头护尾,方圆并施,其风格明显是受康有为的影响,特别是两边小行楷款字简直与康字如出一辙。

● "克缵前绪"匾额

（3）海南

● "任姒风徽"匾额

"任姒风徽"匾额位于海南文昌市文昌公园内的郭母李太夫人王夫人纪念亭[1]里的内檐额枋上。纪念亭正门额枋阴刻楷书"郭母李太夫人王夫人纪念亭"，该亭那长仅1.5米檐廊的外圈8根方柱的侧面，就镶刻着民国时期林森[2]、孔祥熙[3]、于右任[4]、覃振、陆桂芳、王国宪[5]、陈树人[6]、黄强[7]等题赠的8副对联；在直径4.5米的内圈8根圆柱构成的藻井斜壁和照壁上，镶刻着林森[8]、李宗

---

[1] 华侨巨商郭巨川、郭镜川于1936年为纪念祖母李太夫人和养母王夫人的养育之恩而建造。
[2] 林森的楷书题刻联为："两代仪型堪砺俗；千秋俎豆祀怀清。"
[3] 孔祥熙的行书题刻联为："崇褒荣两世；懿德并千秋。"
[4] 于右任的草书题刻联为："四海昭融温恭且怡；一门雍淑翟茀之光。"
[5] 王国宪的隶书题刻联为："喆嗣欲报恩勤万古云霄罔极；群公共扬芳烈千秋节义双高。"
[6] 陈树人题刻联为："肯构肯堂拓殖重洋传二惠；太任太似徽音两代共千秋。"
[7] 黄强的隶书题刻联为："郝法钟仪后先媲美；松筠柏操日月争光。"
[8] 林森题匾"贤明继美"。

仁[1]、冯玉祥[2]、张学良、陈立夫[3]、邵力子、孙科[4]、张人杰[5]、蒋作宾、居正、石瑛[6]、刘维炽[7]、陈季良[8]、马叙伦[9]、曾镕浦、王铎声、黄慕松、梁寒操、彭学沛、高惜冰、钮永建、余井塘、蒋廷黻、许崇清[10]的题匾24方，题联题匾的人员几乎囊括了当时南京政府的主要人物。另外国民政府还有两块题匾[11]，冯河清先生于民国二十五年岁次丙子六月十二日撰文《郭母李太夫人暨王夫人纪念亭记》。在一个纪念亭内，集中了国民政府及国民政府要员、社会名人的亲笔题赠，镌刻在纪念亭的照壁、斜壁及石柱上的题匾、题联的墨宝刻字作品，计有30多幅，至今仍保存完好，全国罕见。该亭是我国保留历史名人墨迹最多、最完整的纪念亭之一。在这里要特别提出的是由中国近代著名爱国将领、中华民族的千古功臣张学良题写的"任姒风徽"匾。该匾长1.9米、高0.45米，

---

[1] 李宗仁题的诗匾："欧孟称女宗，仁慈世所传。郭家姑与妇，懿德媲前贤。佐夫万里行，致富开陌阡。创业甘苦辛，积善种福田。后嗣能报国，寿登耄耋年。食报邀天眷，褒扬史待编。"

[2] 冯玉祥题匾"后先辉映"。

[3] 陈立夫有两幅匾额，均楷书，右为"荻画垂型"，左为"彤芬永式"。

[4] 孙科题的诗匾："慈母缝衣为治装，弟兄万里拓炎荒。家留家妇勤南亩，代哺诸孤慰北堂。两世徽音能济美，百年褒典自荣光。显扬潜德清芬远，积厚由来世泽长。"

[5] 张人杰题匾"女宗共仰"。

[6] 石瑛题匾"彤史双辉"。

[7] 刘维炽题匾"闺誉长昭"。

[8] 陈季良题匾"重闱累德"。

[9] 马叙伦题匾"姜任济美、弈世承风"。

[10] 许崇清题写匾额两幅，均楷书，左幅为"克绍母仪"，右幅为"砥砺叔世"。

[11] 民国政府的题匾是两幅："懿德堪型"和"行式中闱"。民国政府褒扬李太夫人"懿德勘型"、王夫人"行式中闱"，这在民国历史上并不多见。这两块高规格的牌匾，用金黄色的楷体刻于亭内，是亭中规格最大、最醒目的题字。在它们的左右，则是张学良、居正、冯玉祥、孙科等人的墨迹。

匾文阴刻，右上款为"郭母李太夫人王夫人荣膺褒扬纪念"，左下款为"张学良"并钤名印一方。匾文"任姒风徽"四字，典出周文王之母太任，端一诚庄，能以胎教而生文王；文王正妃太姒，仁而明道，善于内治，生武王兄弟十人，亲自教诲。后来，武王灭纣得天下，世人赞其美德。所以，张学良题写此匾即借此颂扬李、王二夫人继太任、太姒之风韵音徽而传誉于世之意。"任姒风徽"四字，篆书，书劲婉丽，运笔自然，飘逸潇洒。

4. 北部

（1）黑龙江

"极乐寺"匾额位于黑龙江哈尔滨南岗区东大直街的极乐寺山门上。"极乐寺"匾额，是民国十三年（1924年）七月寺庙落成时，

● "极乐寺"匾额

由东省特别区行政长官朱庆澜将军邀请清末状元、著名书法家张謇所题写。据说，该寺落成时来到哈尔滨的张謇信步登上高台，只见他手握特制大羊毫，立时悬笔而书"极乐寺"三个大字，使围观者莫不叹奇称妙。确实，长4.78米、高1.35米的"极乐寺"匾额，匾文字径竟长达一米见方，字体为魏体楷书，浑厚质朴，端庄遒劲，气势恢弘。如果人们仔细观之，可见其书法学颜真卿，又参以欧阳询，笔取中锋，与翁同龢相辉映，并有古汉隶和魏碑之风采。在水泥白灰地黑字的这方匾额之上，除了匾文"极乐寺"三个大字，还署有上款"民国十三年七月"和左下款"南通张謇"。

（2）山东

"碧海丹心"匾额位于山东蓬莱以北约一公里处的蓬莱阁内

南墙上,由爱国将领冯玉祥于1934年题写,一字一石,字为方笔魏碑体,工整浑厚,笔力坚实。匾额长3.45米、高0.89米。

● "碧海丹心"匾额

5. 中部

(1) 北京

"道洽大同"匾额位于北京东城区的孔庙和国子监博物馆大成殿。之匾由中华民国大总统黎元洪题署。长

● 北京大成殿"道洽大同"匾额

5.38米、高2.06米,黑地金字,金色边框,中钤印方,上款为"中华民国六年三月吉日",下款为"黎元洪敬题"。匾文"道洽大同"的"道",以《易经》可解释为立天之道、立地之道和立人之道,泛指沧桑变迁的永恒规律;而"大同"则语出《礼记·礼运》中"大道之行也,天下为公……是谓大同"一句,即秦汉时儒家学者向往的太平盛世。"道洽大同"是颂扬儒学为人间正道之学,而崇奉儒家学说便可成就大同世界的意思。"道洽大同"匾文虽然寓意美好,但这四字书法为书风拘谨、笔法刻板的"馆阁体"。

另外,1929年建成的哈尔滨文庙的大成殿正中孔子神龛上方,也有一块"道洽大同"匾额,是一块长方形木质横匾,长3.04

米，高1.43米，四个大字由清末最后一位状元刘春霖题书，贴金，字体遒劲有力，浑然一体。与黎元洪所书有差别。

●哈尔滨大成殿"道洽大同"匾额

"逸仙堂"匾额位于北京西城区西单北大木仓胡同的郑亲王府（又称简亲王府）寝殿檐下。1927年，谭延闿书写匾额悬于檐下。长2.6米、高1.1米的"逸仙堂"匾额，蓝地金字，匾文为楷书，上款为"中华民国十八年六月"，下款为"谭延闿书"，并有钤印两方。谭延闿为中国近代政治人物、民国初期著名的书法家。

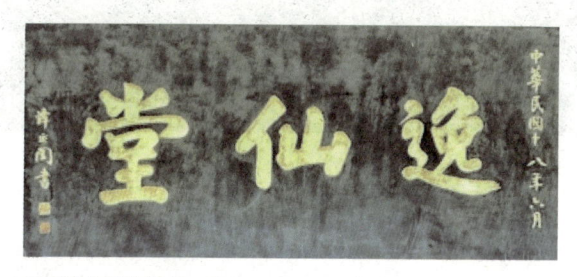

●"逸仙堂"匾额

"庆云堂"匾额位于北京琉璃厂西街的庆云堂，是河北吴桥人张彦生于1931年开设的。"庆云堂"匾额由

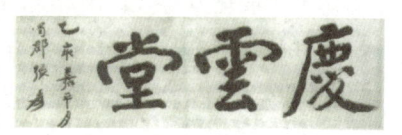

●"庆云堂"匾额

张大千题写，从匾额款署"乙亥嘉平月蜀郡张爰"上，人们可以得知是张大千于1935年12月题写的。匾文"庆云堂"三字，笔画舒展，结体开张，特别是"庆云"二字的细碎笔画，因为作了并联处理，使其运笔的自然震颤感愈显疏朗俊迈，苍劲隽雅。张大千在师承曾熙、李瑞清书体的基础上，又融会黄庭坚的结

体特点，从而形成了一种用笔跳动灵活、体势俊逸、字体清隽奇肆的属于自己的独特风格。

（2）天津

"天津劝业场"匾额位于天津市和平路与滨江道交叉口的大型综合性百货商场一楼楼梯正中上端。天津劝业场1928年建成开业。匾额由津门四大书法家之首的华世奎榜书，长4.35米、高1.2米、字径0.8米，金地黑字，颜楷，字大1米，气势磅礴，笔力苍劲，深邃俊秀，气贯长虹。上款为"戊辰春正月"，下款为"华世奎"，钤印章两方。

● "天津劝业场"匾额

（3）河南

"驾风鞭霆"匾额位于河南辉县苏门山下百泉村的邵夫子祠[始建于明成化六年（1470年）]的门楣之上。"驾风鞭霆"匾额由民国大总统徐世昌于1910年所书写。匾文"驾风鞭霆"，语出《六先生画像赞》中朱熹对康节先生之赞语："天挺人豪，英迈盖世。驾风鞭霆，历览无际。手探月窟，足蹑天根。闲中今古，醉里乾坤。"这里的康节先生，就是指北宋时著名哲学家邵雍。长2米、高0.8米的木质"驾风鞭霆"匾额，黑地金字，上款书"朱子赞康节先生语"，下款落"庚戌秋九月徐世昌书"。"驾风鞭霆"四字匾文为行书体，浅阴线刻出，笔法浑融圆润，举止祥和，给人以一种绵里藏针的力感。

● "驾风鞭霆"匾额

"千唐志斋"匾额位于河南省洛阳市新安县铁门镇西北隅的千唐志斋博物馆的走廊上檐的墙壁上。千唐志斋为中国唯一墓志铭专题博物馆、国家二级博物馆，是已故国民党起义将领、辛亥革命元老、全国政协委员、中央文史馆副馆长张钫（字伯英）先生所建，收藏墓志、碑碣1 400余件，其中唐代墓志近1 200件，故称"千唐志斋"。此斋名则由张钫好友王广庆命名、章太炎题匾额。"千唐志斋"匾额长1.53米，高0.53米，字径0.26米，匾文为四个古篆大字，匾额尾部缀题有跋语云："新安张伯英，得唐人墓志千片，因以名斋，属章炳麟书之。"特别是"千唐志斋"四个大字，搭配得当，苍劲有力，堪称"朴学大师"章炳麟（号太炎）篆籀书法之精品。匾文篆书大字之中的第二字"曃"古同"唐"，不能误认为"喝"或"昒"。

● "千唐志斋"匾额

（四）其他特殊匾额和刻石

1."无联之联"[1] 匾额："声闻四达"和"威镇三关"

"声闻四达"和"威镇三关"两块匾额均位于山西省忻州市代县县城十字街心的边靖楼上。边靖楼始建于明代洪武七年（1374年），清雍正十一年（1733年），雁平兵备道唐豫诚立"声闻四达"横匾，位于楼南第三层，匾高3米、长9米；知州杨弘志立"威镇三关"巨匾，位于楼北第三层，高3米、长8米。"声闻四达"和"威镇三关"两个匾额（横批）自然形成一副楹联，而且是"无联之联"。两匾额，楷书，结体严整紧密，秀劲丰润，端庄大气，力道十足，气势磅礴。笔者经过查阅目前出版的图书得知，字径或者字的面积最大的，当属这两块匾额，"每字见方2.4米"[2]。不算当今电子显示屏的匾额，这确实是世界最大匾额。

●边靖楼

---

[1]"无联之联"，从字面上理解，就是没有上下联的楹联。就只有两个横批，但这两个横批，刚好又可以组成一副楹联。常江在其《中国对联谭概》中将此种横批称为额联。例如：兰州五泉山望来堂后有一石牌坊，柱上无联，正反面各有一中华名匾，横额分别是：高处何如低处好，下来更比上来难。这两横额符合联律，可视为一副楹联。对联作者为刘尔炘。此处两块匾额组成一副楹联，上联是声闻四达，下联是威镇三关。

[2] 林声. 中华名匾 [M]. 沈阳：辽宁人民出版社，1992：134-135.

● "声闻四达"匾额

● "威镇三关"匾额

2. "是无等等"匾额

"是无等等"匾额位于甘肃天水东南25公里处的麦积山石窟，镶嵌在麦积山东崖的第四窟第四龛龛楣之下。"是无等等"这块匾额是明末清初陇右著名诗人、书法家王了望于康熙十四年（1675年）

● "是无等等"匾额

书。木匾，匾呈横长方形，每字宽0.38米，高0.48米，字及边饰均以薄板镂刻，并以木钉固定。边框残存绿色，字为行书，墨色，其结构于斜中求正，运笔遒劲豪放，其险如峰，气势磅礴。落款痕迹犹在。主要特殊之处在于第二个"等"字，用两点代替，这样的匾额极其稀少。"是无等等",语出《般若波罗蜜多心经》,"是"即是正确的,存在的以及真理的意思;"无"即是错误的,不存在的,失去的;"等等"即是不过如此。连起来可以理解为一切不过如此,通俗点讲就是顺其自然。其实佛教的真正意图并不是教化人人吃斋念佛,而是身处红尘中,就吃尘世苦,享尘世乐,尽人之本分,不执迷,不奢望。

3. 大足楹联书法石刻

印象中这是大足石刻唯一一处有楹联的石刻,雕刻的是道教太上道祖老子和伏虎山君,两边的楹联是"道祖乘牛登岸上,山君伏虎镇桥头"。

● 大足石刻楹联

二、明清民国时期的匾额书家介绍

(一)明代匾额书家

1. 皇帝:朱元璋、朱高炽等

《续书史会要》记载:"太祖神明天纵,默契书法,御书'第一山'三大字于凤阳龙兴寺,端严遒劲,妙入神品。""神宗皇帝,圣慧夙成,留意翰墨,蚤岁书'月白风清'四大字及御制《咏月诗》赐辅臣,天下钦仰。"仁宗皇帝、宣宗皇帝、宪宗皇帝、孝宗皇帝等热爱书法,有成就。明朝开国皇帝朱元璋于凤阳鼓楼题写的匾额"万世根本"。

● 凤阳鼓楼

● "万世根本"匾额

此匾位于安徽省滁州市凤阳县城中心的"明中都鼓楼"台基正门拱券上方。"万世根本"四字,楷书,苍劲有力,白地蓝绿色刻字,在数百米之外也能清晰望见。

2. 中书舍人:詹希原、陈登、凌晏如等

詹希原,明代书家,詹希原为原名,后更名为希元,字孟举,号逸庵、丙寅讷叟,新安(今安徽歙县)人。詹希原善大书,兼欧虞颜柳，篆书深得秦汉笔意。"朝廷匾额，多出其手。"[1]

陈登(1362—1428年)，字思孝，福建长乐人。"自周、秦以来，残碑断碣，必穷搜摩拓，审度而辨定之。""永乐时，以篆籀简入翰林……官至中书舍人，朝廷大题扁，率出其手。"[2]

"凌晏如，号云溪，浙江人，官至都御史，善大书，文庙时以布衣征至京师，上亲视作书，门殿诸榜，皆出其手。"[3]

3. 南董北米：董其昌、米万钟

董其昌（1555—1636年），字玄宰，号思白、香光居士，松江华亭（今上海市）人。明朝后期大臣、书画家。董其昌善于山水画，书法出入晋唐，自成一格。董其昌所题匾额，流传于世的较多，真伪存疑。

米万钟（1570—1631年），字仲诏，原籍安化（今属陕西），后当锦衣卫，居北京，米芾后裔。爱石成癖，时称"友石先生"。尤善署书。书法学米芾，但无法转换米芾的精致笔法；用白羊毫兼麻纟丁做笔写大字，可惜终未达自由完美之境。他于明万历年间建园林"勺园"（取"海淀一勺"之意）。清初在勺园故地建弘雅园，康熙曾为之题写匾额。乾隆时，英特使马嘎尔尼朝见清帝时曾驻此，"勺园"因此成为最早接待西方正式使团的食宿场所。后为郑亲王府，嘉庆时改名为集贤院，清帝在圆明园临朝时，此处是大臣们入值退食之所。1860年，集贤院和圆明园一起被英法联军焚毁。

4. 因擅匾被提拔者：朱孔昜

明代匾额繁盛，更有以擅书匾额称旨而得官者。明杨士奇《东

---

[1] 张金梁. 续书史会要补证[M]. 郑州：河南美术出版社，1998：28.

[2] 陶宗仪，朱谋垔. 书史会要 续书史会要[M]. 徐美洁，点校. 杭州：浙江人民美术出版社，2012：321.

[3] 陶宗仪，朱谋垔. 书史会要 续书史会要[M]. 徐美洁，点校. 杭州：浙江人民美术出版社，2012：322.

里诗集》载："一日，上御右顺门，召孔易书大善殿匾，举笔立就，深荷嘉奖，即日授中书舍人。……朝廷题额多出其手。"[1]朱孔易，字廷辉，华亭（今上海松江）人，永乐中授中书舍人，累官顺天府丞。"工于楷书，亦善大字，以詹孟举为宗，朝廷题额，多出其手。故枝山评其椽史手耳。"[2]

5. 其他擅匾书家

据《钦定四库全书·续书史会要》记载，明代擅长匾额大字书法的书家还有：李亨、程南云、黄萌、朱勇、任道逊、陈鉴、蔡潮、徐霖、张环、章冕、夏言、罗洪先、张电、李开芳、黄汝亨、宋献、俞宪、傅光宅等。其他文献记载的明代匾额书家还有：邢侗、林尧俞、黄谦、湛若水、方元焕、康学诗、顾履中、李世屿、韩治、沈叔淳、李宗之、洪墨卿、程衷素、邹鲁遗、张弘宜、张炜、郑善夫、张孚一、林埠、王一鹏、朱奎、顾杲、陈方伯鎏、贫极道人、道士张复、释宗奎、夏泉、杨涟、韩馨、宋仲珩、李西涯、乔白岩、黄景昉、陈沂等。

（二）清代匾额书家

1. 历代皇帝：顺治帝等

顺治帝书"正大光明"匾，康熙帝书"万世师表"匾，雍正书"中正仁和"匾，乾隆帝书"建极绥猷"匾，嘉庆帝书"圣集大成"匾，道光帝书"圣协时中"匾，咸丰帝书"德齐帱载"匾，同治帝书"圣神天纵"匾，光绪帝书"斯文在兹"匾，宣统帝"中和位育"匾（南书房代笔）。

2. 朝廷重臣：梁同书、王文治等

"长寿书家"梁同书（1723—1815年），清代著名书法家，

---

[1] 倪涛，等.六艺之一录（外二种）[M].上海：上海古籍出版社，1991：707.
[2] 陶宗仪，朱谋垔.书史会要 续书史会要[M].徐美洁，点校.杭州：浙江人民美术出版社，2012.

● "正大光明"匾额

● "万世师表"匾额

● "中正仁和"匾额

● "建极绥猷"匾额

● "圣集大成"匾额

第二章　中国匾额的历史演进 ‖ 135

● "圣协时中" 匾额

● "德齐帱载" 匾额

● "圣神天纵" 匾额

● "斯文在兹" 匾额

● "中和位育" 匾额（南书房代笔）

字元颖，号山舟，晚年自署不翁、新吾长翁，钱塘人。乾隆十二年（1747年）中举人，十七年（1752年）特赐进士。梁同书与刘墉、翁方纲、王文治并称"清四大家"，声名远播琉球、朝鲜和日本。习书60余年，长寿，享年93岁。他除了题写"三余书屋"匾额，还题写了"藏轩"，印证了许宗彦在《鉴止水斋集》所说的："公作字愈大，结构愈严……魄力沈厚……公书刻石者至夥，刻工往往不称公意。"

"淡墨探花"王文治（1730—1802年），字禹卿，号梦楼，丹徒（今江苏镇江）人，乾隆探花，工诗文书画，能得董其昌神髓，与刘墉、翁方纲、梁同书并称"清四大家"，与梁同书齐名。其尝随周煌奉使日本，彼邦争传其迹，当时宰相书家刘墉专讲腕力，王文治则专取风神，二人时有"浓墨宰相""淡墨探花"之称。他喜用柔毫或长毫，讲求姿态，清峻绮丽，传世书迹较多。所题"半日闲"匾额，三个大字结构紧密、内敛而精妙，潇洒俊逸、不失力量。

● "藏轩"匾额

● "半日闲"匾额

3. 地方官员：大足知县王德嘉

王德嘉（1816—1877 年），字仲甫，号筱垣，陕西城固县人，出身拔贡，清同治十一年至十三年（1872—1874 年）任大足（现在的重庆市大足区）知县。在任期间，政绩突出。他重视蚕桑业和教育工作，善诗工书，特别喜好书法，篆体、隶书、楷书、行书、草书皆能，造诣较高。

● "宝顶"匾额

到宝顶山石刻参观，首先映入眼帘的不是宝顶山石刻的造像，而是王德嘉那脱颖而出横刻的两个楷体大字"宝顶"，每个字高 165 厘米、宽 125 厘米，笔画深 7 厘米。左右署款，竖刻，各一行，右刻"大清同治癸酉夏四月八日"，左刻"知大足县事城固王德嘉敬书"。"宝顶"两字圆润饱满、刚劲有力；结构大开大合、气势磅礴，颜体味道浓郁，是一件难得的楷书精品。字好，刻工也妙，雕刻的笔画是内凹的，但是视觉上却是凸出的，如同浮雕给人以强烈立体感，明暗结合，虚实相应，如同有生命一般。

4. 清末大儒：赵熙

赵熙（1867—1948 年），字尧生，号香宋，四川省自贡市荣县北郊宋家坝人。光绪十八年（1892 年）高中进士，殿试列二等，选翰林院庶吉士。次年，应保和殿大考，名列一等，授翰林院国史馆编修。他为官清正又仗义执言，厚情重义而奖掖后学，家国危难时倾力相助。如今的"泸州职业技术学院"的前身"川南经纬学堂""川南师范学堂"的首任校长就是赵熙。他是晚清著名诗人、词家、书法家、戏曲作家、画家、古文家、方志学家和教育家，后世称为"晚清第一词人"。梁启超曾随其学诗，郭沫若也出自其门下。赵熙书法，融诸家为一体，书风秀逸挺拔，对川渝书法影响深远。尤擅写大字，线条厚重，刚劲有力，功力深厚，古朴自然。赵熙书法以行书、楷书为最多，偶写隶书，惜流传极少，书法家徐无闻先生在新中国成立前曾见过一幅赵熙书法真迹，认为赵熙写得古雅不凡。

● "川南师范学堂"匾额

程龙刚与陈述琪共同编著的《赵熙题刻辑》[1]考证，赵熙所题匾额有：四川省泸州市的"川南师范学堂"自贡市荣县"大佛寺"，乐山市"凌云寺""乌尤寺""如此江山""垒坻"，成都市"辛亥秋保路死事纪念碑"等。

5. 三朝老民：金农

金农（1687—1763年），字司农、寿门、吉金，号冬心先生，别号较多，钱塘（今浙江杭州）人，晚寓扬州，卖书画自

---

[1] 程龙刚，陈述琪. 赵熙题刻辑[M]. 成都：四川人民出版社，2017.

给。因为金农历经康熙、雍正、乾隆三个朝代，所以自封闲号叫"三朝老民"。他终身布衣，是清代书画家，"扬州八怪"之首。国朝《杭郡诗辑》记载："书法尚古劲，尤

●"静香书屋"匾额

工为饿隶体，或截毫端作擘窠大字，人尤珍之。"书法方面，金农自创扁笔书体，兼有楷书、隶书的体势，用墨独特，自称为"渴笔八分"，时称为"漆书"，书法风格独秀一枝。他50岁过了才开始学画，绘画特点是造型奇古，善于使用淡墨、干笔来创作花卉小品，特别擅长画梅。

"静香书屋"匾额四个大字，集自金农漆书。静香书屋位于扬州瘦西湖的万花园景区，1992年为纪念金农而复建。"静香书屋"匾额，体形瘦长、横粗竖细、撇钩飘逸、墨色乌黑。

此外，清代的擅匾书家还有很多，此处不一一列举。

（三）民国匾额书家

民国时期的匾额书法家有很多，他们在书法领域作出了重要的贡献。除了前文所述的孙文、鲁迅等多位书家，重点介绍一下以下几位：吴昌硕、郭沫若、于右任、沈尹默、李叔同、唐驼、刘春霖等，他们是当时比较著名的匾额书家。吴昌硕书"雪庐"匾，郭沫若书"荣宝斋"匾，于右任书"松云轩"匾，沈尹默书"诗雨楼"匾，李叔同书"智者德"匾，唐驼书"瑞庆里"匾，刘春霖书"价重三都"匾。

● "雪庐"匾额

● "荣宝斋"匾额

● "松云轩"匾额

● "诗雨楼"匾额

● "智者德"匾额

● "瑞庆里"匾额

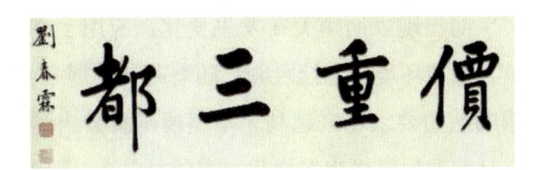

● "价重三都"匾额

三、明清民国时期匾额及其大字书法特点

明清民国时期的匾额文化盛极一时，是中国匾额书法文化发展史上的巅峰，这个时期，字体、形制等方面逐渐出现了时代特点。

（一）匾额书风的多样性

从字体上看，这一时期真、行、隶、篆均有入匾之例，此前罕见的草书、草篆也有入匾的例证；从大字风格上看，大字书法以雄强紧密、端稳匀称、忌偏斜放肆为主体，出现了妍秀艳美、风流潇洒的风格探索；从参与者上论，上至帝王、翰林学士，下至一般学者、平民百姓，均有悬挂、鉴赏匾额的意识和举动；从社会等级方面看，在一些匾额中也明显反映出封建社会等级制度的特征，如皇帝御赐匾与各级官员的匾大小尺寸也有所不同，各种庙宇的悬匾也因庙宇的等级而有所差异。[1]再从匾额书论上看，这一时期更是出现了赵宧光、王澍、包世臣、康有为等一批匾额和匾额书法理论家；从匾额实物角度来看，

---

[1] 林声.中国匾文化初探[J].社会科学辑刊，1995（6）：120-126.

今天存世的明清匾额为数极多，风格各异，代表了中国匾额书法文化的最高水平。总之，中国匾额书法文化在清末达到了顶峰，价值意义积极、深远。

（二）大字审美的丰富性

匾额大字的出现表明审美在发生变化，应用于高大、公开场合，私密、雅致环境也悬挂匾额。随着时代发展和文化进步，人们对匾额书法的要求越来越高。不但要丰富其内涵，而且要求其美观。对美观的需求也多样化，书法技法美，环境和谐美，内涵价值美，宣教意义美等。比如，到过山海关的人，都会看到高悬在东门城楼上"天下第一關"的巨匾，都会称赞写得好。从书法技法、匾额环境、内涵、宣传等各方面而言，虽然会觉得"關"字笔画多，但不觉得繁和烦；"一"字笔画少，不觉得单。这块匾是明朝本地书法家萧显写的。

（三）匾额形制的复杂性

因为存在着大量匾额实物，所以可以从匾额制作工艺上去研究，得知这一时期的匾额制作工艺已经非常成熟。随着时代的发展，中国的匾额更加丰富完善，匾额的形式花样不断翻新。从材料上看，除了木匾，又有石匾、铜匾、铁匾、金匾、玻璃匾等。从形式上看，有册页匾、书卷匾、画卷匾、秋叶匾、碑文匾、诗匾、虚白匾等。有许多匾额的四框上雕饰各种龙凤、花卉图案花纹，有的还镶嵌珠玉，使匾额更加精美多彩。有的是在匾心雕刻寓意吉祥的动植物图案，重庆市主城区老君洞的一块"老而不老"匾额；"藏轩"匾额，即在匾文"藏轩"二字的后面镌刻着花枝，花枝与文字共存于匾心。清代匾额往往用汉文和满、蒙、藏或其他少数民族文字同时书刻，其形式更加富丽堂皇。特别是晚清时期的匾文化已达到高峰。如青海塔尔寺十一世阿嘉·喜饶桑布活佛住所之处悬挂的同治皇帝御赐"贤能述道禅师"匾，雕工精美，四周刻有四龙二凤，间粉花绿叶，匾上缘正中为一金狮，并刻汉、蒙、藏三种文字。康熙为山东曲阜孔庙大成殿所赐"万世师表"御匾，匾缘用云龙图案，上饰三龙，中为正龙，两侧为行龙，左右各饰两降龙，下中部饰二龙戏珠。云、龙珠均为高浮雕贴金装饰，雕刻精美，金碧辉煌。实为一件艺术珍品。[1]

（四）书写顺序的时代性

书写工具从硬（比如石块）到软（毛笔），再到现在的硬（大量使用签字笔等硬笔）；书写载体也在不断发生变化，比如从崖石到植物（比如竹、木）。古人如果在植物上记载信息，因为植物的根向下、茎向上生长的规律，以及叶脉、枝干自然生长的纹路，制作成书写载体以后，不管用硬、软的书写工具，都是从上到下舒服，从左到右使转迟滞、不便不快不舒服，比如在竹片上写字。因为大脑的神经支配，习惯用右手写字的人多些。左手持竹片，右手拿毛笔书写。对于简册的翻页，也是右手去翻动舒服一些。在纸张发明出来以前，汉字书写方式已有很久的时间了，早已形成了竖写、从右向左排的历史习惯。纸张应用于书写时，仍然是通行竖写。隋末唐初的雕版印刷术出现以后，以及宋代活字印刷术出现以后，印刷品都是竖排竖行。伴随铸造、印刷工艺的跟进、改进，人们的书写习惯，千百年来自然形成了从右到左竖排写的习惯，但单个字的笔顺主要还是从上到下、从左向右的。

匾额的书写顺序也不断变化，过去基本上按着传统由右向

---

[1] 林声. 中国匾文化初探[J]. 社会科学辑刊，1995（6）：120-126.

左书写，但到后来，特别传到新加坡和其他国家华人居住区的唐人街里，匾额的书写顺序也就随英文的写法，由左向右。有的商店匾额用汉英两种文字书写，颇有地区特色。[1]

特别是民国期间也出现了从左向右写的现象。比如，于右任题写的"重庆饭店"，就是从左向右的。

● "重庆饭店"匾额

(五) 排版方式的变易性

清朝末年，国内一些知识分子在学习西洋文化之后，提出汉字改革的主张，有的甚至主张消灭汉字、使用拼音文字；有的主张改变传统地从右向左的书写习惯，改用从左向右的"横行"排列方式。清代末年刘世恩提倡拼音文字改革，他写了一本书《音韵记号》，1909年印刷出版时，就是用的"横行"排版方式。据悉，民国时期的论文是从左往右写的，例证是民国三十一年（1942年）国立湖南大学土木系段某某的毕业论文。

诚然，新时代文化对内教育、对外交流的需要，书写载体、工具的改变，排版方式的改变，从右向左竖排书写习惯也会随之改变。如果不变，数学符号排版就是个难题，所以在清朝末年刚开始编写数学教科书时出现了竖排、横排、横竖混合编排多种的编排方式。经过一段时间的探索，发现从左往右横着编写更有利于数学的表达，因此，民国初年数学教科书几乎所有版本都已经实现了横排编印。

---

[1] 林声. 中国匾文化初探 [J]. 社会科学辑刊, 1995 (6): 120-126.

第四节　创新于当代，展望于未来

新中国成立以来，匾额作为中国传统文化的珍贵遗产，在历史的长河中发挥着独特的文化作用。通过对名匾的研究，可以窥见中国社会风貌、政治变迁和文化发展的方方面面，为中国历史的全面理解提供珍贵线索。

根据罗哲文、林声、窦忠如三人合著的《中国名匾》[1]叙述，现在按照东、西、南、北、中部的划分[2]和简介如下（注意没有北部名匾）。

一、新中国成立以来名匾考述

（一）东部名匾

1. 江西

位于江西婺源的"中国景观村落"的匾额，由中国古建筑学家罗哲文先生题写。

● "中国景观村落"匾额

2006 年 11 月，第三届中国古村落保护与发展（国际）研讨会在江西婺源隆重召开。江苏徐州正源古建园林研究所邀请

---

[1] 罗哲文，林声，窦忠如. 中国名匾 [M]. 天津：百花文艺出版社，2008：4.
[2] 一是东部：江西、安徽、江苏、上海、浙江、福建、台湾；二是西部：四川、西藏、重庆、陕西、甘肃、青海、新疆、宁夏；三是南部：湖南、云南、贵州、广西、海南、广东、香港、澳门；四是北部：黑龙江、辽宁、吉林、内蒙古、山东；五是中部：北京、天津、河北、山西、湖北、河南。

到中国古建筑权威专家罗哲文先生题写了一方"中国景观村落"匾额,并赠送给了这次研讨会的主办地——江西婺源。不过,"中国景观村落"匾额并非只属于江西婺源一地,它将被制作成一种标识性牌匾,作为一种荣誉性标志颁发给即将开始的中国景观村落评比活动中当选的村落。

关于这方绿地金字匾额材质的选取,江苏徐州正源古建园林研究所有关负责人在赠匾仪式上解释说,这块木板的材料,是取自一棵参天的优质红松。红松是高寒地区的树种,但它却长得高大挺拔,木质一流,服务人类,从不索取,这就是罗老所提倡的精神,也是我们广大文物保护工作者的精神。[1]

该匾书法广学名家之长,字体方正清秀,笔画爽朗飘逸,自然洒脱,守正创新。这从位于安徽省黄山市休宁县旧县衙遗址,罗哲文先生题写的"中国状元博物馆"金字牌匾也可见一斑。遗憾的是落款都用了繁体字,与匾文正文的规范字不一致。

● "中国状元博物馆"匾额

2. 江苏

江苏无锡还有一块匾额"梅梁小隐"比较出名,在许叔微故居旧址,1983年,由时任全国政协副主席、中顾委常委、中宣部原部长陆定一题写。

---

[1] 罗哲文,林声,窦忠如. 中国名匾[M]. 天津:百花文艺出版社,2008:158.

● "梅梁小隐"匾额

3. 福建

"中央红军村"匾是福建省三明市的党史研究室授予的泰宁县大田乡大田村的,此处是以"少年红军"为主题的红色文化教育研学基地。

● "中央红军村"匾额

(二)西部名匾

1. 重庆

重庆市秀山自治县雅江镇江西村村民李之文家中有一块"红军的亲人"的匾额。这是 1984 年 4 月秀山县委、县政府为了表彰李木富老人救治红军段苏权(乞丐将军)而赠送的。

● "红军的亲人"匾额

2. 陕西

这是西安民间组织"西安征程关爱抗战老兵公益团队"敬赠的匾额"抗战英雄 民族脊梁"。

● "抗战英雄 民族脊梁"匾额

3. 甘肃

（1）甘肃省天水市东南永川河畔甘泉镇的"双玉兰堂"

此匾由1955年90多岁的国画大师齐白石老人题写。长2.23米、高1.02米的"双玉兰堂"匾额，阴刻双钩，显得极为朴素大方。特别是匾文那苍劲有力、烂漫天真、大气磅礴的"双玉兰堂"四个大字，笔画老辣，挥写自如，颇有画意。例如，"兰堂"二字颇得金冬心之古拙，而"玉"字又有李邕、郑板桥之俊俏，至于"双"字则以行草参篆意，更显挺拔，完全打破了明清以来那种蹩脚馆阁体书匾的传统模式，使整个匾额进入了一种诗情画意之中。

● "双玉兰堂"匾额

（2）甘肃嘉峪关"天下第一雄关"

通行关内外的嘉峪关正门门额之上，镌刻有"嘉峪关"三个大字。原关城门楼下还悬挂有"天下第一雄关"匾额，是清陕甘总督左宗棠任钦差大臣督办新疆军务在肃州驻军时所题写的，可惜的是此关城门楼于新中国成立前被拆毁，现已无迹可寻。重修嘉峪关城楼时，甘肃著名设计师、书法家徐祖蕃应邀于 1989 年题写了"天下第一雄关"匾额。该匾长 6.65 米、高 1.36 米、字径 1 米左右，榜书，白地黑字，匾额两侧附有行楷年款及"徐祖蕃题，贺长庚、金禄镌字"署款。匾文"天下第一雄关"几字，为阴包阳式镌刻，而年款和署款则为阴凹式，刀随笔意，刀笔之间配合默契，充分表现出大漠风采与气魄，堪称西北戈壁第一巨匾。特别是"天下第一雄关"这六个大字，柔刚稳健，气韵高逸，既有颜体的雄浑及敦煌写经体的凝重，又有汉简的放纵和厚拙朴茂，笔健力雄，狂飙有势。

● "天下第一雄关" 匾额

4. 四川

（1）新都"杨升庵纪念馆"

"杨升庵纪念馆"匾额位于四川成都市新都区的杨升庵博物馆内"杨升庵纪念馆"匾额，1962 年 5 月，由朱德元帅题写。长 4.1 米、高 0.9 米的"杨升庵纪念馆"木质匾额，为朱红地黑字，匾文为楷书，字体雄健有力，凝重端庄，笔力流畅，布局匀称，线条直、波折少，展现出老将当年驰骋疆场、气度非凡的雄才胆略。

● "杨升庵纪念馆"匾额

（2）成都"浣花祠"

该匾位于四川成都西郊浣花溪畔的浣花祠（又称浣花夫人祠），是为了纪念唐代巾帼英雄"冀国夫人"的。由陈叔通题写的著名"浣花祠"匾额，就悬挂在祠堂大门的廊檐下。长2.2米、高0.76米的"浣花祠"木质匾额，褐地白字，上款为"公元一千九百六十三年十一月"，下款署"陈叔通"三字，匾上虽无钤印，但从匾文字体上可知，确是出自陈叔通之手笔。

● "浣花祠"匾额

（3）成都"花径"

四川成都杜甫草堂与旧有草堂寺之间，有一条幽雅弯曲的红墙小径，呼之曰"花径"。花径东口为草堂寺，西口为杜甫草堂，由沈尹默书写的"花径"二字横匾，就悬挂东口门廊下。"花径"匾额，长1.7米、高0.86米，褐地白字，没有款识和钤印，匾文书法清俊朗润、清隽秀逸、刚健遒逸、英姿勃发。

（4）成都"工部祠"

坐落在四川成都西郊浣花溪畔的杜甫草堂园林中的一座纪念性建筑名叫"工部祠"，其中"工部祠"匾，高悬于廊下，篆书，木质横匾,长 2.5 米,高 1 米,黑地白字,古朴而典雅。落款有"叶圣陶"三字的"工部祠"匾文,用笔稳健,不激不厉,娴雅醇和,气度雍容,字势圆劲朗润。

● "花径"匾额

● "工部祠"匾额

(5) 成都"第一禅林"

四川成都成华区的昭觉寺,在漫长的历史长河中不仅屡有毁建,而且名称也多有变化,但第一禅林的地位似乎不曾动摇,这从高高悬挂在雄伟山门上的著名"第一禅林"匾额上可得佐证。由赵朴初题写的"第一禅林"匾额,以褐地黄字凹面石质镶置于山门门楣之间,长 1.5 米,高 1.2 米,并无上款,下款署有"赵朴初"三字,下复镌有名氏印一钤。匾文"第一禅林"四字,用笔刚柔相济,方圆并施,于严整中见雄肆,沉静中寓动宕,老劲苍秀,古穆渊雅,立之山门,愈显庄伟。

●"第一禅林"匾额

(6) 乐山"麻浩崖墓"

四川乐山市郊一公里处麻浩湾的"麻浩崖墓"匾额,就悬置在该墓门殿的檐廊下,木质,长3.1米,高1.05米,是1973年郭沫若在北京其寓所内书写的。匾文"麻浩崖墓"四个大字,气度宏大,振迅逸宕,用笔或方或圆,或正或欹,疏密有度,留放有则,刚中见柔,柔中寓刚,棱棱凛凛,苍苍凝凝,尽得书中所谓"刚健婀娜""沉着痛快"之妙意。

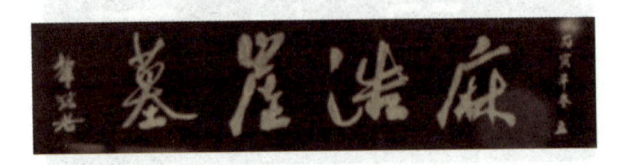

●"麻浩崖墓"匾额

(三) 中部名匾

1. 北京

(1) 清华园"荷塘月色"

位于北京海淀区清华大学校园内的"自清亭",原名"迤东亭"。1978年,清华大学为了纪念著名的文学家、教育家朱自清逝世30周年时而改名为"自清亭",同时集朱自清早年"荷塘月色"四字制匾悬挂于亭内。众所周知,《荷塘月色》是朱自清的散文名篇,这种以文章篇名制匾之事世所少见。悬置在亭内迎门额上的"荷塘月色"匾额,字体隽秀有力,结构清晰。

● "荷塘月色"匾额

(2) 清华大学"晗亭"

位于北京海淀区清华大学校园内的晗亭,是为了纪念秉性正直、敢讲真话的著名历史学家、民主战士吴晗而建,1984年8月由邓小平题写的榜书"晗亭"匾额就悬挂在这座小亭的内檐正面。"晗亭"横匾,长1.25米、高0.6米,黑地金字。擅长行书的小平同志却题写了楷书匾文,字体结构严谨,意态凝重。

● "晗亭"匾额

(3) "同仁堂"

位于北京前门外大栅栏街路南的同仁堂药铺,是中华传统医药著名的老字号,由启功题写的"同仁堂"匾额,就悬挂在该老字号的店堂内。创立于清康熙八年(1669年)的同仁堂,其创办人是曾在清宫太医院任职的乐尊育。巨匾"同仁堂",黑地金字,启功那既继承传统又在字体间架处理上有所独创的匾文书法,与同仁堂老字号相映生辉,光辉无限。

● "同仁堂"匾额

(4)"戴月轩"

位于北京东琉璃厂路北的戴月轩湖笔徽墨店,是琉璃厂文化街上唯一一家以人名作店名的老字号,著名的"戴月轩"匾额,就悬挂在店铺的门楣上。以制售湖笔而闻名的戴月轩,原店名"戴月轩湖笔庄",今名为"戴月轩"。由著名书法家陈半丁书写的"戴月轩"匾额,长1.6米、高0.82米,黑地金字。匾文行笔自然,三字中五个竖笔挺拔而富于变化,使字势俊逸丰茂。署款"陈半丁"的这方匾额,下面钤有"陈年"和"半丁"两方印章。据考,陈半丁匾额题写时间不清楚,推测题写时间应该在民国时期。陈半丁与戴月轩是浙江同乡,陈年长于戴17岁。原匾额是民国大总统徐世昌题写的。后来陈半丁、赵朴初、沈鹏等书法名家都题写过戴月轩匾额。1982年北京琉璃厂文化街创建,恢复戴月轩字号时,才挂上了陈半丁题写的匾额。此匾推测为新制作,所以把"戴月轩"匾额归为新中国成立以后。马国权评价陈半丁:"半丁书工四体。行书深得米元章韵趣,颇负时誉。治印遵缶翁钝刀之法,然篆法、章法略异,浑厚高迈,一洗时人浮媚险怪之习。"[1]

● "戴月轩" 匾额

2. 天津

（1）蓟州区"蓟北雄关"

位于天津蓟州区城北面 30 余公里处，有明朝边防九镇之一蓟镇长城的一处重要关口——黄崖关。在黄崖关南门外 30 米处，有一座青瓦覆顶的竖木结构双翘五彩斗拱牌楼一座。在这长 5.4 米、高 8 米牌楼的正南前额上，就是著名的楷书体"蓟北雄关"匾额了。长 2.4 米、高 0.8 米的蓝地金字"蓟北雄关"匾额，其背面还书有"金汤巩固"四字。据说，原匾为清乾隆年间之物，但具体作者至今不详，而现匾则是由天津市书法家协会的唐云来先生于 1987 年按原照片复制而成。"蓟北雄关"与"金汤巩固"为颜体楷书，笔迹古朴质实，浩瀚大气，结构平实，点画周详，技巧上洗练精凝，运笔造势能刚柔互济，气度弘浑，意气流宕，光彩四溢，很好地映衬出古长城险关威严的雄伟之势。

● "蓟北雄关" 匾额

[1] 马国权. 近代印人传 [M]. 上海：上海书画出版社，2023.

(2) 大悲禅院"古刹大悲禅院"

高悬在天津市河北区天纬路 40 号的大悲禅院山门外檐下的篆书"古刹大悲禅院"匾额,由中国甲骨文研究专家王襄先生题写。匾额长 2.45 米、高 0.45 米、字径约 0.3 米,白地黑字,上面署有"甲午重修"和"王襄"上下两款。题写时间为 1954 年。特别是秀丽风雅的匾额上那"古刹大悲禅院"六字匾文,用笔匀整,疏密有致,结构严谨,笔锋之中隐含着古朴的神力,不愧出自著名甲骨文专家王襄之手。

● "古刹大悲禅院" 匾额

3. 湖北

"黄鹤楼"匾额矗立在湖北武汉蛇山之巅的黄鹤楼,于 1984 年重新修建,依然是一件精巧而优美的艺术品。著名的"黄鹤楼"匾额就高高地悬挂其上,为黄鹤楼增添了无穷的文化魅力。

据史料记载,1984 年在黄鹤楼被毁百年之际,当地政府对其重新修建。我们今天所见到的"黄鹤楼"匾额,由现代著名书法家舒同 79 岁时题写,悬挂在顶层西面檐下。长 3.2 米、高 1.5 米、黑地金边的"黄鹤楼"匾额上,除了款署"一九八四年二月"和"舒同题",匾文"黄鹤楼"三字,真可谓是笔势老辣劲利,布局法度谨严;其浑厚雄健,大气磅礴,深得颜鲁公书法之神髓,其结体于紧凑中显舒阔,遒丽中露俊逸,兼蕴诸家之长而独具一格。尤以"鹤"字俨若窈窕双禽,交相依偎,其亲昵依恋之情,畅发毫端;主宾拱揖,以静待动,刻画入微,极具艺术韵味,并饶有一番新意。

●"黄鹤楼"匾额

4. 太原

"晋祠"匾额位于山西太原西南 25 公里悬瓮山下的晋祠，其中的"晋祠"匾额由陈毅元帅于 1959 年题写，悬挂在晋祠大门之上。匾额长 1.1 米，高 0.4 米，字径 0.3 米，匾文字体为行草，线条流畅，气势豪放，遒劲有力，洒脱自然。

●"晋祠"匾额

●集字而成的"晋祠"匾额

另外，据很多媒体报道，晋祠里面出现的匾额"晋祠"二字，由唐太宗李世民题字。经查，"晋祠"两字和所有的题款字，都是从碑刻《晋祠之铭并序》当中集字而成，此匾额乃伪作。这种人造匾额行为不可取，何况没有标注集字而成这件事情，容易让人误解。不过，确有先例，那就是匾额"还我河山"的制作。

●碑刻《晋祠之铭并序》

●"还我河山"匾额

据史料记载，在民国之初，全国各地的岳飞庙中，岳飞塑像上方并非全部挂有牌匾，挂有牌匾的上面书写的也并非"还我河山"四个大字，通常为"精忠报国"。宋史专家朱瑞熙表示，"还我河山"四字并非岳飞手书，而是清末秀才周承忠集字而成。1921年，童世亨欲将自己所著的《中国形势一览图》改正重印，嘱托周承忠书写"还我河山"四个字印在扉页上。周承忠认为当时国内积贫积弱，急需唤醒国人爱国、救国精神，与其自己书写，不如从古代爱国将领的书法中集字更有意义。周承忠就找来岳飞的手书《吊古战场文》的碑拓，从其中"河水萦带，群山纠纷"一句里摘出"河""山"二字，又取"秦汉而还"中的"还"字，由于文中没有"我"字，周承忠便从"奇兵有异于仁義（义）"一句中，选择了"義"的下半部分截出了"我"字，最终编成"还我河山"四字，交由童世亨。童世亨看后大喜，认为既然用了岳飞的手书字体，索性落款也用岳飞的。于是，岳飞《出师表》匾额上的落款以《前出师表》后署名之"岳飞"二字照钩为款。又在杭州岳庙石刻拓本上内钩"岳飞私印"四字之方章。"还我河山"四字非宋人的行文口气，从横匾产生的过程来看，又非岳飞亲笔，因此不能称之为真迹。但是其字却是从岳飞真迹中辑出，而非伪字，此外它确实又是岳飞真实思想的体现，并且在国难深重的历史时刻，起过鼓舞民众反抗帝国主义侵略斗志的积极历史作用，因此绝不能与一般伪书等同对待。虽然我们无法确定"还我河山"这四个大字岳飞是否写过，但是可以确定的是"还我河山"四个大字出自岳飞，是后人取自岳飞生前留下的手迹组合而成。自此方有充满气魄的"还我河山"四个大字。作为我们伟大的爱国英雄，岳飞用他的一生履行着"精忠报国"的使命，他的碧血为"还我河山"而流，从这个角度来说，岳飞是否真的写过"还我河山"已经不再重要，重要的是他的精神照耀着华夏大地，激励着无数华夏儿女捐躯赴国难。

基于此，观照前述的"晋祠"二字的诞生，已有陈毅同志题写"晋祠"的前提下，再弄个皇帝唐太宗出来题写，就算是真迹集字而成，也必须把"集字"标明出来。因为不能与"还我河山"的精神意义相比，更不能出现唐太宗匾额真迹（即使字真匾假）的报道。

（四）南部名匾

1. 南昌

毛主席给长征沿线旧址的唯一题字"遵义会议会址"。在遵义会议纪念馆门前的大门正上方,挂着一块"遵义会议会址"匾额,这是 1964 年 11 月由毛泽东亲笔题写,同时也是毛泽东一生中为长征沿线革命旧址留下的唯一一幅墨宝。

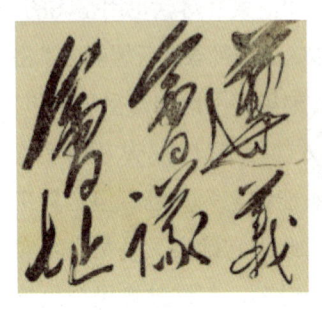

●毛泽东题字

●"遵义会议会址"匾额

左图为毛泽东手书图片,右图为制作后悬挂起来的匾额。

据悉,毛泽东当年题字的情景是:1964 年 11 月一天的下午,毛泽东午睡起来后不久,工作人员便告诉他,贵州省专门来人想请他为遵义会议会址题字。毛泽东欣然表示同意,当即让工作人员取来纸笔写下"遵义会议会址"六个字。毛泽东的题字写在了两张长 34 厘米、宽 24 厘米的拼接而成的宣纸上,分三列从右到左竖写。

拼接而写的宣纸,给毛泽东提供了更为宽广的空间。用行书书写,在笔画上不省笔墨,落笔豪迈,运笔极速,又注重笔画线条的变化,在粗细之中来回转换。"遵义"二字,笔意牵丝连带。"遵"字起笔不惜用墨,线条饱满,而最后一笔线条纤细,四笔连贯,不由让人联想起地图上的赤水。两"会"字有对比,先小后大,起笔方向不一致,用墨多少、浓淡不一致,尽量在避免雷同。"址"字左边偏旁向上托举,有意书写,对立统一。作品整体豪放潇洒,精神饱满,重心沉稳,气势恢宏,境界磅礴。

毛泽东虽然有不少的题字书法作品,但是像这样自然流畅,豪迈洒脱,守正创新,具有马克思主义哲学意蕴的题字,实不多见。

如左图所示,匾额是黑漆、金匾;而右图把毛泽东手书原作的六个大字拆开,按字放大,从左向右重新制作。虽然整体依然苍劲有力,豪放酣畅,不失俊俏飘逸,但是仍然失去了原作的许多风采,不免遗憾,建议尊重原作的艺术性,重新制作式样一致的匾额,举行揭匾仪式,把"遵义精神"的宣传教育引向深入。

二、中国匾额的创新发展

中国匾额的创新发展是对中华优秀传统文化的传承与创新的有机结合。随着历史发展和社会进步,把书法和刻字结合起来的匾额艺术,越来越受到重视和发展。

1. 书写习惯与排版方式的变与不变

排版方式从竖排到横排,书写方式从右向左到从左向右,这些变化,都会对匾额的发展起着促进作用。

1950年6月在全国政协一届二次会议上,陈嘉庚正式向大会提出了中文书写应统一由左而右横写的提案。1955年1月1日,《光明日报》率先开始从左到右的排版方式,汉字由左而右横排。同日,《光明日报》刊登了一篇题为《为本报改成横排告读者》的文章:"我们认为现代中国报刊书籍的排版方式,应该跟着现代文化的发展和它的需要而改变,应该跟着人们生活习惯的改变而改变。中国文字的横排横写,是发展的趋势。"著名学者郭沫若、胡愈之等也很快撰文指出文字横排的科学性。从光学原理和视觉科学观点出发,我们知道人的两只眼睛相对于地平面是横着的,视物时,平行于地面的横看,比垂直于地面的竖看,眼睛的视线范围要宽得多。读书看报时,头部和眼睛的转动越小、越自然,就越省力、越不容易疲倦。许多数学、物理、化学公式和国外的人名、地名，横着写也比较方便，同时还节省了纸张，提高了利用率。《光明日报》率先横排以后，到1955年11月，17种国家级报纸已有13种改为横排。后来《人民日报》也从1956年1月1日起改为横排。至此，排版从左到右横排，汉字从左向右横写，全国响应，很快普及。

但是，匾额的书写，从左到右或从右到左写都可以，但要根据用途和悬挂场所来定。如果在北京孔庙这样的中华优秀传统文化继承和传播重地，匾额的题写应遵旧制，从右向左写才对。

2. 技术手段与传统匾额的融合

在当代，匾额的创新表现在如下多个方面。

材料与工艺创新：引入现代材料和先进工艺，如金属、玻璃、激光雕刻等，使匾额在制作过程中更具科技感和现代感。

题材与表达创新：匾额的题材不再局限于传统的文学典故，而是涵盖社会、环境、科技等多个领域。表达方式上，可以运用现代艺术手法，使匾额更富有个性和时代感。

数字化展示创新：利用互联网和数字技术，将匾额的展示拓展到虚拟空间，通过在线平台、虚拟博物馆等方式，让更多人能够远程欣赏和学习匾额文化。

文化产业创新：将匾额文化融入文创产业，推出相关产品，如仿制品、手工艺品、文化衍生品等，通过商业化的方式推动匾额文化的传播。

三、中国匾额的创新发展期望

中国匾额作为中国传统文化的一部分，虽然具有悠久的历史，但仍然需要不断创新和发展，以适应现代社会的需求和时代的变化。以下是中国匾额的创新发展期望。

1. 融合现代元素：将传统匾额与现代元素相结合，创造出新颖而有趣的匾额作品。这可以包括使用现代材料、技术和设计理念，以满足现代生活和审美的需求。

2. 匾额艺术展览：举办匾额艺术展览，以展示匾额的多样性和创新。这些展览可以鼓励艺术家探索不同的创作方式，激发匾额艺术的创新潜力。

3. 数字化匾额艺术：将匾额艺术数字化，使之更易于传播和共享。通过数字平台，人们可以欣赏匾额作品，学习匾额书法，甚至参与匾额创作。

4. 青年匾额书法家的培养：培养年轻一代的匾额书法家，传承匾额书法的技艺和精神。鼓励年轻人参与匾额书法的学习和实践，激发他们的创新潜力。

5. 跨界合作：与其他艺术领域进行跨界合作，创造出独特的匾额作品。匾额可以与绘画、雕塑、摄影等艺术形式结合，拓宽匾额艺术的创作领域。

6. 地域特色匾额：各地可以发展具有地域特色的匾额艺术，反映当地的文化、历史和风土人情。这有助于丰富中国匾额的多样性。

7. 国际交流与合作：加强与国际社会的交流与合作，推动中国匾额艺术在国际舞台上的传播和认知。与其他国家的匾额书法家交流经验，创造国际性的匾额展览。

总之，中国匾额的保护、开发和创新发展对于维护中国传统文化的独特魅力和传统文化的传承至关重要。

未来，中国匾额有望在创新发展中实现更广泛的国际影响。通过国际合作、文化交流，可以促进匾额文化在全球范围内的传播，更多国家和地区了解和欣赏中国匾额的独特之处。同时，借助先进技术手段，匾额的创新发展也可以更深入地融入现代社会，与时俱进地展示中华优秀传统文化的魅力，为匾额文化的未来注入更多生机。通过持续努力,匾额文化有望成为中华优秀传统文化与当代文明交融的亮丽典范。可以期待,匾额文化在未来的国际舞台上一定会更为活跃,为中华文化的传承与发扬贡献更多力量。

第三章 匾额的形制和制作艺术

第一节　形制

匾额作为一种生活技艺习俗，形成了一定的惯制和表现形式。

宋代李明仲《营造法式》对当时匾额的做法有较为详细的说明，其中卷八《小木作制度·牌》记载："造殿堂楼阁门亭等牌之制，长二尺至八尺。其牌首（牌上横出者）、牌带（牌两旁下垂者）、牌舌（牌面下两带之内横施者）……牌面每长一尺，则广八寸，其下又加一分。""凡牌面之后，四周皆用楅，其身内七尺以上者用三楅，四尺以上者用二楅，三尺以上者用一楅，其楅之广厚，皆量其所宜而为之。"

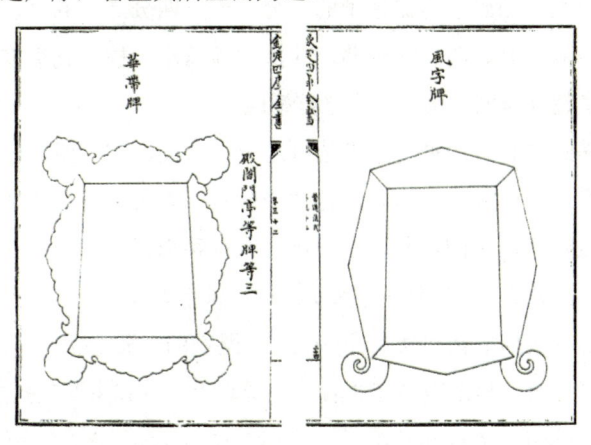

● "华带牌"和"风字牌"

由此可见，宋代匾额制作规范已相当完善。由以上尺寸可知，宋代牌额多为竖式，有"华带牌"和"风字牌"两种主要形式。华带牌的各个部位的名称有：牌首、牌带、牌面、牌舌。

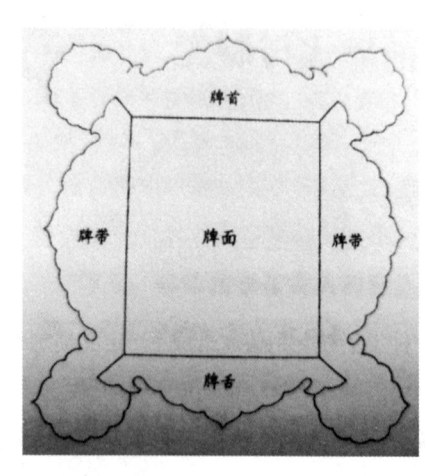

● "华带牌"

匾额的形制和式样较多，其中木制悬挂的就有横式和竖式两种。早期匾额以竖匾为多，后期则多为横式。这和中国古代房檐结构的演变有关。唐、宋时期，斗拱在建筑的高度中所占比例较大，相当于房檐柱子的三分之一、四分之一高度，适合悬挂竖匾，元、明、清时期，斗拱逐渐缩小，柱顶到房檐之间的高度越来越低，因而适合悬挂横匾。

横式又有带边框与不带边框之分，匾面刻字油漆或塑字油漆。竖式（俗称字牌）四周花边由牌首、牌带和牌舌构成，与牌面成钝角，呈凹进状，在装饰上有两种形式，四角呈花簇状的称"华带牌"，牌带下垂飘卷的称"风字牌"。

形制包括形状和款式。清代以来,匾额的主要形状有竖形匾、长方形横匾、异形匾、花式匾、纸绢匾等，款式主要包括主文、题款、钤印、送匾方式等。

一、形状

（一）竖形匾和长方形横匾

1. 竖形匾

王琳琳将孔庙国子监竖匾分为无边框竖匾和有边框竖匾，有边框竖匾又分为素边框竖匾和边饰竖匾，边饰竖匾分为回纹竖匾和华带竖匾，华带竖匾又名"斗匾"。"北京孔庙国子监建筑檐下大量悬挂华带竖匾。"[1]

竖形匾主要是"斗匾"（如"太和殿"斗匾[2]和"乾清门"斗匾[3]），即宋代的"华带牌"，因其装饰庄重、华丽，清代宫殿庙宇建筑多用这种式样。"斗匾"也称为斗形匾、斗子匾、陡匾，因其平放时，形状如同称粮食用的衡器"斗"，故名。斗的底部为匾心，四边为匾边，匾边是弯曲、对称上有纹线的边口。斗匾的色彩，大多匾心为青色，斗形四边的里口为银朱红色，匾边的装饰线为金线。匾心中的字多为铜胎金字或镏金或贴金。斗匾具有庄重大方、古朴典雅的风格，作为皇家宫殿、宫门、寺庙、城楼、祀坛等大型建筑物外檐题名的主要匾额，流传较广。

●"太和殿"斗匾　　　　●"乾清门"斗匾

---

[1] 王琳琳. 北京孔庙国子监匾联考辨 [M]. 北京：北京燕山出版社，2014.
[2] 齐心. 北京名匾 [M]. 北京：北京美术摄影出版社，1996：5.
[3] 齐心. 北京名匾 [M]. 北京：北京美术摄影出版社，1996：7.

清代李斗在《扬州画舫录·卷十七·工段营造录》中对斗匾有这样的描述："匾有龙头、素线二种，四围边抹，中嵌心字板，边抹雕做三采过桥，流云拱身宋龙，深以三寸为止，谓之龙匾；素线者为斗字匾。龙匾供奉御书，

●"雍和宫"斗匾

其各园斗字匾，则概系以亭、台、斋、阁之名。"因匾框的艺术加工不同，斗匾又分为"龙边"与"如意"斗匾。龙边斗匾，有五龙、九龙之分，龙数越多表明所属建筑等级也越高。如"雍和宫"斗匾[1]；颐和园"排云殿"斗匾，为九龙斗匾。"仁寿殿"斗匾，为五龙斗匾。如意斗匾，其边板处理成如意云形，红漆底描以金边，等级低于龙边斗匾。

●"排云殿"斗匾

●"仁寿殿"斗匾

2. 长方形横匾

长方形横匾主要包括：边框匾和"一块玉"式匾（即素面无边框木匾）。

清代宫廷园囿用匾多为硬木边，有紫檀、花梨和楠木等，

---

[1] 齐心. 北京名匾[M]. 北京：北京美术摄影出版社，1996：141.

油饰大漆，保存原色；也有用雕龙彩漆泥金的花边框者。匾心多为黄柏木，多油饰黑、白、青等色，极少用红、紫之类底色。字体多阳文，有铜镀金字、铜字、木胎泥金字、煤渣字、石青石绿字、松花石字、彩漆地金字。用壁子架的绢绫匾多为御书墨字，绢有黄绢、粉红绢、粉绢等，绢边多用黄绫、蓝绫边托裱，或在外边再加红片金双灯草小线等。

"颐和园"匾额和颐和园"祇树林"匾额为龙边金字匾；"观生意"匾额为"万字不到头边"[1]匾，寓意"连绵不断"；"借秋楼"匾额为桃嵌蝠边匾，寓意"福寿双全"；"爱山楼"匾额为竹桃边匾额，寓意"常青长寿"；"意迟云在"匾额为竹梅边匾额，寓意"竹梅双喜"；"五方阁"匾额为嵌蝠寿字边匾额，寓意"福寿双至"；"写秋轩"匾额为芝草寿字边匾额，寓意"延年益寿、长生不老"；"大圆宝镜"匾额为双灯草边[2]匾额；乾隆御笔"宿云檐"匾额为莲花边匾额。以上形式，大都以象形、谐音为表现手法。

● "祇树林"匾额

● "观生意"匾额

[1] 万字不到头边：在匾框上以连续的"卍"（音"万"）字形成装饰纹，寓意"连绵不断"。此类匾额更多的是在"卍"字纹上加入或圆或方的"寿""喜"字形，称为"万寿万喜"。

[2] 灯草线是指一种圆形细线，因形似灯芯草而得名，是来自家具的工艺技法。室内匾联板材不同于室外，是在木质格栅上装裱绫绢，重量较轻，又称为"壁子"，满足室内墙壁悬挂以及经常更换的特点。

● "借秋楼" 匾额

● "爱山楼" 匾额

● "意迟云在" 匾额

● "五方阁" 匾额

● "写秋轩" 匾额

● "大圆宝镜" 匾额

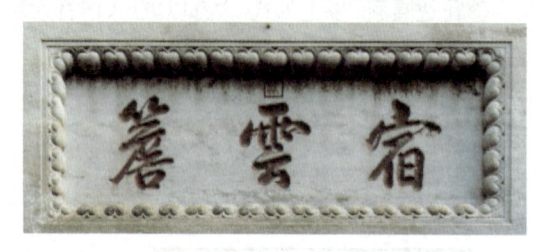

● "宿云檐" 匾额

  雍正朝至乾隆初年流行黑漆地铜镀金字匾，盛行"黑漆金字一块玉"式匾。"养云轩"匾额，就属于"一块玉"式匾。清代江南园林中匾额，更多地采用原色硬木板匾的"一块玉"式木匾（即素面无边框木匾），上刻阴文，匾文多抹成石青、石绿或粉白、煤黑，与江南素雅清淡的建筑色调相得益彰，别有一番书卷气息。如"抱素书屋"匾额[1]。

---

[1] 齐心. 北京名匾 [M]. 北京：北京美术摄影出版社，1996：94.

● "养云轩"匾额　　　　　　　　● "抱素书屋"匾额

边饰横匾的扩展形式是"诗意匾",就是在匾心上刻写长篇诗咏,又称"匾式字""诗堂匾",是乾隆皇帝的一大发明,乾隆时代曾普遍悬挂,颐和园廊如亭,紫禁城乾隆花园以及北海团城还有遗存。

● 颐和园廊如亭匾额

清代宫廷用匾,多经由江宁织造,在苏州制作,多为南漆底板,题字用材,种类甚多,有青绿字、槟榔字、树根字、万年子字、雕漆字、银母字等。乾隆朝开始,有些特殊用匾还用玻璃制造,如蓝金星玻璃字波罗漆匾等。乾隆朝装修水法殿(长春园西洋楼远瀛观),采用摆锡玻璃心紫檀木边匾(玻璃镜式匾),在御批中指明"大边准照西洋式花纹,用楠木成做,彩漆金花,其金花要高些"。这是仿照西洋式镜框、画框的样子制造的匾式,反映中西文化的交流。

牌坊类匾额多属长方形横匾,它们大多以建筑构件形式出现,设置在牌坊中央门额之上,枋与枋之间,相当于枋间栏板,上面刻字为牌坊的匾额。有的牌坊在顶楼中央还竖立有"圣旨""敕封"等字牌,以昭示皇上的恩赐。如宁都县朗际节孝坊,匾刻"旌表儒童肖行三之妻黄氏坊",上悬"圣旨"牌。木牌坊的匾额也有采取悬挂式的。如于都县岭背镇水头村"步蟾坊"三字的牌匾就悬挂在坊上。此外,廊桥两端有桥门屋或牌坊门的也有匾额,如安远县江头村永镇桥上的匾额。

(二)异形匾、花式匾和纸绢匾

1. 异形匾或花式匾

清代园林、寝室、书房的匾额轻巧别致,灵活多变,除"斗字匾",带框和无框木匾外,还有许多异形匾或花式匾,如手卷额、册页额、碑文额、秋叶匾、扇面匾、虚白匾、蝠式匾、三环匾、串枝莲匾等,或雕刻镶嵌,或书写堆塑,形式多样,为居住环境增添了诗情画意。

李渔在《闲情偶寄》中对清代江南园林建筑中各种花式匾额的流行样式进行了详细的描述。

碑文额(注:匾额的形状方正如碑首):"三字额,平书者多,间有直书者,匀作两行。匾用方式,亦偶见之。然皆白地黑字,或青绿字。兹效石刻为之,嵌于粉壁之上,谓之匾额可,谓之碑文亦可。名虽石,不果用石,用石费多而色不显,不若以木为之。其色亦不仿墨刻之色,墨刻色暗,而远视不甚分明。地用墨漆,字填白粉,若是则值既廉,又使观者耀目。此额惟墙上开门者宜用之,又须风雨不到之处。客之至者,未启双扉,先立漆书壁经之下,不待搴帷入室,已知为文士之庐矣。"

手卷额(注:额的形状似书卷):"额身用板,地用白粉,字用石青石绿,或用炭灰代墨,无一不可。与寻常匾式无异,止增圆木二条,缀于额之两旁,若轴心然。左画锦纹,以像装潢之色;右则不宜太工,但像托画之纸色而已。天然图卷,绝无穿凿之痕,制度之善,庸有过于此者乎?眼前景,手头物,千古无人计及，殊可怪也。"手卷额如"烟云献彩"[1]匾额。

● "烟云献彩"匾额

册页匾（注：匾额的形状如打开的册页）："用方板四块，尺寸相同，其后以木绾之。断而使续，势取乎曲，然勿太曲。边画锦纹，亦像装潢之色。止用笔画，勿用刀镌，镌者粗略，反不似笔墨精工；且和油入漆，着色为难，不若画色之可深可浅，随取随得也。字则必用剖剧。各有所宜，混施不可。"册页匾如"和神茂豫"匾额与"熙天曜日"匾额。

● "和神茂豫"匾额　　● "熙天曜日"匾额

虚白匾（注：将匾额的题字刻透，背糊绵纸，可使透光）："'虚室生白'，古语也。且无事不妙于虚，实则板矣。用薄板之坚者，贴字于上，镂而空之，若制糖食果馅之木印。务使二面相通，纤毫无障。其无字处，坚以灰布，漆以退光。俟既成后，贴洁白绵纸一层于字后。木则黑而无泽，字则白而有光，既取玲珑，又类墨刻，有匾之名，去其迹矣。但此匾不宜混用，择房舍之

[1] 齐心. 北京名匾 [M]. 北京：北京美术摄影出版社，1996：32.

内暗外明者置之。若屋后有光，则先穴通其屋，以之向外，不则置于入门之处，使正面向内。从来屋高门矮，必增横板一块于门之上。以此代板，谁曰不佳？"虚白匾如镂空字白而底黑的匾额"浮白轩"[1]。

● "浮白轩" 匾额

石光匾（注：以虚白匾之式置于山石偶断处）："即'虚白'一种，同实而异名。用于磊石成山之地，择山石偶断外，以此续之。亦用薄板一块，镂字既成，用漆涂染，与山同色，勿使稍异。其字旁凡有隙地，即以小石初之，粘以生漆，勿使见板。至板之四围，亦用石补，与山石合成一片，无使有襞襀之痕，竟似石上留题，为后人凿穿以存其迹者。字后若无障碍，则使通天，不则亦贴绵纸，取明而塞障碍。"

秋叶匾（注：匾额的形状如树叶）："御沟题红，千古佳事；取以制匾，亦觉有情。但制红叶与制绿蕉有异：蕉叶可大，红叶宜小；匾取其横，联妙在直。是亦不可不知也。"秋叶匾如"来山阁"匾额[2]和"憩云轩"匾额[3]。

另外，清代还流行蝠式匾，即匾的外形像蝙蝠的形状。如"化动八风"匾额[4]和"函海养春"匾额[5]。

---

[1] 张家骥. 中国建筑论 [M]. 太原：山西人民出版社，2003.
[2] 张家骥. 中国建筑论 [M]. 太原：山西人民出版社，2003.
[3] 齐心. 北京名匾 [M]. 北京：北京美术摄影出版社，1996：119.
[4] 齐心. 北京名匾 [M]. 北京：北京美术摄影出版社，1996：54.
[5] 齐心. 北京名匾 [M]. 北京：北京美术摄影出版社，1996：59.

● "来山阁"匾额
● "憩云轩"匾额 
● "化动八风"匾额 
● "函海养春"匾额 

还有三环匾,"恩风长扇"匾额、"藻绘呈瑞"匾额。

● "藻绘呈瑞"匾额
● "清晏舫"匾额 

还有串枝莲匾,如"清晏舫"匾额。串枝莲匾是在匾框上装饰西番莲纹样,属于欧洲"巴洛克"风格,乾嘉时期由传教士带入,较好地融入中国传统文化之中。颐和园"清晏舫"匾就是此类代表,是比较新颖的一类。

2. 纸绢匾

殿堂内的用匾还有采用重量较轻的在木格栅上用绢绫装裱的壁子匾,也称纸绢匾。

挂匾的方式也有讲究,以北京故宫博物院或河北承德避暑山庄为例,人们将室外的额高悬在建筑物门前的额头;与此相对应,则通常在高大建筑物宽敞的厅室内迎面悬挂一幅与室外门首匾额大小稍有不同的内匾。该内匾在制作质地和室外匾额有着严格的区别,它多为纸地,黑字,裱绫边,装在镜框或木框内。悬于北京故宫乾清宫内的"正大光明"匾就属于墨迹木框纸匾。原匾为顺治帝所书,后康熙帝摹勒刻石,现悬者系乾隆帝于嘉庆二年(1797年)再次临摹时所书。悬于北京故宫交泰殿内的"无为"匾也属于纸绢匾,原匾为康熙帝所书,现悬者为乾隆皇帝于嘉庆二年(1797年)所摹。如下图"正大光明"匾[1]和"无为"匾[2]。

● "正大光明"匾额

● "无为"匾额

匾额的横竖形状只是一种表形,其功能都是一样的,在发明使用的初期,通常情况下都是说明建筑物的名称。后来随着社会的发展,对匾额的文字做了新的扩充,除了原有的标志功能,增加了励志、恭颂、表彰、家训等宣扬教化的内容,制作技巧也集中了当时最好的工艺,使匾额逐步发展成融合了中国传统文化的综合艺术体。

---

[1] 齐心. 北京名匾[M]. 北京:北京美术摄影出版社,1996:8.
[2] 齐心. 北京名匾[M]. 北京:北京美术摄影出版社,1996:9.

匾额一般挂在门上方、屋檐下。当建筑四面都有门时，四面都可以挂匾，任何情况下正面的门上都必须要有匾。

二、款式

在对传统建筑进行装饰时，匾额是不可或缺的素材。文词得当、悬挂合理的匾额能够表现书者、刻者等人的才华与文采，通过视觉与意境来塑造建筑物空间的良好形象。

一般而言，一块完整的匾额由牌首、牌带、牌舌、牌面组成，或者由边框、匾文组成，或者由边框、主文、题款、钤印等组成，主文是匾文的大字部分，题款包括大字旁边的所有小字。匾额的主文、题款、钤印、送匾方式等方面或者布局结构、文字格式、印章的位置以及题款的方式都有一定的讲究。

（一）主文

匾额上的文字尤其是主文，作为匾额中最重要的组成部分，也是最有讲究的。匾额的主文有一字、两字、三字、四字、多字。堂号匾多为三字，其他匾名多为四字，偶见两字或三字。四字以上的有，但不多见。

匾额的主文按题字方向可分为：从右向左横匾、从左向右横匾、从上向下竖匾。如前文所述，钱子龙所题"全聚德"为从右向左横匾，溥杰所题"烤肉季"为从左向右横匾，"史公祠"为从上向下竖匾，于右任题写的"重庆饭店"，也是从左向右的。匾额主文的书写方式一般遵循古制，从右往左写、从上往下写。当今的新式匾额特别是店铺匾额为了阅读方便、辨识度高也可以从左往右写，没有从下往上写的匾额。

如"三豆同升"寿匾，采用漆艺制成，黑底漆，金色字，字边镌刻清晰。出地是重庆市丰都县，民国三十年（1941年）

作品，匾长 207 厘米、高 90 厘米。收藏于重庆市秀山自治县茶峒摄影民宿。那么，"三豆同升"的"豆"字是什么意思呢？

●"三豆同升"寿匾

在民间，《礼记·乡饮酒义第四十五》记载："乡饮酒之礼：六十者坐，五十者立侍，以听政役，所以明尊长也。六十者三豆，七十者四豆，八十者五豆，九十者六豆，所以明养老也。"[1] 据王文锦所著《礼记译解》，这段话可译为："乡饮酒的礼仪，六十岁的坐下，五十岁的站立陪侍，来听候差使，这是用以表明对年长者的尊重。给六十岁的设菜肴三豆，七十岁的四豆，八十岁的五豆，九十岁的六豆，这是用以表明对老人家的奉养。"[2]

由此可知，"三豆同升"匾额就是 60 岁寿辰祝贺作品。还有"齐眉三豆""恩加四豆""萱堂五豆"等匾额，收藏在重庆市巴渝名匾文化艺术博物馆内。

（二）题款的形式

匾额上除了主文，左右的小字大多撰写捐赠人和其头衔，以及题款的年代，有时候正上方还会有皇帝的玉玺，许多寺庙就是根据匾额上的资料，而确定其创建年代的。

一般的匾额可以不题款，就算是题款也是穷款，穷款也就是只留题字人的名字和名章。也有的人题款没有上款，所以称

---

[1] 王文锦. 礼记译解 [M]. 北京：中华书局，2016.1：829.
[2] 王文锦. 礼记译解 [M]. 北京：中华书局，2016.1：830.

单款，就比如开业匾额最后题款"某某某贺"，这就是单款，它没有上款，有的人也会加上"祝某某公司"，这就是上下款。

匾额题款有题、跋等，题就是在主文之前的内容，跋是在主文后面的内容，题跋能让匾额更有内涵和韵味。

题款也叫款识、落款，最初是为了平衡和衬托，告诉别人馈赠的对象、作者的姓名、籍贯和创作地点、时间等信息，也可写出作者当时的心理感受。匾额和字画一样，往往请名人或者书法专业人士来题写，一般需要留下题款，这样才是一件完整的书法艺术作品。另外，从题款还能看出题款人的技艺和学养。

匾额的题款大都从右起，也可从左起。通常竖匾是在右下角，而横匾是在右上角。现代的匾额没有太多讲究，主要看匾额设计时的版面，落在比较空的位置就比较好看一些。匾额上的题款必须小于正文的内容，不能主次不分，导致喧宾夺主。题款的位置会影响到整体的布局，所以说作者在写之前就需要考虑这个重点，也可以随机应变。题款应该根据匾文的主题、内容以及形式来选择合适的字体和位置，以保持整体的协调和美观。同时，也要遵循书法的基本规范和礼仪。

常用匾额题写题款人的称呼与书画非常相似，通常会留下题写者的常用字号或名号。这体现了中国传统文化中对个人名号的重视，也便于了解题写者的身份和背景。匾文的书写时间，一般出现在匾额的左侧或右侧的小字里。具体位置取决于匾额的设计限制和题写者的习惯。有时，书写时间也会被巧妙地融入匾额的内容或边框设计中，成为整体构图的一部分。但如果遇到特殊情况，如作者想要强调某个重要时段或特定身份，或者感觉注记在两旁的小字里不足以让人重视，题款可能会更加详细。例如，弘一法师在 1930 年所写的"花香扑鼻"大漆匾（如下图），不仅题写了自己的名号"沙门一音"，而且题写了书写时间"庚午七月",还在匾首和匾尾分别钤印了"阿弥陀佛"和"弘一"印章,以彰显其身份。这种详细的题款方式,使得匾额不仅具有装饰和指示作用,更成为了一件具有深厚文化内涵的艺术品。

● "花香扑鼻"匾额

匾额的题款一般是上款、下款,偶尔有中款。对匾额的解读和鉴定,查其题款非常重要。尤其是自元、明、清以来,书画家越来越重视题款的作用,在一些正式赠送的匾额上,题款必不可少。

上、下款的内容主要包括:题匾者、受匾者、立匾者、年月日等。

1. 上款为题匾者,下款为受匾者、年月日。这种形式较多。采用将题匾者放在上款的方式,多是因为题匾的人是比较有名望、地位的人,或是受匾者的长辈、上司等。

2. 上款为受匾者,下款为题匾者、年月日。这种方式也较普遍。将受匾者放于上款,主要是因为受匾者是题匾者的长辈、上级,或是当题匾者和受匾者地位相同时,有时为了表示尊敬和谦逊,也会将受匾者放在上款。而且将受匾者放在上款的匾额通常是题匾者制好之后送给受匾者的,也就是说,通常这种情况,题匾者与立匾者是同一人。但当送匾者是一群人的时候,也有可能是其中一人题,几人立。

3. 在上、下款中带有叙述受匾者生平或事迹的序或跋。由于匾额尺寸的限制，一般匾额上的题字不会太多，但也有特殊情况。一些匾额为了表彰受匾者，往往会再写一段关于受匾者事迹的文字，这段文字根据匾额整体的形制以及之前所提到的两种上、下款的规则，或是放在上款作为序或是放在下款作为跋。除了将叙述性文字放在上款或下款，由于布局不同，也有特别的匾额是将文字放在匾文的正上方的。

4. 上款为题匾者、下款为年月日，或者上款为年月日、下款为题匾者。此类匾额有题匾者却没有受匾者，也就是单从上、下款中无法得知匾额是送给何人的。所以这种类型的款识用在表赞贺颂匾中比较少，而在园林建筑匾及商铺招牌中比较多见。尤其是像皇帝、名人名士游览一名胜时，兴致所至，信手拈来所题之匾，多是采用这种款识方式。

5. 无上款，下款为年月日。这类款式的匾额多数为堂匾，即名人雅士为自己的书斋或厅堂所题写的匾额。此类匾额多用于主人明志、自勉、修身养性，所以多只留题写时间，当然，也有简单的留个字号的。而一些园林建筑和商号招牌的标示名称的匾额若非名人题写，一般是无上、下款的。

题款的形式基本上有上述这几种，前三类匾额都是有受匾者，这些匾额主要是用来馈赠、奖赏的，所以要写清送给何人。而后两类匾额是没有受匾者的，没有受匾者的匾额多是一些园林建筑类等标示名称的匾额。不过这些制式有时会在一些因素的影响下有所变化。除了款识的形式，在题匾时，题款的字体、用语以及印章也是比较值得注意的地方。上、下款的位置写好了，大家才能知道题匾人、送匾人、受匾人的信息。

（三）题款的用语

由于题匾者多是名人雅士，因此在题款时间上的用语也比较文雅、脱俗，有文化韵味。

1. 在年份使用上，有两种纪年方式：一是使用天干地支纪年。天干的数目共有十个：甲、乙、丙、丁、戊、己、庚、辛、壬、癸；地支的数目有十二个：子、丑、寅、卯、辰、巳、午、未、申、酉、戌、亥。把天干和地支相配就得到甲子、乙丑、丙寅等共60组，这60位周而复始，一直排序下去，便可纪年；二是使用皇帝年号纪年法，史家多用以皇帝年号纪年的方法。在匾额中，我们常看到的是：年号、干支兼用的纪年法，如"乾隆五年庚申""光绪三十年岁在甲辰""光绪七年岁次辛巳"等。

2. 在月份使用上，也有几种常用的方法。一是时节纪月法，各季的三个月分别用孟、仲、季代称。如春季，一月就是孟春，二月就是仲春，三月就是季春。二是用一些文学化的代称，多以当月有代表性的植物代称。如"二月"称为"杏月"，"三月"称为"桃月"等。还有一些从典籍中所出进而约定俗成的代称。三是用地支纪月法，以地支和十二个月相配。

3. 在日子使用上，有三种方法。一是采用二十四节气纪日，如"立春""雨水""谷雨"等。二是采用三浣纪日，每个月的上、中、下三旬即上、中、下三浣，也就是每月初一至初十称上浣，每月十一至二十称中浣，每月二十一至三十称下浣。三是采用旦纪，在匾额中最为常用的两个词是"榖旦"和"吉旦"，也有用"吉日"的。"榖旦"源自《诗经》，即良辰之意，常用为吉日的代称。"吉旦""吉日"等词汇，意义都与"榖旦"相近，都泛指吉祥的日子。匾额中的"榖旦立"或"吉旦立"代表这块匾是良辰吉时立的，讨一个好兆头。

如"鹤算共永"寿匾，用漆艺制成，通体蓝黑色，匾文四个大字用双钩完成，收藏在重庆市秀山自治县茶峒摄影民宿，收藏时，漆层已有部分脱落。此匾出土地为湖南省湘西自治州永顺县，是一个大家族送吕氏老人七十大寿的匾，清同治十三年（1874年）作，匾长217厘米、高89厘米。最后落款四个字为"下浣吉旦"。

●"鹤算共永"寿匾

4. 在礼语使用上，根据赠送的对象、关系的亲疏以及场合等因素来决定。

（1）直接署名：对于送给亲朋好友的匾额作品，可以直接在题款处写上对方的姓名或昵称。

（2）谦辞敬词：如果是送给长辈或者尊敬的人，可以在题款处使用谦辞或敬词，如"晚辈敬赠""敬赠"等。题匾者自己一般用谦称，常给自己加一个愚字，如愚弟、愚兄、愚友等，以表示谦逊的态度。而对受匾者一般都会用敬称，一般有令、尊、贤、仁等。如题给对方的父亲称令尊，题给对方的母亲可称尊堂，若是同辈友人或长于自己者可称仁兄，而称地位高的人为仁公等。在结尾处还会加上"顿首""拜顿"等谦辞。

（3）署名赠言：可以把自己对对方的祝福或期许写在题款处，比如"祝福""恭祝"等。但是，上款和下款不能同时出现"祝""书""题"等字眼。

（4）可题双款：如果是送给长辈、同辈或者关系比较密切的朋友，可以使用双款，即在题款处写上赠送人和作者的姓名、称呼和日期。

（5）关于"老安人"与"老孺人"。"富贵寿考"寿匾，收藏在重庆市秀山自治县茶峒摄影民宿。红色底配以黑字，无边框。出土地为重庆市忠县，时间为民国二十四年（1935年），匾长236厘米、高93厘米。上款为"王府岳母周老安人八旬大庆"，下款为"民国二十四年桂月下浣吉旦"。那么，这里面的"老安人"有何意思？

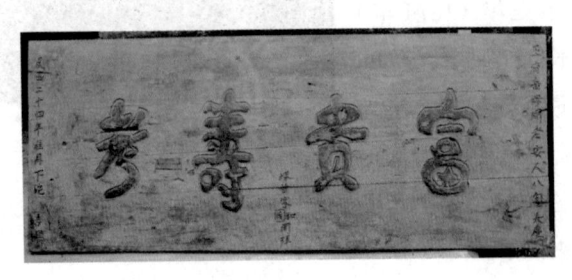

● "富贵寿考"寿匾

民间有的人认为，老安人与老孺人的区别在于是否有儿子。因为封建社会以传代为重要，生有儿子（男）者，祝寿和死后灵位、碑上称该母为老安人；没有生儿只生养有女儿的称之为老孺人。对于男性，称大人，如"老大人"。

在中国古代，妇人有着等级分别。特别是官员的妻子（妾无法获得官方待遇），按照品级会有不同的称号，不同等级的妇人享受不同的待遇。按宋代政和二年（1112年）定命妇的等级，由下而上排列为：孺人、安人、宜人、恭人、令人、硕人、淑人、夫人。

（四）钤印

题款好了以后还需要钤印，也就是盖章，匾额上署名盖章才显得郑重，甚至书法和印章相互结合能产生更美更强的艺术感染力。印章分为姓名章、闲章、鉴藏章，这些都是比较传统的印章。

随着时代的发展，题匾人的印章常常会出现在匾额中。印章的位置一般是在题匾者名字的旁边或下面，但也有不少匾额的印章是在匾文正中央偏上方。皇帝题写的匾额，没有上、下款，只在匾文的正中央落下自己的印章作为标识。印章往往也是鉴别一块匾的重要标志之一。它与上、下款的内容遥相呼应，互为印证。尤其当匾额上的字受到岁月的蚕食而变得模糊不清时，这时印章往往就发挥了释读的作用。

（五）送匾方式

1. 御赐

在宋代，匾额除了用于互相赠送，还出现了皇帝御赐的情况，如宋徽宗时，就曾赐唐朝大将陈元光之庙以"威惠庙"的匾额，以追思其开发漳、潮地区之功。唐代白居易《两朱阁－刺佛寺浸多也》里面的诗句"寺门敕榜金字书"说的是御赐匾额；清嘉庆皇帝用汉、藏、满、蒙四种文字书写而御赐的"寿安寺"匾额；青海西宁市湟中塔尔寺的同治皇帝"御赐贤能述道禅师"匾额。

2. 颁发

颁发匾额就是授予匾额的意思。一般会举行牌匾颁发仪式。

3. 赠送

赠送就是无偿地把东西送给别人。匾额的赠送，例子较多，有上级或长辈赠送下级或晚辈的，有不同身份的相互赠送等。表彰对社会有贡献之人，送功德匾；宣扬伦理道德，送行为匾；警诫示意众生，送警示匾；祝贺生意、寿辰等，送恭贺匾等。无论是哪种匾，都包含了送匾人对收匾人美好的祝愿，是一种祝福，对于收匾的人来说代表的就是"脸面"。

4. 转送

匾额一般不转送。随着时代的发展，在清代后期、民国时期，出现了把别人送给自己的匾额，又送给另外的人的例子，转送次数增多，受匾人就会出现多人。如今的转送例子，是原匾转由另外的人去送，受匾人只有一人。

现收藏于重庆市秀山自治县茶峒摄影民宿的匾额"光大门弟"，属于转送匾额。最明显的特征就是题款。上款和下款都有一个凹槽，转送时，用毛笔填写，上款填受赠人，下款填赠送人和赠送时间。

● "光大门弟"匾额

该匾是祝贺新屋落成而送的匾，出土地在湖南省湘西自治州永顺县，匾长210厘米、高76厘米，中间独板，四周为土家族蝙蝠图案。湘西人有收到匾后再次转送的习俗，因年代久远，毛笔书写的部分墨水脱落，无法考证年代，与下匾"金屋粧成"，外框相同，属同一地区。"金屋粧成"匾是一个姐夫送给弟弟建新房的贺匾，出土地在湖南湘西永顺县，民国三十六年（1947年）作品，匾长218厘米、高80厘米，现收藏于重庆市秀山自治县茶峒摄影民宿。通过对两匾的比较和推测，转送匾额"光大门弟"属于民国年代作品。

● "金屋粧成"匾额

5. 自立

王昊和王克强的文章《读古匾》讲了一段袁玉麟自立匾额的故事：

光绪十五年（1889 年）一个秋日，桂花盛开，这是乡试（秋闱）出榜的日子，秀才袁玉麟守在家中，望眼欲穿，手心出汗，心脏急跳，过度的焦灼和紧张遮蔽了他的感官，耳中听不到声音，鼻中闻不到桂花的香气！终于等到号军来报喜，中了，秀才袁玉麟变成举人袁玉麟！他感觉平凡的自己瞬间高大起来，一条宽广仕途向自己豁然敞开。这年冬天，一块"亚魁"匾立在了家中。上款：钦命大主考二品顶戴都察院左副都御史稽察左翼宗学沈源深三品衔记名道府翰林院编修国史馆提调陆继辉；下款：光绪十五年岁次己丑冬月谷旦中式第十五名举人袁玉麟立。这样的故事在 1300 年里循环上演。袁玉麟们是幸运的极少数，他们中式了，立匾了，走上了仕途。然而绝大多数是失意的，他们是多么渴望也能拥有这样一块匾。这块匾就像一扇冰冷坚固的大门，将登科者和落第者隔在了两重天。[1]

● "亚魁" 匾额

林则徐做事大刀阔斧，性格较急。在任江苏巡抚时，据说曾亲自手书一匾额"制怒"于书斋墙壁上，时时警诫自己要制怒。林则徐"制怒"匾额表达了冷静慎重处事的自警；郑板桥的"难得糊涂"和"吃亏是福"两块匾额则寓意深远。

---

[1] 曹彦生. 中国匾额保护与文化传承论文集[M]. 北京：中国社会科学出版社，2018：266-267.

●"难得糊涂"匾额　　　　　　●"吃亏是福"匾额

（六）其他

当今社会，匾额的格式要求没有过去那么严格和呆板，更注重意境、内涵、效率、美观等。题写时要求高水平的书法艺术，主文的字大小适当，题款的位置得当即可。如果匾额不再使用，且题词和设计不涉及敏感内容，可以将其送给其他人。但请注意，匾额在赠送他人时，要确保新的持有人能理解和接受匾额的含义和价值，并且妥善保管。另外，如果该匾额有特别的纪念意义或历史价值，可以保留或捐赠给相关机构。

三、南北匾额的形制对比

（一）狭长轻便与粗犷厚重

中国古代城门上常常悬挂着匾额。因北方的地势较平坦，城门要更高才能遥望远处的敌情，所以北方地区的城门多采用牌楼式，形似四层金字塔，粗犷高大。南方山地较多，城门一般采用三重檐楼阁和仿木结构式样，较北方城门显得更为繁复和精致。南北方的匾额具有一定的地域差别。

北方匾额多数粗犷厚重，南方匾额普遍狭长轻便。南方部分匾额形状如展开的书卷或扇面，极富文人气息；匾额纹饰雕刻精美、雅致，其中一些以竹子作装饰，显得清新素雅，加之南方气候湿润，色彩保存较好，富有吉祥喜庆气息；多有长篇跋文、弁言，有些匾额的匾文书写格式、布局也有别于北方。

（二）出榫与不出榫

南方匾额很多四角出榫，北方不出榫。"德性坚定"寿匾（该匾出土地为湖南省湘西自治州，清光绪年代作品），四角出榫。"椿荣桂茂"匾，年代为雍正九年（1731年），四角出榫。据考，出榫的形制与在建筑物上悬挂匾额位置有关，一般的匾额是悬挂于墙壁或大门上，而这些出榫的匾额则是镶嵌在木结构的房檐下。刚好南方地区的木结构的房屋较多。

● "椿荣桂茂"匾额

（三）双面与单面

北方匾额一般只有一面使用，基本属于单面匾额。南方匾额还有双面匾额，即匾额的正反两面都镌刻有文字，一块匾额当作两块匾额使用，这也是区别于北方匾额的特点。官府门第匾，正面是"文魁"匾，反面是"棣萼联辉"（谓棠棣之花与萼片相联而辉映，喻兄弟亲睦无间）匾。这种匾额悬挂在门楼入口处，低垂于建筑物的下平面，两面可看，进门时看到正面内容，出门时看到反面内容。正面内容是匾额表达的主题，反面内容用以烘托、升华或寄寓主题。

● "文魁"匾额    ● "棣萼联辉"匾额

(四)色彩不同

北方匾额的颜色多黑地金字,总体上风格沉稳;南方匾额红色较多,有红地蓝字的,也有红地金字,总体上风格鲜艳。匾文用黄色代替金字,经济实用。

(五)匾额边框纹饰不同

相对北方匾额而言,南方匾额素框、无框多,图案纹饰层数多,出现了竹节纹饰、鱼纹、螺钿纹饰、凉席纹等,给人一种耳目一新的感觉,独具匠心。

(六)南方匾额上、下题跋刻在左、右边框上

一般匾额的上、下题跋都雕刻在匾额的边框之内,属于匾额正文的一部分,而把边框纳入装饰纹饰的范围。北方地区的匾额也有将上、下款题跋刻于边框之上的现象,但非常少见,而南方地区的匾额此种现象比较普遍,应是匾额制作的一种习惯。这些刻有题跋的边框一般都是素框,而且边框的色彩和匾的色彩是一致的,这样才不致让人感到不自然和突兀。

(七)南方匾额用印较多且常配以闲章

所谓匾额中的用印是指将题匾人的印章雕刻于匾额之上,如果是有官职的人,则将官位刻于匾上,也有将题匾人所就职的官府名以印章形式刻于匾额之上。其实南北两地的匾额都有在匾中用印章的现象,但北方地区的匾额用印章较少,且主要是官府的印章,极少有私章和闲章;而南方匾额则除了和北方地区一样有将所就职的官府印章刻于匾额之上的习惯,其主要特点就是题写人有大量用私章和闲章的习惯,闲章包括其本人的号及笔名等。官府之印,都是刻于匾额上方正中,不论南北

方都是如此，这表达了对官府的敬重。而这些私章和闲章一般都是题刻在上、下题跋之中，以上跋为多，这些印章一般也是正方形的，但比官府之印要小许多。也有将闲章题刻在上跋之前，直接刻在匾额的右上方边框之中的，刻在此处的这种闲章都不是正方形的，而是椭圆形的，非常特别。这些刻有私章和闲章的匾额题写人一般都是享有盛誉的文人墨客，也有位居高位的官员，其墨宝非常珍贵，很少有人能求到。其印章无论上跋或下跋都是上为私章，下为闲章，非常有规律。如果出现刻有多枚私章和闲章的匾额，也不奇怪。

（八）南方匾额多用漆艺制作

用漆艺制作匾额，是南方匾额的突出特色，其制作工艺比一般匾额复杂得多，造价也高，因而其观赏性远远高于一般工艺的匾额，这与南方地区历来漆艺发达有关，也与南方地区空气潮湿、气候适宜，宜于保存此类匾额有关。北方地区基本没有用漆艺做成的匾额。

（九）南匾拼接较多

南方匾额的用材有别于北方地区，以南方地区常见的杉木、楝木等为主，也有用椴木制作的。北方地区的匾额不但体形大，

● "金萱永茂" 匾额

用材也较为规整，拼接的现象也有，但不多，一般一块匾额几块木板即可拼接而成；而南方的匾额虽然已经狭长，但还是用了许多细木板拼接，这种现象较为普遍，这是南方匾额的一个特点。洛阳匾额博物馆有一块制作于清道光元年（1821年）的"金

萱永茂"匾，竟用12块木板拼接而成。

（十）南匾有书卷卷轴型特例

前面讲过手卷额，慈禧太后御笔"烟云献彩"匾，匾额的形状如同书卷，装饰华丽。该匾如今在颐和园。

● "烟云献彩"匾额

南北方匾额的形制基本模式是长方形，南方匾额较北方匾额狭长，但南方匾额在

● "福履偕臧"匾额

狭长的同时也出现了以古代书卷或手卷卷轴展开的形制，"福履偕臧"匾，这是南方匾额的特殊形式。该匾上款"恭祝登仕郎大耆英锡五尊族兄大人荣晋七三暨元配邱老孺人同登六二双庆"，下款"恩授登仕郎云龙、例授大学生云峰族愚（一枚正方形篆'云龙云峰'）顿首拜譔，光绪二十四年岁次戊子月谷旦"。匾长205厘米、高80厘米。该匾就似一幅打开的手卷或书卷，卷轴作为左右边框使用，上下另有雕有纹饰的边框，红地金字、蓝色框，形制非常优雅，不愧为匾额中的精品。

还有一种匾额，介于此种类型的匾额和传统形制匾额之间，在长方形匾额之中雕出手卷或书卷卷轴形制，匾额的正文在卷轴中，卷轴之外到长方形外框之间则布满了各种各样的纹饰，比纯粹的书画卷轴又复杂了一些。"福备箕畴"匾，该匾年代为光绪八年（1882年），通体红色，长方形匾额中是一幅展开的书画卷轴，给人一种匾中有匾的双重效果。

● "福备箕畴"匾额

总之，匾额作为中华民族一种特殊的艺术表现形式，不论北方还是南方地区，既有相对统一性，又有各自地域特征。

第二节 制作艺术

古文献中关于匾额制作的工艺流程及方法的记载极少，直观的图片也未找到。最早的记载仍见于宋代李明仲的《营造法式》："造殿堂楼阁门亭等牌之制，长二尺至八尺。其牌首（牌上横出者）、牌带（牌两旁下垂者）、牌舌（牌面下两带之内横施者）……牌面每长一尺，则广八寸，其下又加一分……凡牌面之后，四周皆用楅，其身内七尺以上者用三楅，四尺以上者用二楅，三尺以上者用一楅。其楅之广厚，皆量其所宜而为之。"[1] 除此以外，我们查找了当下的一些专业类书籍中有关匾额制作的记述，清代以来的居多。清代以前的匾额制作艺术，可通过

---

[1] 梁思成. 梁思成全集：第7卷[M]. 北京：中国建筑工业出版社，2001：225.

以下所述来了解。

一、选材

制作匾额的第一道工序是选材、配料、定尺寸。传统的牌匾从材质上划分，主要有木质、石材和金属三种，其中以木质居多。在古代，匾额的选材受到材料的局限，木质比石材、金属材质可选范围大些、数量多些，包括商铺的店招、金字招牌、开业匾额，园林里面亭台楼阁的匾额，以及歌功颂德、祝寿嘉许之类的匾额，大都是用木材镌刻而成。

以木质匾额为例，其用材常根据匾额的具体要求来定，具体分为清水（原木色底匾）和混水（有色底匾）。清水如本色底垫绿字、半混贴金字、本色底红字等，对木质要求较高。混水如黑底金字或朱红色底金字、白底黑字等，对木质要求稍低。一般而言，清水做法的匾额多用在园林中，给人以轻逸自然的雅趣，而混水做法的匾额则显得要庄重沉稳些。清水做法匾额的木料常用银杏木、香樟、柏木、楠木等，这些木料木纹清晰、木性好。清水做法可使其木纹显露，体现出一种天然去雕饰的自然之美。混水做法的匾额用材以杉木、本松、色木等杂木为好，多年的旧松、杉木以及其他不易变形的木料尤佳。孔庙国子监的匾额特别是皇帝题写的匾额，材质都为金丝楠木。

匾额制作前要先根据匾额的大小和要求来选料配料、确定匾额的尺寸，再按照不同的长度和宽度确定板材的厚度，一般是在一寸至三寸选择。一般厅堂之中的匾额长度为其正间面阔的三分之一或三分之二，小亭小阁中的匾额长度为面阔的三分之一到二分之一左右，这种比例最协调，符合人们的审美习惯。当然，有时也会按匾额上字数的多少及建筑物空间的大小来酌情调整比例。若置于门前上槛之上的匾额的长度，一般要长出边框尺许；若置于门上的上枋子上的匾额，按字的内容可相应对其长度及宽度有所增减，以达到与建筑物协调配套，也可突出建筑物或物主的意图和要求。

二、制材

（一）制作底匾

确定匾额大小尺寸后，还要进行底匾的制作，以使匾额更加结实。底匾制作方法通常有三种，即实木板法、薄板法和加雕花板法。

实木板法可细分为整块做和多块木板拼做，如果是清水匾，拼接时要考虑几块板子的木色和木纹要基本一致，如果是混水匾就无所谓了。在实木板做法中，以整块木板来做的较多，板背面（匾背面）要穿档、衬档做和加拍横头，以加固及防止板面走动。如果是几块木板拼做，木板间要用橄榄钉或竹钉来进行拼合，拼合后正反两面都要刨平，并在背面开槽穿档。

薄板法又可细分为单面板做法和双面板做法。单面板做法常以反面做成框架，再把正面薄满板垫上去用钉子和木螺丝固定。或以做平面屏门形式，通过穿档开槽和框架一气拼合而成，板的厚度常是六分至一寸，按实际所需配用。单面板做法常用于较大的匾额中，因为用实木板制作工程量太大，故多用薄板，为避免单薄，须经过油漆数道工序，这样既减轻了重量，又像是用整块厚木板做出的样子。双面板匾额做法基本同单面做法，但在做法上比单面板的要求高，正反两面满板均用钉子或螺丝来与内框固定。

雕花板法即在匾额上贴金、描金，而且四周镌刻回纹镶边及云纹祥草游龙飞凤等，常用于一些较大匾额的制作，属于高档次匾额，在一些殿宇寺庙中常能见到。具体做法与单面板形式相同，当做好匾额后，在平面上最后把雕花物和镌刻镶边固定在上面。[1]

(二)制作匾额地仗

地仗是一种中国传统土木工程技法,即在木质结构上覆盖一种衬底,以防腐防潮。为美观,其上通常做油饰彩绘。所用涂料以及干燥后的涂层也称地仗。使用时在木构造表面分层刮涂,其中为防止涂层龟裂剥离和增强地仗的拉力,刮涂过程中通常还通过披覆麻布的方式来进行加固。[2]

由于匾额在屋檐下长时间遭受酷热、严寒和风雨的侵袭,因而要求有很强的防腐性能,这就要求必须做好地仗。人们常以披麻挂灰来形容匾额油饰地仗的特色。匾额地仗要双面使麻,做一麻五灰地仗,在中灰上多做一道渗灰,过板以后用糊刷蘸上水刷出垄,再上一道细灰,钻生,刻字。匾额油饰地仗不仅只是油灰麻线打底,还有油灰褙布打底、大漆灰褙布打底等工艺过程。它既能满足涂刷油饰前对匾额木基层外观形状的要求,又确保其本身的质量。其工艺程序和施工方法与古建大木地仗所用灰料配比相同。[3]

三、拓字、镌刻

在准备好匾材之后就可以书写或镌刻文字了。书写相对要简单些,往往是书家兴之所至,一挥而就。刻字则要复杂一些,镌刻前需要先把字样拓到匾额上。关于如何拓印、刻制,郑岩、汪悦进在《庵上坊 口述、文字和图像》中对牌坊的透雕(透活儿)工序有过详细的介绍,笔者以为与石匾(或木匾)的制作

---

[1] 苏显双. 匾额书法文化研究 [D]. 长春:吉林大学,2017.
[2] 过汉泉,陈家俊. 古建筑装折 [M]. 北京:中国建筑工业出版社,2006:173-177.
[3] 李艳华. 简论传统匾额的社会功能与文化价值 [D]. 重庆:重庆师范大学,2008.

工艺大体相仿，故择其大要转录如下。

第一步，起谱子，将经过反复推敲的设计稿画在厚纸上。

第二步，扎谱子，用钢针顺着线条扎出细密的小孔。

第三步，拍谱子，将扎了孔的纸贴在备好的石料上，用扑子将红土粉拍打到针孔上，揭下纸，画上的线条就落在石面上。

第四步，过谱子，在石面上用墨笔将小红点连成清晰的线条。

第五步，穿谱子，用錾子沿着墨线"穿"一遍，以确保墨线在加工过程中不慎被擦除后仍有所依据。

第六步，打糙，根据"穿"后的线条将物象的大形凿刻出来。

第七步，见细，根据补画在大形上的线条，用錾子或扁子将细部刻画出来，边缘的部分则要扁光修净。[1]

在传统的石作行业中，负责以上工艺的石匠被称作"花石匠"，一般是负责较细致的镌刻工作（相对应的负责建筑基本结构工作的匠人则称为"大石匠"）。此类细活说起来容易做起来难，花石匠们在施工过程中往往会遇到各种复杂情况，但心灵手巧的匠人们总能迎刃而解，为我们后人留下一件件看似平常却凝聚着先民智慧和汗水的不朽之作。[2]

拓字结束后就可以进行镌刻。匾额字体的镌刻主要有阳刻、阴刻及线刻、透雕四种。

阳刻是将镌刻的字体周围的木料削掉，突出文字本身，断面呈凸形，效果最好，但此法比较耗费时间，比阴刻耗费的工时要多近一半，所以成本较高。

---

[1] 郑岩，汪悦进. 庵上坊 口述、文字和图像 [M]. 北京：生活·读书·新知三联书店，2017：26.

[2] 苏显双. 匾额书法文化研究 [D]. 长春：吉林大学，2017.

阴刻只需将文字勾勒出来后，用工具将字体和纹饰部分凿出成形即可，较阳刻要简单得多。其断面呈凹形，文字凹入木料平面。

线刻是在文字的周围用线状凿出字形即可，类似于书法的双钩，最为简单，立体效果也会大打折扣。

透雕是完全将木材凿透，透雕出来的纹饰具有极强的立体感和生动感，是一种最为复杂的工艺，纹饰多用此法。

镌刻在匾额上的纹饰多样，都是象征福寿大吉的图案，常见者有龙、凤、行云、流水、菊、蝙蝠、如意、福、禄、寿等。匾额上的装饰纹样并非单独存在，而是与匾额的内容遥相呼应。匾额的边框可以装饰花边、金边，或者简单包边而不做装饰。装饰的形式丰富多样，可以是长的、方的，可以是书卷形、花朵形等。孔庙国子监的匾额"辟雍"底子青色，大字金色，匾额四周用彩色祥云和九条金龙装饰，极为华美。

四、上漆

上油漆是镌刻完成后的最后一道工序。古代的匾额多采用混水做法，因此多数用油漆粉饰。为突出文字，字体与匾额本身最少有两种以上颜色，有的带边框的匾额则需要三种颜色。大部分的匾额底色是黑色或红色，使用大漆粉饰。而字体一般都是金字，金色的颜料不是用油漆描绘的，而是用一种金箔贴饰，俗称"贴金"。其工艺是先用桐油抹刷，趁桐油未干之时用嘴将手持的金箔吹贴上去。金箔施用的对象一般只是匾额的主文，前后题跋则一般不用，以起到画龙点睛之效。匾额全部油漆好后，还要再刷一层桐油（清水匾则不油漆，直接刷桐油），以起到防腐及抛光点亮的作用。但贴有金箔的部分不用再漆，否则会降低金箔的光亮度。一般油漆和刷桐油要经过多次抛光、重刷,直至出现需要的效果。[1]

云贵川三省,自古以来流行土漆,土漆分生漆和熟漆。生漆是从漆树上收割的浆汁,再经过熟制过程而得到熟漆。在漆器制作过程中有很多种程序,如底粉、打模、加底色、丝绸布沾板、桐油膏灰、猪血打底等,反复数次,最后到上漆上光、擦亮等都是民间漆艺绝技。巴渝之地土漆自古一绝,填金工艺纯熟,几百年来风韵尚存,漆艺高超,被称为立体中国画,浓淡相宜,层次分明,更具欣赏水平。

"大家可知道,在过去一块匾要用多少黄金?或多少土漆?要多少工时完成?大匾10两黄金打金箔,小匾2两以上;大匾土漆20斤以上,小匾10斤以上;大匾3个月以上工时完成,小匾在半月内。注:以上不包括特制雕镂工艺。"[2]

五、制托

匾额最后需要制作匾托及其他附件。匾托是用于托支平面匾,起承托作用的部件,在平面匾下部两侧一边一个,体量较小,一般都有镌刻装饰,也有在托平面沥粉的。纹样有云龙纹、"万字不到头"、花草等图案,多用红松雕成。大多数匾托漆成银朱红色,然后打金胶贴金,金贴完后,凹槽部分再扣银朱油。

匾额在制作完成后,要用纸包好,扫金匾纸内还要垫干净棉花。其作用有二:其一是保护匾面和字,以防搬运、移动、挂匾时弄脏碰坏;其二是为表示挂匾仪式的隆重,不立即揭开所封包的纸,而是待举行仪式时,再把纸揭开,称为揭匾。

---

[1] 洛阳文物管理局,洛阳民俗博物馆.洛阳匾额论文集[M].西安:三秦出版社,2007:5-6.

[2] 刘光瑞.中国匾额学[M].重庆:重庆出版社,2013:81-83.

六、封匾、挂匾、揭匾

匾额制作完成后，还要用洁净的白棉布或毛巾擦净匾面浮物，再用绵纸封匾。最后，有条件的要请专业风水先生择定挂匾吉日，传统上还须举行"揭匾"仪式，揭下封匾的绵纸。至此，一块象征着无比荣耀的匾额才正式与观众见面。[1]

七、清代皇家匾额制作工艺

夏成钢在《清代皇家园林匾额楹联的形式与制度》一文中讲述："皇家匾额楹联的撰写制作，并非如私家园林那样随兴挥洒，它受着宫廷制度的约束。这一制度是在发展中逐步形成的，基本包括五项内容：文辞撰写、工艺制作、开光悬挂、查档维护与龙箱收藏。"[2] 据此可知清代皇家匾额制度，包括制作工艺。根据夏成钢的论述简介如下。

（一）文辞撰写

康乾时代的匾额撰写，是皇帝个人情感的自由发挥，其后的各代皇帝在才学与热情上没有一个能赶上他们的先辈，因而翰林代笔成为主要模式，随之形成的撰写程序有四个。

一是请匾提单。先由用匾部门详细提出用匾地点、尺寸、字数，相当于任务单，嘉奖用匾还要写明原因，报经皇上批准。这一过程称为"请匾"。

二是拟写黄片。请匾批准后的提单交由南书房翰林拟写匾额草稿，通常是一题二稿，由皇上确定。匾文文辞写在6寸

---

[1] 苏显双. 匾额书法文化研究[D]. 长春：吉林大学，2017.
[2] 曹彦生. 中国匾额保护与文化传承论文集[M]. 北京：中国社会科学出版社，2018：95.

×3.3寸的黄纸折子上，称为"黄片"，拟稿称为"写黄片"，每面6行字。

三是走片与圈朱。黄片写好后呈皇上御览，等候确定，这个过程称为"走片"、"上黄片"或"请圈"。皇上确定的辞句，会在字头用朱笔画一个红圈，称为"圈朱"。

四是书写与用宝。"圈朱"后的文辞，返回南书房，由翰林们正式书写，有时由皇帝亲定书写人选。书写好的匾额再拿到懋勤殿钤盖玺印，称为"用宝"。

（二）工艺制作

匾额制作在乾隆时期主要由内务府的苏州织造与宫中木作承担，另外宫中裱作、如意馆等单位也时常参与其中。南方匾额到北方后常常干裂，到慈禧时期基本由宫中木作与京城私人木厂承办。室内匾额文辞多为墨宝印玺原迹，制作相对简单。室外匾额制作则要复杂得多，制作之前对各处匾额都有准确的测算。

（三）开光悬挂

重要的匾额悬挂要举行仪式，借用佛教用语称之为"开光"，由钦天监选择吉日悬挂。

（四）维护查档

匾额悬挂后，内务府定期进行检查、记录在案，这些检查清单被称为"糙单"，按宫苑殿堂分类，详细记载匾额的具体位置、尺寸、虫蛀霉蚀情况，一有损坏便上报整理。

匾额要经常进行清洁修理，对破旧的进行翻新。乾隆帝在大造园林的同时仍然强调节俭，木质匾额更新只重新换面儿，内胎骨仍予保留；旧金匾则要"刮金毁铜"，将铜胎表层镶金刮下，铜胎重新熔铸，这些事项乾隆常常亲自审查。室外匾额常会出现崩裂现象，特别是南方匾额不适应北方的干燥气候，更会如此维护。

（五）龙箱收藏

前代皇帝匾额亲笔文字一旦变旧，不能随便处理，要恭恭敬敬"请下"，收藏于乾清宫西暖阁的龙箱之内，按《千字文》顺序分类，如嘉庆初年（1796年）将请下的乾隆御笔匾额归类，从"天字号"排至"吊字号"，计有97卷之多，其中包括许多清漪园匾额。

总的来说，匾额的制作和一般木作不同，它的工艺复杂、程序繁缛、做工考究。通常来说，制作一块匾额，好的工匠也得耗时一个月乃至数月之久，这也表明了匾额的珍贵性。源远流长的中华传统匾额形式目前还缺乏系统研究，社会认知度较低。在传统园林、宫殿等修复中，常常出现不合规制的现象，在工艺制作方面面临后继无人的困境。如今，在现代园林及城市景观中传承中华匾额文化，需要在更广阔的背景下来思考。

第三节　匾额与其他艺术的关系

林声认为，匾额是集语言、书法、字印、建筑、雕塑于一体的综合艺术。[1] 李艳华认为："匾额集文学、书法、雕刻、印章、装饰、漆艺、建筑等多种艺术门类于一体，是中国传统艺术的浓缩升华和集中体现，具有多方面的文化艺术价值。"[2] 苏显双认为："匾额融诗文辞赋、书法篆刻、建筑艺术于一体，集字、印、

---

[1] 林声. 中华名匾[M]. 沈阳：辽宁人民出版社，1992：序6.
[2] 李艳华. 简论传统匾额的社会功能与文化价值[D] 重庆：重庆师范大学，2008.

雕、色于一处。"[1] 刘光瑞认为，匾额"把辞赋诗文、书法篆刻、建筑艺术融为一体，集字、印、雕、漆之大成"[2]。汇总以上论点，匾额是一门集文学、书法、字印、绘画、篆刻、建筑、雕塑、镌刻、工艺、装潢、漆艺等于一体的综合性艺术。

一、匾额与建筑

匾额与建筑关系密切。匾额被称为"古建筑的灵魂"或"古建筑的眼睛"。在历史长河中，匾额以其多变的式样、高超的书法艺术、文化品位，与雄伟壮观的建筑相互辉映，成为建筑中不可分割的部分，成为一种荣耀和精神。这份荣耀和精神，被立于墙上、门头等显眼位置，为世人所见，不仅赏心悦目，还能陶冶情操，激励着后世。

"中国古代匾额从竖式转变为横式与建筑发展的关系密切。"[3] 早期的匾额以长方形的竖匾为多，后期的匾额以长方形的横匾为多。匾额从竖式到横式的变化是因为古建筑结构的变化。古建筑房檐之下有一"斗拱"，擎托着房檐。"在唐宋以前，斗拱这一部分结构非常雄大，它在整个建筑物的高度中所占的比例很大，相当于房檐柱子的三、四分之一左右，或更多一些。自元、明、清以后，斗拱这一部分结构比例逐渐缩小，只相当于房檐柱子的五、六分之一或八、九分之一了。就是说柱顶到房檐之间的高度越来越减少。匾、额、牌、牓（榜）大都是悬挂在建筑物房檐之下的。"[4] 这时竖匾就装饰不下了，横匾就更合适了。特别是到了后期，明、清匾额文字较多，竖匾根本容

---

[1] 苏显双. 匾额书法简论 [J]. 文艺争鸣，2013（6）：140-142.
[2] 刘光瑞. 中国匾额学 [M]. 重庆：重庆出版社，2013：77.
[3] 苏显双. 匾额书法文化研究 [D]. 长春：吉林大学，2017.
[4] 林声. 中华名匾 [M]. 沈阳：辽宁人民出版社，1992：序2.

纳不下这样多的文字。当然这要视建筑物的具体情况而定，有的建筑房檐下空间宽广，如北京天坛、故宫太和殿及其他大型庙宇，依然用的是竖匾。

二、匾额与书法

古代匾额都与书法有关。没有文字的匾额是罕见的。如湖北十堰市郧西县涧池乡军家河村刘家湾的一座古宅，为汉高祖刘邦后人刘应榜于清嘉庆二十五年（1820年）修建，竟挂着一块无字匾额。但其下大门楹联是石刻的，右为"遵东鲁雅言诗书执礼"，左为"守西京明诏孝帝力田"。历经岁月沧桑，匾额上的文字至今也没有被后辈添上。

书稿有两种，一是直接在材质上书写，二是书写在纸上，需要复制到材质上面。书写时有字体选择、形制章法选择。楷书为主要书体，其他多为隶书和篆书，行、草也有，但行草、草书相对少见。

竖式匾额可以只书正文，如白云观、坤宁宫、神武门匾额，不一定由书写人落款，但也可以署上书写者的名姓。在故宫里，还有用满汉两种文字书写的竖式匾额，有的还加上了蒙文。只有汉字一种文字的匾额"太和殿"，满、汉两种文字的"涵虚门"，三种文字的"慈宁宫"匾额，从右向左依次为蒙古文、满文、汉文，而且汉文用的是小篆；四种文字的"雍和宫"匾额，从右向左依次为满文、汉文、藏文、蒙文，颐和园的"宝云阁"匾额，铜质九龙匾，从右向左依次为藏文、蒙文、汉文、满文；还有五种文字的匾，承德避暑山庄丽正门前正中央门洞上方，镶有乾隆用五种文字题写的"丽正门"石质匾额，从右向左依次为满文、藏文、汉文、维文、蒙文，这是我国统一多民族国家的具体象征。

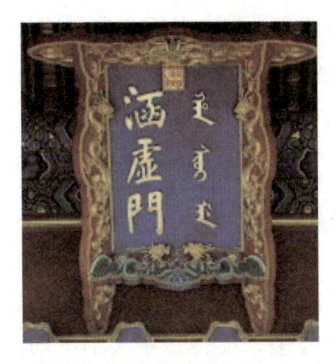

● "涵虚门"匾额 　　● "慈宁宫"匾额

● "宝云阁"匾额 　　● "丽正门"匾额

横式的匾额在书写时就比竖式的要复杂些。由于横式匾额上的大字一般也就是二至五个，如颜真卿的楷书横匾"祖关"，萧显书的"天下第一关"，均未落上款与下款。但也有在横式匾额的右首署农历年月的，现代人书写的还有署上日期的，如启功先生书写的"同仁堂"，还在右首上部钤一长方形闲章，左首署名并钤印两方。还有皇帝或地方官所书的匾额，不落款署名，只在匾中央上方钤一大大的方形章，点明书写者身份。

● "天下第一关"匾额 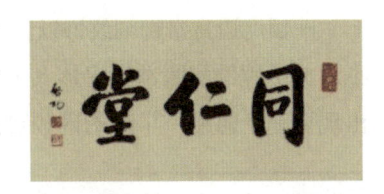　　● "同仁堂"匾额

一般而言，匾额上的书法均为几个大字，书写章法上，如不准备落款署名钤印，大可分列于匾额中部；如准备书上、下款，那么数个大字之间距离要再紧凑些。

总之，一块匾额悬挂于门楣之上，或高悬于厅堂之上，必须给观赏者以平稳的感觉，不呆板、不格式化，大字必须有大气势才能压得住。值得重视的是，匾额悬于上方，仰视而观。可能在平铺于案上的宣纸上书写的大字效果不错，但是高挂之后，匾额上的字会因仰视而产生视觉差，显得每字大小不均，和近观平视的效果不一样。因此，在书写匾额大字时要注意悬挂之后的观赏效果，以免参差不齐，不够协调。

匾额与刻字关系密切。我们常见的是将匾文用木材制作悬挂或者用砖雕石刻镶嵌在建筑物主要出入口上方和室内堂壁上，也有不经过镌刻直接书写或漆在建筑之上的情况，也有匾心是白纸黑字的情况。从刻字艺术到匾刻艺术，匾额与刻字息息相关。

三、匾额与碑额

匾额与碑额都有一个"额"字，说明二者形制接近。但是，匾一般为木制；碑为石制，碑石的上端几乎正中，刻碑文题目的地方，称为"碑额"，或称"碑头"。秦代的刻石无额，汉代开始有额，这是出于客观需要。清代叶昌炽《语石》说："夫碑之有额，犹书之题签，画之引首，所以标目也，往往有碑文漫灭，诚如昭陵各石，赖其额尚得知之。"[1] 碑额相当于碑文的"摘要"，即使碑文内容缺失，因为碑额的存在，仍可知道所刻何事。

碑额周边常常镌刻纹饰以突出碑额的文字，这与匾额相像，也形成了碑额和匾额在字体及书法风格上的相互借鉴。碑额的出现要晚于匾额，早期的碑额可能受到过匾额的影响，可推测

---

[1] 叶昌炽. 语石 [M]. 姚文昌，点校. 杭州：浙江大学出版社，2018.

早期匾额的字形特征。欧阳修曾指出："至后汉以后始有碑文，欲求前汉时碑碣，卒不可得。"[1] 这一结论基本为后世所认可。从今天所见的汉碑来看，早期的碑首有"穿"，最早的碑额就是在"穿"的两侧书写，如著名的《孔宙碑》就在"穿"的两侧用小篆书写文字。后碑额多无"穿"，直接在碑首设计出一个方框，书写碑的名称，也就是后世称的"碑额"。"从现在所见的汉碑碑额来看，其最初可能是模仿匾额或铭旌制作的。"[2] 可以推测出汉代匾额的基本样式以及书体、字体、章法等书法特征。

四、匾额与横幅

横向书写的书法作品可分为长卷、册页和横幅三种，其中长卷的出现可以追溯到简帛时代，册页的出现则大约在六朝时期。横幅出现得最晚，它较长卷要短，可以直接悬挂观赏，一般用大字书写。[3]

横幅书法的起源，可追溯至简帛及其此后的长卷，如敦煌经卷。南宋赵希鹄所著《洞天清录》载："古画多直幅，至有画身长八尺者，双幅亦然。横披始于米氏父子，非古制也。"[4] 横幅形式的作品始于米芾父子。如宋徽宗赵佶《秾芳诗帖》，宽 27.2 厘米，长 265.9 厘米，每行仅两字，

● 《秾芳诗帖》（局部）

---

[1] 欧阳修. 集古录跋尾 [M]. 北京：人民美术出版社，2010：93.

[2] 苏显双. 匾额书法文化研究 [D]. 长春：吉林大学，2017.

[3] 吴晓明. 卷轴书法形制源流考述 [M]. 上海：上海社会科学院出版社，2012：70-78.

[4] 张燕. 中国古代艺术论著研究 [M]. 天津：天津人民出版社，2003：111.

共 20 行，是绢本大字长卷。如元人钱逵曾为王蒙《惠麓小隐图》题写小篆引首"惠麓小隐"，这种在横幅图画前题写引首的习惯，与横式匾额的定型密切相关。

● "惠麓小隐"匾额

综上所述，大字书法横幅、绘画横幅及横式的匾额，具体出现的时间均不好遽然确定，但其普遍使用的时间为两宋以后，当无疑议。

五、匾额与楹联

匾额萌芽于先秦，形成于汉魏，完善于隋唐，普及于宋元。在宋代的《营造法式》中已经明确记载了匾额的制作工艺。与匾额密切相关的楹联出现得虽然要晚些，但最晚也在南北朝时期[1]。这是因为楹联的书籍最早出现得在魏晋南北朝时期梁代的《法宝联璧》[2]、《语对》[3]和《语丽》[4]三本类书。目前可见南宋高宗、理宗所书团扇中的诗联以及马麟题画联、福州市博物馆所藏的南宋帛幡可以证明，至迟在宋代，书法对联已经有比

---

[1] 郭华荣. 南北朝时梁代已有对联书籍 [J]. 对联. 民间对联故事：上半月，2007（8）：2.

[2] 赵含坤. 中国类书 [M]. 石家庄：河北人民出版社，2005：24.

[3] 赵含坤. 中国类书 [M]. 石家庄：河北人民出版社，2005：25.

[4] 赵含坤. 中国类书 [M]. 石家庄：河北人民出版社，2005：25.

较成熟的表现形式。明清时期建筑式样的变化促进了楹联书法的普及与繁荣。

匾额的产生稍微早于楹联，或者说是几乎同时产生，这一说法还有待于进一步考证。楹联产生以后，匾额也被用作楹联的横批或者点题。从楹联文化角度而言，楹联中的"横批"是匾额的孑遗。如今，匾额与楹联的组合或结合也就是"匾联合"已成为中华优秀传统文化的一个重要组成部分，备受大家喜爱与推崇。"匾联合"的画面效果就是：上方居中悬挂着匾额，两边对称悬挂着楹联的上联和下联。这个画面自然符合中和、公正、均匀、平衡的中华传统文化特点和审美观念，体现出"执两用中、守中致和"等中华优秀传统文化的重要元素，成为中国建筑门楼和厅堂布置的优良选择。

从匾额与楹联的搭配，到横式匾额出现、文人墨客开始参与楹联的书写品鉴活动之中，"从时间上看应该在明弘治以后"[1]。白谦慎认为："从文献记载和存世实物来看，裱成两条挂幅形式、在厅堂中悬挂的纸本或绢本的楹联，应在清初（亦即十七世纪下半期）开始形成风气。"[2]而刻在木竹石上的楹联可能在早期出现。与之形成对比的是，至晚在三国魏晋时期，书法家韦诞、王献之等已经参与到匾额的创作中了。再如李渔《闲情偶寄·居室部·联匾第四》中把"堂联斋匾"写在一起："堂联斋匾，非有成规。不过前人赠人以言，多则书于卷轴，少则挥诸扇头；若止一二字、三四字，以及偶语一联，因其太少也，便面难书，方策不满，不得已而大书于木。彼受之者，因其坚巨难藏，不便纳之笥中，欲举以示人，又不便出诸怀袖，亦不得已而悬之中堂，使人共见。此当日作始者偶然为之，非有成

---

[1] 苏显双. 匾额书法文化研究[D]. 长春：吉林大学，2017.
[2] 白谦慎. 白谦慎书法论文选[M]. 北京：荣宝斋出版社，2010：62.

格定制，画一而不可移也。"[1]

匾额与楹联配套出现的例子很多。如故宫颐和轩就有一副乾隆题写的匾联，匾曰"太和充满"，联曰"景欣孚甲含胎际，春在人心物性间"。无论是匾联的制作工艺还是匾联的内容，都显示二者为配套出现。还有山西省灵石县城东的王家大院内，凡堂必有楹联，凡门户必有匾额，到处匾联结合。

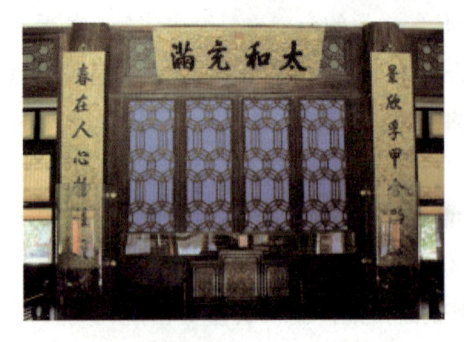

●故宫颐和轩匾联

●王家大院匾联

[1] 李渔.李渔全集：第3卷 闲情偶寄[M].杭州：浙江古籍出版社，1991：188.

总之，匾额在形成的过程中，曾与其他艺术形式相互吸收、彼此融合、共同促进。匾额是一门综合性艺术，与绘画、雕塑、装潢、漆艺等其他艺术的关系留待大家共同研究。注意，千万不能把标语当楹联。

第四章

匾额的现代刻字艺术表现

刻字艺术在我国艺术史上源远流长。现代刻字艺术，又称书刻艺术，是一门以书法为主体，融合传统刻字、篆刻、绘画、雕塑、装潢、漆艺等多种艺术元素的新兴艺术门类，可谓独树一帜。现代刻字艺术的主要要素包括书法、刻字工具、材料和技法，具有平面构成、立体构成、色彩构成三大特点。

现代刻字艺术使用各种刻字工具，如刻刀、锉刀等。这些工具用于切割、雕刻或绘制文字和装饰元素。创作者可以选择各种不同材料作为创作基础，包括纸、绢、木、石、金属、玻璃等。材料的选择会影响匾额的质感和耐久性。现代刻字艺术融合了多种技法，包括切割、雕刻、绘画、版画等。创作者需要精通这些技法，以表达创作的想法。

第一节　匾额平面构成与立体空间的基本形式

构成即造型组成，不同形态的多个单元的重新组合。匾额的形态构成包括匾额的平面构成、色彩构成、立体构成。这些因素会影响匾额的外观和结构，创作者需要精心设计匾额的形态，以适应创作主题和风格。现代刻字艺术顺应时代，汲取了种种现代设计的理念，契合现代人的审美需求。现代刻字艺术也正因为有了匾额的这三大构成，与传统刻字艺术相比，更具强大的吸引力和生命力。

从平面构成上讲，现代刻字艺术在二维空间里面，在创作初期，把传统的书法文字进行抽象化的变形设计和制作，贯穿着平面设计中的构成规律，对汉字的重构、组合、提炼、升华，对图片、符号的视觉传达，对各个形态的研究、编排，产生新鲜的信息。现代刻字艺术在实际创作中，广泛地接受了平面构成理论的指导，在分离、相切、重叠、透叠、结合、减缺、差叠、重复、近似、渐变、变异、对比、集结、发射、特异、空间与矛盾空间、分割、肌理及错视等元素之间的排列组合方面，构建现代科技美学的装饰构图。

从立体构成上讲，现代刻字艺术区别于书法、绘画等艺术门类的显著特点之一，就在于它是多维空间的立体艺术，将单调的书法材质化，将具体的书法抽象化，将平面的书法立体化。现代刻字艺术作品创作的材料及造型的选择、应用极其重要，立体结构的文字、材质性质和厚度、造型要符合力学要求。

从色彩构成上讲，现代刻字艺术在色彩技法上或者色彩的相互作用方面，讲求色调和谐，与主题风格相统一；讲求两个或两个以上的色彩搭配，给人以愉悦的心理感受；讲求色彩适度，与纹理相呼应；讲求色调协调，创作出丰富多变而又不突兀的视觉形象；讲求色彩的普遍联系，色彩不能脱离位置、形体、肌理、面积、空间等元素而独立存在。

不管是艺术设计还是艺术创作，都应该有强烈的社会责任感，而不是哪位艺术设计师和艺术工作者的自我表现、孤芳自赏。没有被人民群众所接受的作品，是没有生命力的作品，是没有现实价值意义的作品。

第二节　匾额肌理与色彩的艺术表现

王志安对"肌理"的定义是:"物体或形象表面的组织纹理（及其质感）称作'肌理',又有视觉肌理与触觉肌理之分。"[1]

在现代刻字艺术中,匾额的肌理和色彩的艺术表现起着至关重要的作用。本节将深入探讨匾额肌理和色彩的各个方面,在列举图例的时候,多采用现代刻字作品来研究。因为现代刻字作品也是匾额重要的一部分,研究清楚现代刻字作品的肌理与色彩,推论传统匾额的改革方向,才能适应时代发展的需要,而形成新的匾额风采。

一、肌理的形式、内容与应用

（一）肌理的形式

匾额的肌理是指其表面的纹理、质感和材料特性。肌理可以呈现出粗糙、光滑、细腻、精细等不同的形式。

创作者可以通过选择合适的材料和运用不同的工具,创造出匾额的各种肌理形式。

在大自然中,有生命的植物比如花草树木,以及没有生命的石头,都有不同的肌理。人们通过视觉、触觉、嗅觉等,感知物质形态、性质。比如：抚摸石头的表面,感知其硬度、温度和光滑程度;观看石头,感知其纹理状况。通过对肌理形式的联想、审美,发挥其表情达意的作用。

肌理,可分为自然肌理和人文肌理。自然肌理是自然客观存在的,人文肌理是人为改造而成的。自然肌理是创作作品引起遐想的基点,人文肌理是从长期观察生活、创作作品的实践中总结出来的。

---

[1] 王志安. 现代刻字艺术技法与创作 [M]. 杭州：西泠印社出版社,2017：123.

现代刻字作品，要求以阳刻为主、阴刻为辅，在肌理的形式上就要以人文肌理为主，自然肌理为辅。而阴刻为主的作品以自然肌理为主，人文肌理为辅。阴刻作品使用自然生长的木质材料时，经常运用其自然肌理的形式进行创作。反之，阳刻作品使用自然生长的木质材料时，经常运用人文肌理的形式来创作。

王志安说："肌理是由个体刀触组成的群体造型形式。每一刀的刀触痕迹为个体，如果把它集合在一起形成一定的面积，即成了视觉语言的肌理形式。不同的形式语言表达着不同的寓意和情感。"举个例子，这幅作品名称为《书法五千年》，以历代经典书法作为底层肌理，演绎着书法历史发展轨迹。

● 《书法五千年》

（二）肌理的内容

肌理的内容包括纹理、线条、图案和装饰元素。这些内容可以用来表现匾额的主题和内涵。不管是自然肌理还是人文肌理，其表面的和内在的语言内容，都取法万物而引导人们产生灵感、联想。

肌理虽然形式多样，但无论何种形式，都要对作品的内容进行针对性的创作，表达其最终所希望表达的思想主题。肌理所表达的内容，具有抽象性的一面。需要创作者注入新的思想情感，赋予新的生命形态；需要根据创作目的选择适当的肌理内容，使其与文字和图案相协调。

（三）肌理的应用

肌理的应用涉及如何将其运用到匾额上，以增强匾额的视觉效果。这可以包括雕刻、切割、绘画等方式。

创作者需要熟练掌握肌理的应用技巧，以创造出丰富多彩的匾额作品。

1. 自然肌理的应用

因为树龄不同、种类不同、截面图案不同，木板表面的自然肌理就不同，纹理图案虽天然形成，但千差万别。阴刻作品常常以作者的想象力，对其进行针对性的创作，以达到形式与内容相统一的目的。

应用自然肌理进行创作，要把控好文字所占比例，字多了、密了，挤占甚至消灭了自然肌理，就大错特错了。对于自然肌理的应用，也不要矫揉造作，而要顺势而为，把意境展示出来。

2. 人文肌理的应用

人文肌理形态可以实现多样化，作品可单一性应用，也可多种形态综合应用。

（1）对于单一形态，可以采用顺纹镌刻，使用平铲、起丝、条铲等方法。比如，作品《宗法龙门》，创作者用顺纹平铲的方法，斜切入刀，刀触感明显，"宗法龙门"四字隐显错落，肌理呈石质特点，体现粗犷、雄强的风格，似乎已经听到了开凿龙门石窟的叮叮当当的声音。作品《四渡赤水》，创作者用顺纹起丝的方法，对底面自然形成的绞丝进行单一起丝，表现了中国工农红军一不怕苦、二不怕死，英勇抢渡赤水河的场景。作品《五灯会元》，创作者用顺纹条铲的方法，对中间隶书阴刻部分，用圆刀条铲，表现出隶书书风与作品整体效果的一致性。

● 《宗法龙门》 　　●《四渡赤水》

●《五灯会元》 　　●《石鼓印象之四》

（2）对于多种形态，可以采用平铲、起丝、披削、披中带削、削中兼切等多种方法。比如：作品《石鼓印象之四》，创作者就采用了多种方法。对作品底面以平铲与斜切结合，用局部起丝兼削的技法；对象形文字"车轮"二字的表面，用深度、角度、速度不同的平铲方法；对左边的竖画，用《石鼓文》文字进行点题，排列紧密，大小对比明显；对右上部的竖画，用平铲与披削的方法。整个作品表现出了果断有力、显隐有度、刚强有行的面貌，威武的战车滚滚而来，穿越时空、穿越历史的感觉不由自主地扑面而来。

王志安说："肌理是有表情的，只要合乎情理，便能与内容和谐统一。"[1] 在实际创作之中,对于刀的长短、刀口的平圆、刀口的宽窄,用刀的力度、角度、深度等,要从实践之中不断增强熟练性和创造性,凝练不同的肌理形态。

二、色彩的调和、错觉与运用

大家有时是否会考虑这样一个问题：为什么有些人穿衣服搭配的颜色好看,而有些人搭配难看？

色彩是结合人们的生活经验,通过人们的眼睛和大脑所产生的一种对光的视觉感受。人们对颜色的感受不单单是由光的物理性质决定的,往往还受周围环境颜色的影响。色彩是物质的,是客观存在的。有了色彩,生活才有了意义。现代刻字艺术也是色彩艺术。在服饰、刻字的世界中,色彩与色彩之间的碰撞是不可避免的,这就需要我们进行调和。

（一）色彩的调和

色彩调和是指如何选择、混合和搭配颜色,以在匾额上创造视觉效果。

红、绿、蓝三种颜色,是基本色,是原色,不能通过其他颜色的混合调配而获得。三原色以一定比例能混合调配出多种颜色。

自然界中,人们所感知的大部分色彩都是混合产生的。由两种或两种以上色彩混合在一起所取得的新色彩,就叫混合色彩。现代刻字、匾额作品的色彩,基本上用的是混合色彩的形式。

创作者需要考虑色彩的和谐、对比、明度和饱和度,以创造出具有视觉吸引力的匾额。

---

[1] 王志安. 现代刻字艺术技法与创作 [M]. 杭州：西泠印社出版社,2017：130.

（二）色彩的错觉

色彩错觉是指通过巧妙的色彩运用，创造出立体感、光影效果或其他视错觉。对色彩产生视错觉，是人们对颜色的知觉和心理所引起的联想。创作者可以利用颜色的渐变、叠加、透明度等特性来使作品产生错觉效果。

色彩是有感情的。不同的色彩会给人带来不同的感受。面对不同的颜色，人们会产生冷暖、强弱、轻重、软硬、动静、明暗、远近、大小、艳素、忧乐、快慢等不同的感受。比如，红色给人的感觉就是临近、扩张、温暖、热情、欢乐、刺激、生动、强烈、危险等，联想到具体的和抽象的事物或情景往往是：夕阳、火焰、血液、五星红旗、中国结、红灯笼、希望、幸福、生命、炎热、战争、革命、热情、激情、危险、恐怖等。其他颜色如橙、黄、绿、蓝、靛、紫、黑、白、灰等，都分别有不同的感情意味。创作匾额时，要分清楚各个颜色的联想、感情、寓意。

1. 冷暖感

红、橙、黄，给人以温暖的感觉而称作暖色；蓝、绿、紫的光度较弱，给人以冷的感觉，称作冷色；黑、白、灰为中性色。颜色的冷暖在特定环境中也不是绝对的，如蓝与绿相比，蓝较冷，而绿色中含有黄色成分，则有略暖的感觉。作品《日子平淡如水》，就有效运用了"冷暖对比"[1]

● 《日子平淡如水》

---

[1] "冷暖对比"是将色彩的色性倾向进行比较。仅就色彩而言，其本身并不存在冷或暖。色彩的冷暖区分，是在电磁波的可见光中，以红色（低频端）为起点，延伸到橙、黄区域的一系列颜色称为暖色，而以紫色（高频端）为起点，蓝、蓝绿等颜色称为冷色。

的方法。以几处小块的土黄色进行点缀，与众多的冷色进行对比，加强了颜色的深沉，表现出了"平淡如水"的生活本质和长久友谊，寓意淡定地对待生活的得失、工作的名利，日子才能轻松自在。

2. 强弱感

高彩度、低明度的色感强，低彩度、高明度的色感弱。暖色强，冷色弱；有色彩强，无色彩弱；强对比色强，弱对比色弱。比如匾额"紫气东来"，蓝色与黄色的色彩关系表现为弱与强的感觉，形成强弱对比关系。

● "紫气东来" 匾额

3. 轻重感

色彩的轻重，是由色彩的明度决定的。高明度、亮色，比如白、黄色，有轻盈飘逸感；低明度、暗色，比如黑、蓝色，给人们沉稳厚重感。匾额"遂初堂"，黑地黄字，给人一种轻重不同的视觉效果。

● "遂初堂" 匾额

4. 软硬感

高明度含灰色彩和弱对比色调有软感,比如粉红色;低明度、高纯度和强对比色调有硬感。绿、紫色有柔和感。白、黑、红色硬,灰、蓝色软。一幅色彩和谐完整的作品,通常以软色为主,硬色为辅。

5. 动静感

暖色相、高明度和强对比色调,有活泼、兴奋的动感;冷色相、低明度和弱对比色调,有静感。动为暖色系,如红、橙、黄。静为冷色系,如蓝绿、蓝、蓝紫。白色与其他纯色的组合给人以动感,而黑色与其他纯色的组合则给人以静感。除此之外,白与黑以及彩度高的色,有紧张感,灰色及低彩度色有舒适感。

6. 明暗感

暖色明,冷色暗。每种颜色都有自己本身的明暗特征,其明暗感是由明度决定的,红、橙、黄、黄绿、蓝、白色亮就为明感,蓝绿、紫、黑色不亮就为暗感,绿色不明不暗为中性。

7. 远近感

暖色近,冷色远。在视觉和心理上同样有进与退的感觉。暖色给人前进感,冷色能引起人们对深远、冷峻、神秘的联想,产生后退感。

8. 大小感

暖色和明色看着大,冷色和暗色看着小。

9. 艳素感

大部分活泼、强烈、明亮的色调给人以艳丽感,而暗色调、灰色调、土色调有种朴素感。红、橙、黄、粉绿、翠绿、玫瑰红、钴蓝、湖蓝、宝石蓝等,有艳感;蓝、土黄、土红、生褐、熟褐、黑、白、灰等,有素感。

10. 忧乐感

高彩度、高明度的暖色给人以明快感，低彩度、低明度的冷色给人以忧郁感。黑色忧郁，无彩色和白色明快，灰色是中性的。

从视觉差的角度来看，色彩给人以感觉的划分都是相对而言的。例如，一组质朴的色放在另一组更质朴的色彩旁边，就会显示出相对华丽来。当然，除了视觉差，在这些客观特征表现中也常常带着主观心理作用。例如，对华丽的理解。有人认为结婚、过年时用的大红色是华丽的，也有人认为晚礼服的深蓝色是华丽的，还有人则认为宫殿里的金黄色是华丽的。有人认为模特在 T 台上完成转身动作进入后台的一刹那是华丽的，也有人认为在巅峰辉煌时离去、转向是华丽的。因此，对于质朴与华丽、忧虑与欢乐，是不能用同一标准来对待、来处理的，只能在普遍意义上进行总结、归纳。

（三）色彩的运用

色彩在匾额中可以用来表达情感、传达内容、调达和谐、传播主题、协调氛围等。创作者需要选择适合主题的色彩方案，还可以运用色彩来增强文字、图案和装饰元素的表现力。

1. 在情感表达中的运用[1]

如前文所述，色彩会产生错觉，色彩有情感。色彩的变化能够给观赏者带来视觉冲击，向观赏者展示刻字作品的动态美。刻字创作者在色彩选择的过程中会根据自己的情感倾向来选择色彩。我们通过作品色彩的主色调能够感受到刻字艺术作品所传达的情感。例如，当我们欣赏以红色等热色调为主的刻字艺术

---

[1] 马文杰．现代刻字中的色彩运用 [J]．北方文学（中旬刊），2018（4）：154.

作品时，带给我们的是温暖、热情的感觉，产生积极向上、精神亢奋等情感体验。当我们在欣赏以黑色、白色等冷色调为主的刻字艺术作品的时候，就会给我们带来冷清、肃穆、沉重的感觉。

2. 在内容传达中的运用

色彩在具体运用时，会受到作品内容的影响。如果创作者想要表达淡泊宁静的内容，就不能使用激烈、热情、亢奋的色彩。使用色彩的浓淡对比来形成色彩过渡要自然，不能突兀。这样通过不同色彩的运用来传达创作内容。观赏者在欣赏刻字作品的过程中，能够通过色彩感受创作者的内心情感，来深入了解刻字艺术作品的内容主旨，实现内容与情感的统一。

3. 在和谐调达中的运用

刻字创作者对色彩的运用并不是对自然界色彩的模仿和象征，而是在全方位、多角度考虑意境、内容、情感、肌理之后，运用色彩来形成、调达和谐的氛围。和谐是最高的审美境界，书刻创作中的和谐主要指艺术作品不同形式和不同元素之间的融洽和平衡。现代刻字艺术的和谐体现在刻字作品的色彩、构图、线条等诸多方面。其中，色彩对刻字作品和谐的影响几乎最大。在现阶段，我国刻字创作者对色彩和谐的理解有的还不到位，色彩运用缺乏和谐性。比如，作品以厚重色彩为主，色彩跨度较小，渐变不够，或者色彩对比度不够，难以给观赏者带来积极、健康的情绪。过于厚重、深沉的色彩会压抑观赏者的某种情感，导致观赏者习惯用同一种欣赏方式来欣赏现代刻字艺术作品。

（1）色彩渐变。意思是把一种颜色按比例逐渐混合其他颜色，有次序、有规律地转变到另外一种颜色的整个变化过程。渐变不是突然变、大跨度地变，而是逐渐变、依次变。按照色彩深浅、浓淡、明暗等顺序逐一排列，视觉的流动感效果就得到增强。深浅、浓淡、明暗程度等发生变化，色彩的种类也随之发生变化，因此渐变不是单一的变,不是只有两种相同色彩的变,而是两种以上色彩的变,是两种以上视觉、情感的变。

渐变可区分主次,达到和谐的整体效果。比如:在色彩中按比例加白或加黑,使颜色产生从明到暗或从暗到明的逐渐变化。作品《时空·天书》,是灰绿色的渐变,从底面开始,依次做色彩渐变。同时,把光学原理运用在此,上层面做高明度渐变,与底面形成强烈对比。整个画面主次鲜明、强弱有致,达到和谐的视觉效果和空间感受。

● 《时空·天书》 　　　　● 《纠缠》

(2)色彩对比。两个或两个以上的颜色在一起产生对立关系,叫色彩对比。色彩明暗程度的对比,不能过强和过弱。比如,作品《纠缠》,文字几乎被色彩所湮没,这就是明暗程度对比过弱。

综上所述,肌理和色彩是现代刻字艺术中的重要元素,它们可以赋予匾额更多的艺术深度和审美效果。创作者需要精通肌理和色彩的形式、内容和应用,以使匾额作品更具质感和视觉吸引力。肌理和色彩的艺术表现也反映了创作者的创造力和审美情趣。

第五章 中国匾额的价值意义

中国匾额，是中华优秀传统文化之一。

中国匾额，承载着厚重的中国历史文化。它有诗歌的诗眼、书法的笔髓、哲理的辩证、人事的情感。

中国匾额，广泛应用于宫殿、官署、园林、院校、牌坊、寺庙、商号、民宅等建筑的显著位置，向人们传达经济、政治、文化、社会、生态等信息。

中国匾额，用最少的文字，来表现当时社会最广泛的内容，传播自身的价值意义。

本章将分别从经济、政治、文化、社会、生态等五个方面来分析中国匾额的价值意义，更好地推动中华优秀传统文化全面发展、全面进步。

第一节　经济类匾额

匾额在中国经济领域中具有重要的地位，它们被广泛用于店铺、商场和市场，具有多重功能和价值。商业是经济的有机组成部分，商业活动是最广泛、最活跃、最具有积极意义的经济活动。在经济类匾额之中，商业类匾额是重要代表。

一、商业广告

研究中国商业发展史可以发现，有许许多多的起起伏伏的波澜。不管哪一次波澜，不管商业文明时间如何漫长，招牌或广告牌等匾额都在其中发挥商业广告作用，始终是一道重要的风景线；其中蕴含着的丰富的人文故事，是中华文明的重要组成部分。

早在商朝时期，人们就擅长经商。西汉时期开辟了陆上丝绸之路，商业交流频繁。隋唐时期水陆交通发达，商业空前繁荣。北宋出现世界上最早的纸币——交子。交子便于携带，极大地促进了商贸的发展；同时北宋解除了宵禁，允许夜市的出现，商业活动打破了时间和空间上的限制；再同时，北宋兴盛了海上陶瓷之路。元朝时期完成全国纸币流通，商业非常繁荣。明朝有著名的郑和下西洋事件出现。明清时代，货物基本在全国流通，而且速度很快。区域性的商人群体——商帮出现，其中晋商和徽商最为出名和庞大。但在清朝中后期开始实行海禁，海上贸易不断萎缩。

本书第一章，已经叙述："从悬帜广告的发展方向看，招牌广告是匾额的萌芽。"周朝宋人卖酒，就有打广告的了，而且是"悬帜"。悬帜等招牌广告逐渐萌芽成为固定的匾额。

古代的传播方式远不如现在，但我们千万不可小觑古人们的智商。例如酒商，悬挂酒旗招揽客人，其功能相当于如今的招牌、灯箱之类的广告。

在唐宋诗词中，诸如"幌""望子""酒帘"等写"酒旗"的语句很多。在宋代，人们十分重视匾额的商业广告作用。街市、夜市开始盛行，如前文所述，在张择端的《清明上河图》中，可以清楚看到，熙熙攘攘的街道，路边不少店铺挂着横额、竖牌和挂板等不同形式的广告牌，商家把匾额招牌视为物质和精神财富的象征，并赋予其招徕顾客的广告功能。

●酒旗　　　　　　　　　　●"咸亨酒店"招牌

　　商业匾额的功用与招牌广告相似,旨在告诉顾客自己是做什么生意的——出售的是产品还是服务;有什么东西出售——卖的是哪类产品;怎么卖——表明经商理念。例如,"太白遗风"一看便知是酒楼,卖酒;"麻婆豆腐""夫妻肺片"明显卖的是平常食物;"公平交易""童叟无欺"表明了商家的经营理念。

　　匾额常用于商业领域,是我国一种独特的传播商业信息的广告形式。通过巧摘诗词歌赋、转引商业楹联、依靠小说散文、仰仗名人题字、依附神话传说、援用成语典故、宣承宗教教义、彰显店家诚信、表达报恩感情、把握趋利心理、推广消费模式等方式,展示出匾额的商业广告功能。

　　例如,酒店餐馆使用的"太白楼""小八仙"匾额,就是用李白醉酒、饮中八仙的典故。再如"咸亨酒店",该店原是鲁迅先生的几个本家出资所开的小酒店,公推鲁迅先生的堂叔周仲翔为掌柜,带一个徒弟,用一个伙计。周氏族人饱读诗书,几经斟酌,取了一个与众不同的店名"咸亨酒店"。"咸亨"二字源出《易经·坤卦》的"品物咸亨",取其万事亨通、生意兴隆之意。初创时临街曲尺柜台上端置"太白遗风"青龙牌,陈列茴香豆之类的下酒小菜。鲁迅从小耳闻目睹小酒店的情景,就写入了小说《孔乙己》中,咸亨酒店也因为鲁迅更加驰名中外了。屋檐下正中悬挂白地黑字的匾额,横书"咸亨酒店"四字,遒劲苍健。

清同治三年（1864年），河北冀县（今冀州区）人杨全仁买下了一间名为"德聚全"的店铺，改名为"全聚德"，并邀请京城秀才钱子龙题写了块金字匾额，又聘了专为宫廷做御膳、烤鸭技术十分高超的孙姓师傅。此两举为"全聚德"赢得了闻名于世的美名，直至现在，全聚德仍然生意兴隆、经久不衰，不能不说与其匾额的知名度有关。

● "全聚德"匾额 　　　　　　　●"天津劝业场"匾额

又比如"天津劝业场"匾额。一座城市变化大小，最好的证明就是商业的繁荣与否。天津劝业场始建于1928年，曾是天津最大的一家商场，代表着天津这座城市的变化状况，当时被誉为"城中之城，市中之市"。到如今，天津劝业场仍然是天津各大商场人气排行榜的前茅！对于天津人来说，劝业场不仅仅是一座商场、一个大商贸区，它更是一种文化、一种情结。当年劝业场的创始人高星桥，费尽心机地说服了庆亲王载振，不但请载振成了二股东，而且请载振给商场起名为"天津劝业场"[1]，载振还出面邀请津门大书法家华世奎来题写商场匾额。那时没有今天把字放大缩小的技术，所以匾额需要多大，字就得书写多大。当时华世奎先生书写前，曾亲自去劝业场门口考察，

---

[1] "劝业"二字的含义顺应了当时社会提倡的"实业救国"潮流。

回来后拼起了三张大八仙桌，铺上纸，一气呵成。颜楷，每字约1米大，笔力苍劲，气贯长虹。为此，高星桥给华世奎送上五百块大洋作为润笔之资。五百块大洋当时足以满足四口之家两年的生活开销，"天津劝业场"匾额大字可谓一字千金。

进入近代以来，很多城市的商业广告牌琳琅满目，最有代表性的比如北京王府井、上海南京路、广州北京路。还有香港，迷离闪烁的霓虹灯箱、醒目独特的大字书法、各具特色的亮相，这样的匾额招牌才是"东方之珠"该有的模样。

随着互联网技术的快速发展，匾额这一实物的实用功能在逐渐弱化。基于匾额的中华优秀传统文化属性，探讨如何提升匾额实用功能、经济价值，守正创新匾额这个广告文化，这必将有利于进一步挖掘整理中国商业文化历史宝藏，促进当代新型广告业的发展和创新。

二、商家标识

匾额的最初用途是标识，它帮助人们辨认和记忆不同的商家。匾额在商业广告中扮演着重要角色。它通常包含店铺或商家的名称、宣传口号、产品信息等。

"标识名称是古代匾额的一大功用，统治阶级用匾额来标识着国号、国门、皇权，标识着各级部院和各级衙署，都具有强烈的政治作用。"[1] 一些商匾已经不仅仅是个堂号，更不光是一个门牌，"百年老字号"代表的是信誉、是服务，同时更是一个品牌综合实力的传播与体现。

林声认为："商铺匾额起着重要的广告作用。如北京、上海、天津的一些老字号，生意兴隆多与其匾额的知名度高有关。"[2]

---

[1] 舒利燕. 简谈中国匾额文化[J]. 群文天地, 2012 (15)：132-133.
[2] 林声. 中国匾文化初探[J]. 社会科学辑刊, 1995 (6)：120-126.

明清时期自由商贸经济比较发达，一些大城市店铺林立、市场繁华。为宣传商家品牌，提高美誉度、知名度，除了提高产品质量，很重要的手段就是邀请书法名家题写商家匾额。匾额这种大字榜书的宣传效果往往深入人心，很多老字号商家就是这样传承至今的，比如"全聚德"，"一得阁"（由创办人谢崧岱亲自书写），"六必居"，"庆余堂"[1]等。

● "一得阁"匾额

● "六必居"匾额

● "庆余堂"匾额

中国商家的"商匾"，其用字遣句皆寄寓吉祥如意、生意兴隆、财源茂盛等美好愿望。现代商家所悬匾额更是推陈出新，巧构妙句，如饺子馆题匾"无所不包"、重庆小面馆题匾"天天见面"

---

[1] 清代匾额"庆余堂"，现藏于重庆渝中区湖广会馆。

等，都很含蓄多趣、耐人寻味。

俗语道："创出金字招牌，买卖找上门来。"随着历史的发展，匾额逐渐成了商家标识，成为各个商号、商店、市廛、市肆、店肆、超市或摊位的招牌、品牌。著名招牌，实际上也就是现在的驰名商标，它往往同优质的商品、优秀的企业联系在一起，同顾客的认可度、信任度联系在一起。

商家标识要发挥最大效益，除了上述所列举的方法，商家要在竞争激烈的市场中脱颖而出，注重匾额的独特设计和排列方式也非常重要。匾额的设计和字体选择可以吸引顾客的眼球，传达商家的特色和品牌，实现社会效益和经济效益的双丰收。

三、社会影响

商家的匾额可以反映其在社会中的地位和影响力。一些著名商家的匾额被视为地标和文化遗产。匾额不仅是商业广告，也是社会文化的一部分，具有深远的历史和文化价值。

匾额历来与商家老字号有着天然的不解之缘，匾额是商家的门脸儿，商号店铺多请名人、书法家题写牌匾，匾额与老字号互相成就自己与对方。悠久深厚的匾额文化，促进了商业的繁荣与发展，推动了社会文明与进步。

比如，第一批中华老字号"西安饭庄"，建于1929年，素以"陕菜正宗""陕西风味大全"闻名于世。由冯克昌先生及当时西安的一些社会名流集资建成，最初请清末军机大臣赵舒翘的老师邢廷伟先生题写了店名，后佚失；抗战中期又请书法家岳松侪先生另书一匾，后也下落不明。西安饭庄曾接待过毛泽东、周恩来、叶剑英等党和国家领导人，接待过张学良、杨虎城等爱国将领，接待过郭沫若、老舍等文化名流。由郭沫若1976年亲笔题写的"西安饭庄"牌匾，如今高悬在饭店门头之上。当时书写的店名只有 8 厘米宽、40 厘米长，后经精心放大制作、悬挂，此店名一直沿用至今。

● "西安饭庄" 匾额

一块匾额既是一处地方的标识，更承载了一段过往的故事。中国的人文历史，就潜藏在一幅幅墨宝之上。诸如"西安饭庄"这样的中华老字号，作为中华优秀传统文化的"活文物"，是时代的记忆、城市的名片，更是中华大地的文化软实力。中华老字号在创新发展中创造的社会价值，生动展现了各地传承发展中华优秀传统文化的积极实践，是我们学习优秀传统文化的重要部分。

四、传统变革

匾额在中国商业传统中具有深厚的历史，代表了商家的荣誉和声誉。商家通常会传承匾额，将它视为家族资产，使其代代相传。

王家大院是晋商宅院建筑代表，被赞誉为"华夏民居第一宅"。王家大院里面红门堡处有一块匾额"规圆矩方"。"规圆矩方"四字中"矩"字上面多了一点，这不是笔误，而是刻意为之，意在要求王家人"正品立身"，规矩不妨多一点。

● "规圆矩方" 匾额

由于继承家传优良传统，王家相传20余代、发达绵延700多年，营就了王家大院几乎囊括所有晋商家园文化意义表征的建筑群落，圆就了王家独一无二的人世机缘，成就了王家大院非凡的气势、超然的气度、轩昂的气宇、辉煌的气业。

随着商业环境的变化，匾额的功能和形式也在不断演化。现代商业采用电子、数字化广告等方式，但匾额仍然具有独特的魅力。商业匾额在传统和现代商业之间建立了桥梁，代表了中国商业文化的传承和创新。

"中华老字号"匾额承载着中华民族工匠精神和优秀传统文化，要充分挖掘老字号匾额文化资源，传承中华优秀传统文化，并在现代生活中加以弘扬，开发更多老字号特色产品，提升老字号品牌影响力。

但是，老字号匾额的继承与发展，必须适应时代发展，运用高科技手段，对匾额的制作和文化的发展，进行变革、变脸。比如，做新门头匾额，应用全新的视觉识别系统、商业标识以及开发拥有自身特色的文创产品。

现在有的地方政府，为了美化市容市貌，要求商家对店招店牌统一进行规范改造。整齐划一的商匾，一路看过去，的确显得秩序井然。但是，商匾作为城市规划和商业氛围营造的一部分，如果连字体、字号、颜色都规定成一致的，那就成了"千店一面"，会降低顾客和社会对不同门店、品牌的辨识度，磨灭了商家多元化经营的传统特色。商匾从最初的招揽顾客的标识作用，发展到对匾额本身进行华丽装饰，兼具标名、装饰、教化等多重功用。遵循"因地制宜、因店制宜"原则，统一规划与个性发展相结合，才可能营造出更加美观的城市街景，创造出真正有韵味的城市美学。

改革开放以来，商业模式在不断发生变化。从店铺到展场到网络，从实体到虚拟，广告、匾额的发展何去何从？折扣、免费、在线支付、电商、快递、团购……各种模式不断更新。匾额的发展，要适应不断变化的形势，在社交全媒体时代，预见性地准备，传播自身文化，讲述自身故事，打造自身品牌，展示自身魅力。

综合来看，从古到今再到未来，以商匾为代表的经济类匾额，在中国商业乃至经济领域中具有重要的价值意义。它不仅是商业广告工具，还代表了中国商业传统、历史和文化。匾额作为商家的标识和广告媒介，一直以来都在中国商业环境、经济领域中发挥着重要作用，同时也反映出商家在社会中的地位和影响力。随着商业的发展和时代的变迁，匾额的功能和形式不断演化，但它仍然是中国商业文化、经济领域的重要组成部分。

第二节　政治类匾额

政治类匾额在中国的历史中具有重要的地位，它们不仅是政府机构和官府的标志，还承载着政治权威和文化价值，具有规划政治蓝图、明确政治任务、考核政治能力、营造政治生态、提高政治声誉等功能作用。

一、宣传理想，展示抱负，规划政治蓝图

有一类为官为政匾额，多是官员为展示自己的政治主张、理想，展示自己的为官初衷、抱负以及当时的心志，具有很强的号召力、凝聚力和一定的宣传效果。官员用匾额形式昭示民众，表白自己，同时也可以此为鉴而自勉、共勉。这类匾额都悬挂在公开场合。比如官署、衙门、公堂、广场、办公大楼等，内容则以表白自己为政心怀坦荡、言行正派、办事公道、勤政为民等为主。

清代多位皇帝题写"正大光明"匾,皆是宣扬政治主张。首先是顺治帝题写匾额"正大光明",在宣示清朝得位之正的同时,也表明施政宣言:"治理国家要承天意、顺民情,不能玩弄权术、耍小聪明,一定要与百姓坦诚相见,政策措施一定要上得了台面,要正大光明,上对得起太祖太宗,下不负全国百姓。"[1] 顺治帝的"正大光明",体现了儒家中正治国的思想,既提醒自己如要地位稳固,必须效法天地,顺应人情,又告诫臣民,清朝的统治是上承天意,下顺民心的。他以这块匾文来发表治国施政宣言,彰示方针、政策的光明正大,让民众顺服,使国运久长。"正大光明"出自宋代朱熹的《朱文公文集·卷三十八·答周益公》,意指心怀坦白,言行正派。"正大光明"匾,顺治帝乾清宫题写一幅,康熙帝景山观德殿题写一幅,雍正帝圆明园题写一幅,乾隆帝圆明园奉三无私殿、沈阳故宫崇政殿、避暑山庄勤政殿共题写三幅,咸丰帝故宫养心殿西暖阁的勤政亲贤殿题写一幅,慈禧太后题写缂丝匾额一幅。

● 勤政亲贤殿"正大光明"匾额　　● 慈禧太后缂丝"正大光明"匾额

比如在公堂上悬挂的"明镜高悬"匾,展示衙门能够明察秋毫、明辨是非、明诚忠奸、明验善恶的一面;也用来激励或警示官员要公正严明为官、是非明辨断狱,起到了震慑的作用。

再比如雍正帝题写的"勤政亲贤"匾,展示了他的执政理想,实际上他也是这样做的。雍正皇帝是一个非常勤奋的皇帝,恪尽

---

[1] 曹彦生. 中国匾额保护与文化传承论文集[M]. 北京:中国社会科学出版社,2018:120.

职守，勤政爱民，一生都对自己严格要求。还有南宋末年爱国英雄文天祥所题"永镇江南"之匾，表达了他誓死收复失地、捍卫大宋江山社稷的无限情怀和悲壮气息。甘肃武威文昌宫五楹大殿卷廊北面正中，悬"聚精扬纪"木匾，意为汇聚天下之精英，宣扬朝廷之纲纪，显示出题写者、清嘉庆年间甘凉兵备道刘大懿忠君保国的凌云壮志。

● "明镜高悬"匾额

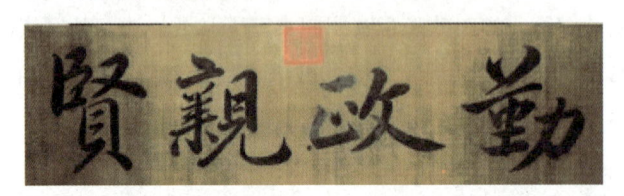

● "勤政亲贤"匾额

● "聚精扬纪"匾额

另外，孙中山先生的"天下为公"匾、"共进大同"匾，黎元洪的"道洽大同"匾等匾额，也是他们革命和治国的宣言书，表达了他们的抱负和追求。

1936年5月，红军长征经过云南迪庆时，贺龙向归化寺题赠了"兴盛番族"的绸匾，表达了工农红军实行民族平等、宗教信仰自由的政策主张，祝愿藏族群众繁荣昌盛；凝结着红军官兵对藏族同胞的深情厚谊，也见证了汉藏团结的一段历史佳话。"兴盛番族"是一面红色的绸缎锦幛（现收藏在中国人民革命军事博物馆），长2.85米、宽0.64米，四个大字，每字有0.4米见方，锦幛右端竖书"中甸归化寺存"，左下角竖书"贺龙"。

● "兴盛番族" 绸匾

　　毛泽东1943年题写的"实事求是"匾额，成为当时解放我们民族最好武器的政治主张。后来也成了我

● "为人民服务" 匾额

们党思想路线的核心内容，也是毛泽东思想的精髓之一。后来被制作成匾额，悬挂在各个党政机关。

　　毛泽东1944年9月题写"为人民服务"时，号召大家学习张思德同志全心全意为人民服务的精神，团结起来，打败日本侵略者。1945年9月，毛泽东在给《大公报》题词时，又专门书写了"为人民服务"五个大字。新中国成立后，毛泽东又多次书写这五个字，留下了多种手写体。后来被镌刻在中共中央办公地正门新华门的影壁上，也更多地出现在各级党政机关的办公地点，同样也是采用匾额形式来表达，甚至被制作成胸章佩戴在胸前，成为基层政权建设宝贵的警世名言。

二、标识地位，昭示职能，明确政治任务

官署匾额属于政治类匾额。政治类匾额经常用于标识政府机构和宫殿。这些匾额可以包括机关的名称、官职、权威标志、工作职能等。官府衙门的匾额具有权威和官方性质，代表着政府的职责和职能。

比如：悬挂在紫禁城太和殿上的匾额"建极绥猷"，就是最高权力地位的标志。如官署机关礼部、宗人府、大理寺、敬事房[1]的名称匾额。

● "礼部" 匾额

● "宗人府" 匾额

● "大理寺" 匾额

● "敬事房" 匾额

特别是新中国成立以后，过去的机关单位名称用横匾书写，当今机关单位名称已经从用横匾改成了用竖匾。特别举例，如

---

[1] 敬事房是明清时期皇宫里的机构，隶属于内务府，负责管理太监和宫女的事务。

下图这张老照片，这是刘邓大军解放大西南的进程中，从湖南入川，解放的第一个县城——秀山县。这张照片目前收藏在秀山县洪安镇[1]的全国爱国主义教育示范基地，拍摄于1949年11月或1949年12月。面向照片，照片最上边的横匾"秀山县政府"，从右向左读；照片右边的竖匾"秀山县人民政府"，从上往下读，而且多了"人民"两个字。上面是旧中国的政府的匾额，下面是新中国的政府的匾额，同时出现在一张照片上，非常珍贵。

● 刘邓大军解放大西南途中照片　　● 各地政府牌匾

上图左二为1949年5月28日上海市人民政府[2]宣告成立时所悬挂的匾额，已经收藏进博物馆了。上图左三为县一级人民政府的挂牌，目前主要是竖立的匾额，简称竖匾。上图右一为部一级政府机关的代表，同样是竖匾。新时代的基地、中心、站等名称也可用横匾。

在古代衙门的办事机构中常常悬挂一些对应本单位职能的匾额，文字寥寥，但表达、公布了本单位的职能条款、执政理

---

[1] 秀山边城洪安镇位于秀山县境东南，距县城27公里，是重庆、贵州、湖南三省市交界之地，有"渝东南门户"之称，是一脚踏三省市的插花地。

[2] 当时由陈毅任市长，曾山、潘汉年任副市长。这块匾额由市政府负责秘书工作的武中奇书写。现为馆藏国家一级文物。

● "基层理论调研基地"牌匾

● "新时代文明实践中心"牌匾

● "新时代文明实践站"牌匾

念、办事原则或工作作风。比如,雍正皇帝在整顿吏治的基础上,为了使在京各衙门都能真正做到尽职尽责,在雍正四年(1726年)二月初九这日,他特意亲笔为这些衙门题书匾额,既作为对他们的鼓励,同时又是对他们的严格要求。匾额共计21块。

《钦定四库全书·畿辅通志·卷十一》记载有17块：内务府为"职司综理"[1]，宗人府为"敦崇孝弟"，吏部为"公正持衡"，户部为"九式经邦"，礼部为"寅清赞化"，兵部为"整肃中枢"，刑部为"明刑弼教"，工部为"敬敕百工"，理藩院为"宣化遐方"，通政使司为"慎司喉舌"，大理寺为"执法持平"，太常寺为"祗肃明禋"，光禄寺为"敬慎有节"，太仆寺为"勤字天育"，鸿胪寺为"肃赞朝仪"，钦天监为"奉时敬授"，銮仪卫为"恪恭舆卫"。另参考中国历史纪实[2]文献，还有4块是：国子监为"文行忠信"，顺天府为"肃清畿甸"，仓场总督衙门为"慎储九谷"，提督九门步军统领衙门为"风清辇毂"。另外，康熙帝御赐匾额，还有都察院为"都俞吁咈"，翰林院为"道德仁艺"，詹事府为"德业仁义"。太医院也是官署之一，掌医药，主要为宫廷服务。该院大门有黑漆书写"太医院"三字的朱色立额。院内景惠殿内有康熙御书"永济群生"匾额。

三、记录佐证，评价纪念，考核政治能力

匾额与考核具有联系。古代官员考核更多是一种封闭、自上而下的考核制度，综合官德、财赋、功过等于一体的综合考核制度，对今天仍具有启示意义。考核的具体标准符合历朝天子的共有偏好。"狱讼无冤、催科不扰，为治事之最；农桑垦殖、水利兴修，为劝课之最；屏除奸盗、人获安处、振

---

[1]《钦定四库全书·畿辅通志·卷十一》记载："内务府，在武英殿后。本朝特设，掌以总管大臣。领司七，曰广储、会计、掌仪、都虞、慎刑、营造、庆丰；院三，曰奉宸、武备、上驷；及织染局、药房，皆各有分署。御书赐额曰：职司综理。"
[2] 也可参考于敏中等编纂的《日下旧闻考》（北京古籍出版社，1985版。）

恤困穷、不致流移,为抚养之最。"[1] 能做到这"三最"的官员,就是百姓的优秀父母官,更是天子的得意门生。表现在匾额上,匾额就有了记录、评价、佐证甚至纪念的功能。

(一)记录佐证

1. 圣旨[2]匾

圣旨匾就是对各种各样的圣旨的记录。由受封人接旨后,不管圣旨措辞的是"诏曰、制曰、敕曰"[3]的哪一种,都将圣旨的原文镌刻在木板上,制成匾额,作为圣物,悬挂、供奉起来。为感皇恩浩荡,彰显门庭,光宗耀祖,借以回报朝廷,以望永

---

[1] 宋代考核官吏的"三最"。古代官吏的考核,经过一系列的传承和变革,形成了较为完备的官员考核罢黜制度。金代设廉察制度,元代考课由中书省、御史台共掌,职官三十月一考,依照考课结果升迁。至明清,形成了一套较为严密的考核体系和方法。主要有考满(亦称考课)、考察(亦称大计)两类,并根据考核结果给予奖惩。据《明史·选举志》载:考满即"论一身所历之俸。其目有三:曰称职,曰平常,曰不称职,为上、中、下三等。"三年为初考,六年为再考,九年为通考。依《职掌》事例考核升降。"考察"分贪、酷、浮躁、不及、老、病、疲、不谨。在考满之外,再设考察,对贪酷违法官吏及时裁治,加强了官员铨选、管理的系统性和严密性。

[2] 圣旨作为中国封建社会帝王布告臣民、委任官吏、册封宗室、表彰功德、告谕外邦的一种专用的文书形式,起源于商周,规制于秦汉,发展于唐宋,最后完善于明清。虽然圣旨的长短大小不一,但文字都写得端庄秀丽,圆润飘逸,行文洗练,均是竖着写的。圣旨和上面的文字,都是多色的。清代的圣旨是由满文和汉文合璧书写的。

[3] "诏曰"是诏告天下。凡重大政事须布告天下臣民的,使用"奉天承运,皇帝诏曰",如太子嗣位等。其格式为:起首以"奉天承运,皇帝诏曰"开始,接叙诏告事由,最后以"布告中外,咸使闻知"或"布告天下,咸使闻知"等结束。文尾书明下诏的年月日并加盖"皇帝之宝"。"制曰"则是皇帝的德音下达,类似于嘉奖令之类。"敕曰"是告诫的意思。皇帝在给官员加官晋爵的同时要警告其不要恃宠而骄。

久保存，代代相传，福佑后人。刻法往往采用阳刻，文字端庄秀丽，笔画突兀，刻底平整。清嘉庆十年十二月十三日木刻圣旨匾，长 2.1 米、高 0.9 米；清道光三年十二月十一日木刻圣旨匾，长 2.1 米、高 0.86 米，满、汉双文合璧镌刻。现均藏于徐州圣旨博物馆，都是受到皇帝嘉许的圣旨匾。

● 清嘉庆木刻圣旨匾

● 清道光木刻圣旨匾

2. 军事匾

军事匾通常涉及关隘、城堡等军事设施。它们可能标识重要军事地点，也可能包含军事指导原则和战斗口号。重要的是记录历史重大战役、重要军事要塞的地理位置和形势的功能。这些匾额对于军事战略和历史研究具有重要价值，反映了军事实力和国防体系。

如山海关城楼的"天下第一关"和嘉峪关的"天下第一雄关"，江西梅岭的"岭南第一关"和"南粤雄关"，山西代

● "海门天险" 匾额

县边靖楼上的"威镇三关",以及天津蓟州区的"蓟北雄关"等。不但赞颂了万里长城或关隘城堡的雄伟,也是对这些古战场的历史、地理的记录。毛泽东亲书"遵义会议会址"一匾,记载着中国革命的伟大转折。台湾基隆重要港口的古堡上题有"海门天险"匾,记载着中华儿女抗英、抗法的英勇无畏的历史。

3. 功名匾

文人高中的时候所题的状元匾、贡元匾、进士匾等,还有翰林第、司马第、大夫第等,都是其功名荣耀的记录和宣告。

"魁元"意思是在同辈宗族当中才华居首位的人。这块木匾是清同治三年(1864年)立的。立匾者虽然在同治三年岁次甲子冬月中式第六十八名举人,但这在本家族中已足以光宗耀祖的荣誉了,可喜可贺。所以大主考署理江西巡抚印务布政使司布政使代理江西南昌城都司也为举人黄仪凤书写了这块匾牌,意在记录佐证,启迪后人。

● "状元"匾额

● "进士第"匾额

●"魁元"匾额

4. 堂号匾

堂号就是家族名号、祠堂名号。因古代同姓族人大多是聚族而居，所以往往出现数世同堂，或同一姓氏的支派、分房集中居住于某一处或相近数处庭堂、宅院之中的情形，堂号就成为某一同族人的共同标号。同姓族人为祭祀供奉共同的祖先，在其宗祠、家庙的匾额上题写堂号、堂名。祠堂里最尊贵醒目的位置——中堂正厅墙上，都悬有一方匾额，这是祠堂所有匾额里最重要的一方，它就是堂号匾，族人们瞻望堂匾、恭念堂号。堂号匾不但是弘扬祖德、敦亲睦族、训诫子弟的符号标志，而且是祖籍溯源，认祖归宗，区分宗支族别、血缘亲疏的历史记录。

何绍基为周姓堂号"爱莲堂"题匾。与其说这堂号取自先祖周敦颐的名篇《爱莲说》，不如说是对家风"坚贞、清白、高洁、磊落、正义，洁身自好，不追名逐利，不趋炎附势，不与世俗同流合污"的继往开来。

●何绍基题"爱莲堂"

（二）评价纪念

为纪念黄帝，于右任题写的匾额"古黄帝祠"，位于四川青城山古黄帝祠殿正中门廊下。草书，字近1米大，潇洒不羁、风骨端凝。人们在纪念先祖的时候感受书法之美，真是难得。

现多存于各地孔庙的"万世师表""圣集大成""金声玉振"等匾，都是对孔子的师表、仁德的评价和纪念，这些匾额对宣传儒家思想起到了重要作用。

● "古黄帝祠"匾额

有些匾额推崇古人，为后人树立楷模。如位于湖北省襄阳市古隆中景区中的一块匾额"三代下一人"，就是对诸葛亮的评价。意思是高度评价诸葛亮是夏、商、周三代之后的第一人杰，是节操最高尚的辅臣、治国济世才能最高超的政治家。书手为同治元年进士、云南镇雄人陈维周。

● "三代下一人"匾额

为纪念杜甫，叶圣陶题写匾额"工部祠"，朱德题写匾额"怀甫亭"[1]，于右任为纪念邵力子及其夫人傅学文而书写的"力学堂"，邓小平为纪念缅怀吴

---

[1] 这个匾额位于岳阳楼院内临湖五坪台的怀甫亭北面檐下，樟木质，"怀甫亭"三字苍劲古朴。

晗为清华大学题写的"晗亭"等都属此类,这些匾额都是教育后辈的活教材。

● "怀甫亭"匾额

● "永矢不忘"匾额

现存于大连市旅顺口区万忠墓纪念馆的一块"永矢不忘"大匾,是1894年中日甲午战争中日本侵略者屠杀2万旅顺人民罪行的佐证,告诫人们永远不要忘记帝国主义的侵略罪行。这块匾额对于为他们罪行翻案的日本少数军国主义分子是个有力的回击。

下图是邓小平同志题写的石匾"侵华日军南京大屠杀遇难同胞纪念馆"。勿忘国耻,铭记历史,不是为了记住仇恨,而是为了让历史不再重演。在这里,匾额发挥着纪念功能,也成为历史的铁证。

这两块匾额教育一代又一代军民,铭记历史,不忘初心,接续奋斗,强国强军,用行动避免历史悲剧重演。

●"侵华日军南京大屠杀遇难同胞纪念馆"匾额

四、教育引导，预防监督，营造政治生态

那些历经几百年风雨的建筑物所铭刻的大字匾额，时至今日仍然起着教化作用。

（一）官署

在清代，地方上的总督署、巡抚的官署、衙门也常有御赐的匾额。有的是对官员的期许，如多个总督署都挂有康熙御赐的"清慎勤"匾额；有的是对该地方的赞美，如吉林将军署"天江锁钥"匾；有的是对地方政权机关提出的要求，如雍正给直隶总督的御匾"恪恭首牧"。不管是期许、赞美、要求，或教育引导，或警示提醒，或预防监督，或勉励兴邦，旨在营造全国上下政令畅通的良好的政治生态。

●"清慎勤"匾额

皇帝题字赐匾给具有高尚品质的官员，不一定是一对一的御赐，也有很多官员共同拥有皇帝题写的御赐匾文。根据清代

● "恪恭首牧" 匾额

王士禛所著《池北偶谈》的记载，康熙二十一年（1682年），广西巡抚郝浴上疏康熙帝，请求颁赐御笔"清慎勤"三个字以示勉励。康熙将郝浴的奏疏下发到有关部门合议，同意了郝浴的奏请。于是，康熙皇帝采纳了郝浴的建议，亲自题写了"清慎勤"三个大字。并命人制成多块匾额，派遣使节将这些"清慎勤"匾额分赐给全国各省督抚。这以后，京畿与各地衙门都将"清慎勤"三字仿照原匾制成新匾悬挂。清、慎、勤这三个字出自西晋晋武帝司马炎之父、三国时魏国权臣司马昭。他说道："为官长当清、当慎、当勤，修此三者，何患不治乎？"大意就是做官应当清廉、谨慎、勤勉，只要具备了这三种品质，哪里需要担心辖区治理不好呢？康熙帝自然是以匾额教育引导大家自觉养成清、慎、勤的为官之道。

（二）书院

岳麓书院讲堂蕴含教育思想的三块匾额是"实事求是""学达性天""道南正脉"。

"实事求是"是一句古语，最早见于《汉书·河间献王刘德传》。刘德好学，博览群书，酷爱藏书。在阅读中，他掌握了一些事理的事实依据，从而推导出正确结论。后来，东汉史学家、文学家班固在撰写《汉书》时，专门为刘德写了传记《河间献王传》,高度评价了刘德的研究精神,称其"修学好古,实事求是"。成语"实事求是"便由此而来。"实事求是"匾为民国初期湖南工专迁入岳麓书院办学时校长宾步程撰写,作为校训制匾于此,旨在教育学生从事实出发,崇尚科学、追求真理。

● "实事求是"匾额

"学达性天"匾是康熙皇帝1686年赐给岳麓书院的匾额,主要表彰岳麓书院对于传承理学、培养人才的贡献,勉励书院培养有道德品性的人才,告诫学子大力张扬理学、加强自身修养。"学达"出自《论语》里的"下学而上达",意在通过"下学人事"而"上达天理";"性天"出自《中庸》里的"天命之谓性,率性之谓道,修道之谓教",意在学习修养品性,使"性"与"天"齐,塑造"内圣外王"的理想人格。

● "学达性天"匾额

"道南正脉"匾是乾隆皇帝为表彰岳麓书院传播理学的功绩所赐,"道南正脉"是乾隆皇帝对岳麓书院传播理学的最高评价,表明了岳麓书院在中国理学传播史上的重要地位,同样,这块

匾额在书院里发挥着教育引导的作用。

● "道南正脉"匾额

（三）牌坊

牌坊在周朝的时候被称为"衡门"，又名牌楼，为门洞式纪念性建筑物。用于做礼教、作山门（入口）、标地名、祭祖宗。建牌坊的程序是由地方申报给朝廷，获准后赐以匾额，或由官府、或由自家来建设牌坊。按照建造意图划分，牌坊可分为六类。

庙宇坊，如邹城孟庙棂星门。

功德牌坊，为某人记功记德；如山东省桓台县新城镇"四世宫保"牌坊，是明朝万历皇帝为当时新城人兵部尚书王象乾所建。

百岁坊（也称百寿坊），如山东滕州市韩楼百寿坊、安徽泾县九峰村百岁坊。

节孝坊，多表彰节妇烈女、孝子孝女。

陵墓坊，立在帝王将相陵墓前，一般为石制，如绍兴市大禹陵牌坊和南通市唐骆宾王墓道坊。

标志坊，当代城市建设中的牌坊，多数被用作具有传统特色的标志物，建于旅游景区或社区街道入口和其他显眼位置，虽然新建的牌坊有不少作品粗制滥造、比例失调，甚至匾额大字的字体是丑陋的电脑体，但是，也不乏精美壮观的成功之作，如山东邹城"孟子故里"牌坊。

许国石坊,又名大学士坊,俗称"八脚牌楼",被誉为"东方的凯旋门"。位于安徽省黄山市歙县城内阳和门东侧,跨街而立。南北长11.54米,东西宽6.77米,高11.4米,立于明万历十二年(1584年)十月。为旌表明少保兼太子太保、礼部尚书、武英殿大学士许国而建。坊上镌有"恩荣""先学后臣""上台元老""大学士""少保兼太子太保礼部尚书武英殿大学士许国"等匾额,字为馆阁体,明书法家董其昌书刻。"先学后臣"明指读书做官,它告诉人们:大学士许国是科班出身,是凭借才干和智谋而成为国家重臣的。

●许国石坊

百狮坊也叫张家牌坊,位于山东单县,建于1778年,全石结构,高14米,宽9米,为四柱三间五楼式,正间单檐、次间重檐,斗拱交错,戏角起翘,通体镌刻。牌坊中间为正门,两边各有一个侧门。牌坊的八根柱子雕有一百多个大小、神态各异的狮子,大狮子神态威严,每个大狮子身上又攀附着五个小狮子,有的自娱自乐,有的相互嬉戏,大狮子下面的小狮子那缩头伸腿而奋力支撑的样子,栩栩如生。横梁和立柱上都通体镂空雕刻着形象逼真的龙，无论是龙眼、龙牙、龙须、龙鳞，都雕刻得活灵活现。中间横梁整体雕刻了 18 朵牡丹，每朵都惟妙惟肖、富贵溢香，瓣、蕊、枝、叶都是立体镂空雕刻出来的，极其精美。中间镌刻着三个正楷大字"节孝坊"，仔细辨认，字上隐约还有涂金痕迹，可见当时此匾额的显赫地位以及教育引导大家做到贞节和孝顺的主旨意义。

●百狮坊

由于各地区民俗风情、经济发达程度、气候情况、建筑材料等条件不同，牌坊在全国各地的分布很不均衡，多有差异。山东邹城"孟子故里"牌坊，为当代作品。占用土地不多，但形制豪华大气、精美壮观。但有些坊柱上的镌刻内容不是楹联，只能称为标语。这就大煞风景了，有辱传统文化之嫌。如下图"继往开来共谱华章；与时俱进开拓创新"和"承古训扬新风彰德怀仁乡；倚郁山临涧水毓秀钟灵地"。此外，古建筑、仿古建筑上面的匾额、楹联书法用字都不能使用当今的电脑体字。如果有，应整改。

● "孟子故里" 牌坊

● 坊柱上镌刻的标语

（四）民间

到明清及其以后时期，官方匾额体系庞大，主要作用与统治政权、治理国家相关。其实，民间匾额也体现出浓重的宣传、协调、教化功能。在官方的准许下，匾额之风在民间盛行，经久不衰。民间匾额除标识名称外，大量的匾额均以崇尚传统美德、赞颂良好品行、引导忠厚传家为主，这实际上就是民间的教育引导、监督预防。

"北京高碑店科举匾额博物馆珍存着明代洪武皇帝朱元璋的圣御匾'孝顺父母，尊敬长上，和睦乡里。教训子孙，各安生理，毋作非为'，言简意赅，朗朗上口，可谓明初妇孺皆知的治家名言、立身之本，也是国家对小家庭量体裁衣的道德标准。"[1]

保存在福建省漳平市新兴堂的清代朱阳书匾"清白有声"，明代大书画家、文学家徐渭自题匾"一尘不到"等，言简意赅地表明了他们倔强孤高、不愿与封建权贵妥协的高贵品质。

● "清白有声"匾额

还比如匾额"祖德流芳"，位于福建省厦门市海沧区新垵邱氏诒谷堂内。它旨在标榜家族先辈的品德，引导、鞭策后人继承先辈的德才、传统，世代修业传家。

● "祖德流芳"匾额

五、歌功颂德，旌表褒赏，提高政治声誉

歌功颂德、旌表褒赏而赠送匾额，这是中国特有的奖励方式。这类政治匾额还常用来激发忠诚之心和鼓舞担当之气，用于褒奖政府官员、军事将领和普通公民，以歌颂、奖励他们的德或绩；这些匾额激励人们崇尚和珍惜荣誉，视荣誉为生命，更好地为

---

[1] 曹彦生．中国匾额保护与文化传承论文集[M]．北京：中国社会科学出版社，2018：2.

国家和政府服务,从而提高全国和地方的政治声誉。

(一)歌功颂德

在我国的匾额中,不少是专为帝王歌功颂德的[1]。比如慈禧所书的颐和园道存斋的匾额"膏泽应时",意指帝王恩泽如及时雨。语出宋代诗人裴湘的《和气致祥诗》:"卿云呈瑞早,膏泽应时多。"还有慈禧所书的"恩风长扇"匾额,都是在自我歌颂。

● "膏泽应时"匾额

● "恩风长扇"匾额

光绪御笔"润璧怀山"蝠式匾,位于颐和园乐寿堂东配殿,匾文意即"山因蕴藏美玉而生辉"。在慈禧太后居住的乐寿堂,"润璧"还是在歌功颂德,夸赞帝后的仁德。

● "润璧怀山"蝠式匾

(二)褒赏政绩

过去,那些政治规范政绩显著者,多被赏以匾额。故宫里面的匾额多数是由皇帝书写的,少数是由知名臣僚们所题。匾文大都是歌颂、祝福类的。一些出自大臣之手的匾额,比如陆润庠、潘祖荫、张百熙、袁励准、徐郙等,匾文基本上是歌功

---

[1] 林声. 中国匾文化初探[J]. 社会科学辑刊,1995(6):120-126.

颂德，不敢或根本没有体现个人思想，体现的主要是书法技艺。

● "正谊明道"乾隆御笔匾

《国朝宫史续编》记载："漱芳斋斋中悬高宗纯皇帝御笔扁曰：'正谊明道。'"这块"正谊明道"乾隆御笔匾，"谊"字上面缺"点"笔，"明"字左边多"横"笔，极具特色。解说各有版本。"正谊明道"来源于《汉书·董仲舒传》中记载的"夫仁人者，正其谊不谋其利，明其道不计其功"。指做人做事要义正道明，要合于道德规范，不要计较眼前的功利，不谋私[1]。从董仲舒本义出发，经过班固（删减、润色[2]）、朱熹以及当今很多学者的阐释、创造、创新、转化，赋予了新的内容，增加了新的价值意义。

董仲舒"正其谊不谋其利，明其道不计其功"的主张和家训，后来被朱熹列入白鹿洞书院教规之中，成为教育后人的准则。在当代，有些人一味谋求私利，追求物质利益的享受，丧失了理想信念，"三观"不正，精神空虚，最终走入歧途；有一些人高官厚禄、荣华富贵，却不坚守正义，不弘扬正道，不遵守党纪国法，不坚持核心价值观，成为国家民族的败类。董仲舒"正谊明道"的思想，在物质极大丰富的今天，在崇廉尚德教育活动中，对于正确看待义利关系，正风肃纪，正本清源，树立正确的世界观、价值观、人生观，培育和践行社会主义核心价值

---

[1] 秦进才. 正谊明道与董仲舒义利观关系新探[J]. 衡水学院学报，2023，25（3）：10-27，63.

[2] 秦进才. 正谊明道与董仲舒义利观关系新探[J]. 衡水学院学报，2023，25（3）：10-27，63.

观体系，具有重要的现实指导作用。

在泉州安溪，有这么一位历史人物，康熙评价他"谨慎清勤，始终一节，学问渊博"，雍正赞扬他"卓然一代之完人"。他，就是一代名相李光地。李光地(1642—1718年)，字晋卿，号厚庵，别号榕村。泉州安溪湖头人，康熙九年（1670年）中进士，历任翰林院编修、直隶巡抚、吏部尚书、文渊阁大学士等职，勤恳从政三受御匾，为官四十八载，李光地始终清廉为官，秉持大义，公忠体国，勤政爱民。早年，他积极配合清廷平定福建耿精忠、郑经之兵乱，以全家性命保荐施琅领兵收复台湾；中年，他用心辅佐政务，特别关心民众疾苦，发展生产，兴修水利，政绩突出；晚年，他又为国家扭转财政亏空，在清除考试积弊、育才举贤等方面鞠躬尽瘁。为表彰李光地治河功绩，康熙御书"夙志澄清"匾额赠之；12年后，康熙再赐其"夹辅高风"御匾；两年后，康熙在热河又赐其"谟明弼谐"御匾。

● "夙志澄清"匾额

● "夹辅高风"匾额

● "谟明弼谐"御匾

除了皇帝御赐匾额褒奖，还有上级领导题写匾额表彰下级的政绩的。比如，汪廷栋（1830—1909年），字容甫，号芸甫，生于歙县瞻淇村一个文化世家。他自幼聪慧，对数学和舆地、测绘均有研究。壮年正逢咸同兵燹祸及徽州，他的弟、妻、子相继而殁，孑然一身十分窘困。1863年，经人举荐入左宗棠部浙江按察使刘典幕，从此随左部而浙而闽、而入陕甘。1879年，汪廷栋署甘肃河州知州，摄篆河州七年，至1886年，在卸任河州、奉调沈阳之际，为表彰他治理黄河、湟水，兴修水利，开发河州之功，在闽浙总督杨昌浚为之请立"泽洽河湟"匾，此匾现在被汪廷栋后人捐献给歙县博物馆收藏。

● "泽洽河湟"匾额

在明清时代，颁发匾额作为皇室以及官府的一种表彰方式，逐渐演变成为一种制度和礼俗，担负起规范礼仪的作用。清朝律例还规定，各级政府都可以以颁发匾额的方式，对进士及第、孝子节妇和有贡献的人，进行表彰激励、宣传推广。匾文为"武魁"。

● "武魁"匾额

（三）奉旨旌表

在封建社会,那些维护封建伦理道德的人士,多被赏以匾额,很多是奉旨旌表。再如明代祝允明题写的"母节子孝"匾,这些匾额大多四周边框上雕饰具有特定象征意义的花纹,有的还镶嵌珠玉,极尽华丽之能事,以与民间常见匾额不同的外形装饰工艺来宣扬匾额的特殊社会地位。

● "奉旨旌表"匾额　　● "奉旨旌表节孝"匾额

● "母节子孝"匾额

该"母节子孝"匾在广东省兴宁市黄陂镇古村的中山公祠的正门横梁上,这是为当地的石家媳妇刘氏和其儿子石介夫所题。此匾额是一方长2米、高0.8米、字径0.4米的红地金字木质匾额,匾文为明代"吴中四才子"之一祝允明于1519年所写,匾额的四边边框装饰有金龙盘云纹。匾额中间的"母节子孝"几个大字,是以楷体字书写,用笔矜贵,格韵劲练兼胜,雍和之气逼人,是祝允明书法艺术的难得之作。

贞节贤孝类匾额主要是用来赞颂女性或者表彰烈女节妇的,

它们主要针对的对象是古时能够做到坚贞不二、从一而终，或者贤惠而又孝顺的女性。

（四）弘扬正气

在封建社会，获得官府或百姓的扁表是一种很高的荣誉，其中对真正维护民族利益、为民伸张正义之人的表彰，也大有人在。据传，老百姓曾制作一块"海青天"的匾额赠予海瑞。

北京文丞相祠内供奉文天祥彩塑坐像的享堂内正中正上悬匾"古谊忠肝"，是当代著名书法家刘炳森的楷书。落款"府尹吉梦熊敬书，壬午刘炳森重书"。享堂内顶四周均有横匾额，东侧"有宋存焉"，上款"道光辛丑闰三月"，下款"邑后学黄赞汤谨题"。西侧"天地正气"，上款"同治五年丙寅仲夏月"，下款"礼部尚书兼管顺天府府尹万青藜，顺天府府尹卞宝第谨立，壬午年金运昌重书"。南侧"秉德无私"，上款"丙子吉旦"，下款署"文怀沙"三字。享堂外大门上镌刻匾额"万古纲常"，匾额上款"康熙岁次癸未中秋望日穀旦"，下款"顺天府尹加一级钱晋锡敬立"。

● "古谊忠肝"匾额

（五）人民至上、团结奋斗

我国古代和当代，对有功于人民者或是人格品行为世人所仰慕者多以匾额述其业绩懿行，这种以示褒奖的匾额，称为功德声望匾额。如"名垂宇宙""望重闾里""桃李满园""人民至上""生命至上""团结奋斗"等。下图为果亲王允礼为纪念三国名相的武侯祠大殿正中题匾"名垂宇宙"。

●享堂内景

●"有宋存焉"匾额

●"天地正气"匾额

●"秉德无私"匾额

●"万古纲常"匾额

●"名垂宇宙"匾额

匾额记录了一段历史，也反映了时代的变迁。我国20世纪50年代至70年代的门匾大多是勤俭持家、耕读传家、自力更生、艰苦奋斗、劳动光荣、厚德载物等。改革开放后，农村面貌发生了翻天覆地的变化，尤其是21世纪，农民建新房的热情高涨。这时，农村的门匾已经没有木头的了。大多数房屋的门都是闪亮的朱红色铁门，门匾也镶嵌着精致美观的瓷砖，看起来既宏伟又庄严大方。门匾内容包括家和万事兴、改革开放、惠风和畅、人杰地灵等，内容更加丰富。

第三节 文化类匾额

匾额在中国的文化传统中扮演着重要的角色，不仅标识文化场所，还传达文化价值观念。匾额作为一种独特的文化现象，不仅让人丰富知识、增强文化底蕴，而且还能启迪心灵、陶冶情操。匾额讲究文采、意境和书法艺术，寥寥几个字就表达了题匾者的文化底蕴、文学修养，集中表现了我国传统文化所提倡的价值观和审美观，高度表明了当时的政治制度、组织人事制度等信息，具有较高的文学价值、史学价值和美学价值。

一、文学价值

"匾额，是我们伟大祖国的一种独特的文学艺术形式。其语言简练，寓意深长，文采激扬，趣意盎然，是绽开在中国文化园地中的一朵奇葩，民族文化的一种标志。"[1] 这其中，表明了匾的文化特征：语言简练、寓意深长、文采激扬、趣意盎然。具体表现在匾文的遣词造句、书斋的寄寓明志、老字号的信义秉承等方面。

---

[1] 林声. 中华名匾[M]. 沈阳：辽宁人民出版社，1992：序1.

（一）匾文的遣词造句

匾额上的文字反映了中国文学的精华，匾额的文学价值重点体现在对匾文的遣词造句、铸句凝典上。

古人对题写匾额非常讲究[1]。我国古代文学讲究言简意赅，这点影响了匾文的创作，要求用寥寥数字表达博大情怀，可谓字字珠玑。在匾文的创意、撰写过程中，无论是将长文凝练为短句，还是把字词升华为佳句，还有上下款的书写位置、字的大小等诸多方面，创作者都需要下狠功夫。基于此，许多名人的传世匾额佳作，为中华文学增色不少。

匾名中，从字数来讲，堂号匾多为三字，其他匾名多为四字，偶见两字或一字。四字以上的有，但不多见。

撰写匾文，除了字数，还讲究含蓄和创新，追求高雅而不粗俗、夸赞而不阿谀，让受匾者坦然笑纳。送匾的人会针对受匾人的情况，认真遣词造句，恰到好处地祝贺、恭维受匾人。题匾人为显示其文学造诣深，常常需要引用典故。比如，祝寿时用匾文"椿萱并茂"，出自《庄子·逍遥游》，椿树指父亲，萱草指母亲。"椿萱并茂"意思是指椿树和萱草都茂盛，比喻父母都健康。再比如，重庆市湖广会馆藏的"君子攸芋"匾，出自《诗·小雅·斯干》，说明送匾人的文学素养非常深。

乾隆十六年（1751年）一个冬日，为鼓励贡生吴晋峰，福建承宣布政使司布政使顾济美挥毫题写了"词峰倚剑"四

---

[1] 李渔在《闲情偶寄》中说："堂联斋匾，非有成规。不过前人赠人以言，多则书于卷轴，少则挥诸扇头；若止一二字、三四字，以及偶语一联，因其太少也，便面难书，方策不满，不得已而大书于木。彼受之者，因其坚巨难藏，不便纳之笥中，欲举以示人，又不便出诸怀袖，亦不得已而悬之中堂，使人共见。此当日作始者偶然为之，非有成格定制，画一而不可移也。讵料一人为之，千人万人效之，自昔徂今，莫知稍变。"

个大字，气势高昂，炼字入妙。吴晋峰的名字中有一个"峰"字，顾济美巧妙地将之嵌进匾名"词峰"。"倚剑"见于多首古诗中，如唐代李白的《发白马》中的"倚剑登燕然，边烽列嵯峨"。词峰倚剑，意境盎然。可以想象，贡生吴晋峰面对此匾，怎能不发愤图强？

  匾额"渤水蜚英"，系纪晓岚的真笔题字，位于福建省龙岩市连城县培田村的一座古名居中。匾额上款为："提督福建学院翰林院编修加三级纪昀。"匾额下款为："乾隆二十八年题。"纪晓岚这是为培田村吴姓家族而题。据考，时任福建学政的纪晓岚离开省城去汀州（今长汀县）巡察主考。而培田村，就是古时官道上的一个重要驿站。培田村全村姓吴，此吴姓家族郡望是渤海郡。纪晓岚听闻培田村重教化，尊文墨，先后有不少人通过科举考试，金榜题名。他便到村中详察细访，从早到晚，培田民居内都会传出琅琅书声，还有那缕缕墨香。一番考察后，纪晓岚为培田尊文墨的耕读风俗所钦佩，铺纸蘸墨，飒飒写下"渤水蜚英"的赞语。纪晓岚用"渤水"代渤海，代指吴姓；"蜚英"，即赞誉此村重学兴文，英才辈出。"渤水蜚英"四个字化实为虚，让我们"仿佛看到，一片浩淼的水面上，花瓣片片飘飞，意境何等之美，表意何等妥帖！"[1]纪晓岚的遣词造句功夫可见一斑。

● "渤水蜚英" 匾额

---

[1] 曹彦生. 中国匾额保护与文化传承论文集[M]. 北京：中国社会科学出版社，2018：272.

不同类型的匾额,其在文字上的遣词造句往往要与匾额发挥的功能相互呼应。若是题字内容不能彰显匾额的作用,那匾额也就失去了很大一部分价值。比如官府、统治者要宣扬伦理道德,就会借助给贞节烈女、孝子义士颁发匾额的形式。这样的匾额用词就不能太过深奥,否则百姓不懂其意就达不到宣传的效果。因此,需用很直接的词语,如"节孝""义士"等,简单而有力,使人对所要表彰宣扬的内容一目了然。园林中的匾额,主文要与周围的风景相呼应,做到情景交融,以景抒情。西湖、颐和园等很多匾额就是如此。引用诗句、典故恰当,运用简洁的文字达到点景抒情的作用。商家的匾额即店招店牌,面向大众,就不要用生僻的典故,不能用晦涩难懂的字词,常用容易理解的吉利字眼。书斋的匾额,那些文人骚客题写时多用典故,其中文化功底差的还不能解其意。比如"陆橘孔梨",若是不懂得其中的典故,便不懂得此匾为何而写,有何意图。陆橘,典出《二十四孝·怀橘遗亲》,陆绩六岁时,拜见袁术,袁术拿出橘子款待他,陆绩就将两个橘子揣在怀里。在拜辞袁术时,橘子堕地。袁术问他为什么怀揣橘子,陆绩跪答道:"我的母亲很疼爱我,我想把橘子拿回去孝敬母亲。"而孔梨,典出孔融让梨。此匾旨在赞颂受匾者孝顺父母、友爱兄弟。

诚然,匾文内容体现了中国传统文学的瑰丽和文学艺术,为文化传承和文学研究提供了重要的资料和素材,同时也为社会传递着积极的文化价值观念。

(二)书斋的寄寓明志

书斋相对而言比较私密,里面的匾额大多数是在用来寄寓明志的,体现主人高洁的品质或者修身自勉的志趣。比如清代协办大学士陈大受的"安敦堂",林则徐的"制怒"匾额,郑板桥的"难得糊涂""吃亏是福"两块匾额,还有"树德堂""海涵堂""裕后堂"等,或明志或自勉或警喻。

(三)老字号的信义秉承

"中华老字号"具有悠久的历史,是在我国数千年的工商业发展历程中培育而成的"金字招牌",拥有累代传承的独特的技术、产品和服务,包含着爱国、诚信、契约、品质、坚守、匠心、专注、创新等许多中华优秀传统文化基因,其价值主要体现在信义秉承。老字号秉承着中国传统文化中的诚信至上、以德为先、开拓进取、爱岗敬业等方面的精神,承载着城市的印记,记录着人们对生活的理解,让"信义"成为老字号的代名词。信义文化散发着独特魅力与深远影响力,彰显了老字号文化的精髓,即信义为本的诚信精神、开拓进取的创新精神、和衷共济的团队精神、务实经营的济民精神。

如前文所述,"西安饭庄"这样的中华老字号,作为中华优秀传统文化的"活文物",是时代的记忆、城市的名片,更是中华大地的文化软实力。中华老字号在创新发展中创造的社会价值,生动展现了各地传承发展中华优秀传统文化的积极实践,是我们学习优秀传统文化的重要部分。

二、史学价值

匾额"向人们显示了历代文风、时政、地理、历史以及文字和书法艺术的变迁,成为今天我们研究民族文化发展的实物例证"[1]。匾额的史学价值体现在关系上,以及关系的勘察、改善上。

---

[1] 林声. 中华名匾 [M]. 沈阳:辽宁人民出版社,1992:序1.

(一) 勘察关系

在人际交往中，匾文的内容具有史学价值。存世的匾额大部分出自名人、世家、高官、贵族乃至皇亲、国戚，让史学家有了从匾文化中勘察历史的蛛丝马迹的可能。例如匾是谁送的、送给谁、为什么而送，其书法风格如何等，这些问题可以挖掘、复原一段段历史。对民间而言，同样可以探索寻常百姓的风土民情、礼制等级和社会习俗。从款识中的人物、职位、称呼、记事，匾文中的遣词造句里，史学家能找出有价值的东西。

(二) 改善关系

明、清时期中央王朝赐予西藏、甘肃、青海等地藏传佛教寺院匾额，就标志着该寺院服从中央王朝的管理。比如，明洪武二十七年（1394年）敕赐位于青海省西宁市的大佛寺"宁番"匾额，明代朝廷为位于青海民和县的弘化寺敕赐"永垂福庇"木匾，清顺治年间朝廷为民和县的弘善寺赐"敕建弘善寺"匾额。再比如，北京市西城区阜成门大街25号有一座寺庙，经金、元、明、清多次修缮，至今完好，寺内中间一座拱门上有"敕建弘慈广济寺"石匾，边框浮雕10条游龙，石青地金字，其字刚柔并济，气韵生动，大有王献之书风，匾正中上方钤印"康熙御笔之宝"玺。

● "敕建弘慈广济寺"石匾

这些受赐匾额的寺院大多为当时该地区的中心寺院，建筑规模大、寺僧人数多、属寺覆盖广，在当地群众中颇有影响。

中央王朝通过御赐寺匾、供养寺僧等措施与宗教上层人士加强联系，实行因俗而治、优礼上层的策略，大力扶持和提高寺院的政治地位、社会威望和经济实力，让广大信教群众服从朝廷管理，以维护边疆稳定和民族团结。从实际效果看，敕赐匾额确实达到了改善和加强藏传佛教寺院和蒙藏信徒与中央王朝的关系。

从以上史料可知，明清时期，由于中央王朝采取怀柔政策，宗教上层领袖人物与朝廷的关系总体而言是和谐融洽的，这使得中央王朝对藏传佛教地区最终实现了有效统治。

三、美学价值

（一）艺术视觉的审美

匾额的设计和书法呈现出艺术家的创意和审美眼光，其造型、字体、排列方式、颜色和装饰元素都可以增加匾额的艺术美感。匾额的美学价值在于它吸引观众的眼球，营造出独特的视觉效果。

匾额的造型可谓丰富多彩，除常见的矩形、长条形外，还有椭圆形、扇形、蝶形、菱形等，它们往往根据建筑物的大小、外观和布局设定，并与建筑物融为一体，成了传统建筑文化不可或缺的组成部分。与此相对应的还有匾牌的修饰，它包含了色彩、雕镂、髹漆等工艺，在实施这些复杂、精细工艺的过程中，匠人们的价值得到了艺术的体现。一般来说，工匠们会在匾四边框阳雕纹饰：四角及下边框正中各刻一只蝙蝠，上边框正中刻一"寿"字吉祥符号，寓意"五福捧寿"；还有的会在匾框上下中部雕一"寿"字纹，上下"寿"字左右雕对称灵芝、弓身顾首龙，框左右亦各雕一相同的灵芝、祥龙图案，喻"六龙拱寿"。但中国的匾额通常追求的是一种表现古朴而庄重、豪华而不艳丽的审美形式,如木质漆饰、木质浮雕、大字鎏金或贴金等,而少有过分的雕琢与修饰。

（二）传统文化的体现

匾额承载了中国传统文化的元素,匾文的内容就是这些宇宙观、天下观、社会观、道德观的高度概括和直接呈现。

（三）文字与图案的结合

匾额融合了文字和图案,使它们成为一种独特的艺术品。文字的书写及排列方式与图案的搭配可以营造出和谐的整体效果。

文字和图案之间的互动增加了匾额的美学价值,使其更加引人注目。

（四）鉴赏价值的再现

匾额包括书法、绘画、文学和文化符号。这些元素丰富了匾额的文化内涵,也为观众提供了文化的观赏和体验。

匾额上的书法和绘画可以展示中国传统艺术的魅力,同时也是中国传统文化的载体。匾额常常被悬挂在重要场所,供人鉴赏。它们的视觉效果和装饰性质使其成为文化艺术品的一种。

匾额可以通过其美学价值来吸引观众,让他们欣赏、思考和沉浸在艺术的世界中。一个建筑物上挂一块匾额,如同画龙点睛,增加建筑的美感。

（五）制作和书写艺术的传承

匾额的制作传统承载着中国的艺术传承。书法家和匾额制作工匠通过不断的练习和创新,传承和发展着匾额的艺术。匾额是中国书法艺术至关重要的载体之一,如果没有书法,就无法制作一块精彩出色的匾额。如果把不同时期、不同书体、不同匾额上的文字集结、汇编成册,无疑是一部不可多得、蔚然大观的书法精品。这对于书法爱好者和研究者来说,都具有较高的学习借鉴、欣赏和研究价值。

匾额的美学价值反映了中国艺术传统的生命力和创造力。综合来看,匾额具有丰富的美学价值,这包括了艺术审美、传统文化体现、文字与图案的结合、观赏性和艺术传承。匾额作为一种艺术品,不仅在中华文化中扮演着重要的角色,也为观众提供了欣赏、思考和体验艺术的机会。它代表了中国传统文化的魅力和美感,同时也传承和发展着中国艺术传统,展现了中国艺术的多样性和创造力。

第四节　社会类匾额

自己悬挂、上级所赐、下属敬献、常人互送匾额,这一上一下、一送一迎的方式体现出客观存在的社会关系。社会类匾额涵盖了教育机构、院校堂馆、府第民居、园林庙宇等领域的匾额,它们在社会中具有多重功能和价值。

一、彰显教育先行

教育在我国历史上有着非常重要的地位。中国古代,有了文字自然会有专门传授和学习知识的机构,这就是学校。学校的最初萌芽称为"成均"。《孟子·滕文公章句上》:"夏曰校,殷曰序,周曰庠。"到了夏代,则有了正式以教为主的学校,称为"校";到了商朝称为"序";到了周朝称为"庠"。古人常以"庠序"泛指学校或教育事业。近代以前,我国的教育机构除了官办的太学、国子监、文庙、书院等,还有民办的书院、私塾等,主要是围绕科举考试而教和学。

明清时习惯叫"文庙"的地方很多，往往特指与地方官学联结成一体的孔庙。分布于全国各地，至今保存尚好的孔庙还有数百座。唐太宗李世民贞观四年（630年）"诏州、县学皆作孔子庙"[1]，随后全国各地应诏建立孔子庙，继而"庙学合一"制度在全国推广、铺展，到明清时期全国各府州县均设立各级官学并伴建孔庙，同时一些书院、社学、私塾也设庙供奉孔子，这种将教学、考试与祭孔、拜孔联结在一起的做法，是中国步入现代以前的一项基本情况，也是中国传统社会非常醒目的一个特点。千百年来遍布各地的孔庙是儒学教育的重要据点，是儒教信教的重要策源地和演练场，是为士人实现儒家理想提供精神动力的重要载体。

因为教育为先的重要性，所以教育类匾额有很多。康熙时期的御赐匾额就有：康熙二十五年（1686年）为江西白鹿洞书院、湖南岳麓书院题写"学达性天"匾额；康熙三十三（1694年）年为河南开封游梁书院题写"昌明仁义"匾额；康熙四十二年（1703年）为云南昆明书院题写"育才"匾额，同年为山东历城白雪书院题写"学宗洙泗"匾额；康熙四十四年（1705年）为苏州文正书院题写"济时良相"匾额，同年为杭州崇文书院题写"正学阐教"匾额；康熙五十五年（1716年）为杭州敷文书院题写"浙水敷文"匾额，同年为福州鳌峰书院题写"三山养秀"匾额，同年为福建尤溪南溪书院题写"文山毓哲"匾额；康熙五十六年（1717年）为江西铅山鹅湖书院题写"穷理居敬"匾额；康熙五十八年（1719年）为河南开封大梁书院题写"两

---

[1] 宋祁、欧阳修、范镇，等. 新唐书 [M]. 罗言发，译. 北京：中华书局，2011：373.

河文教"匾额等[1]。

北京孔庙大成殿内外共悬有10块清代皇帝御赐匾额：殿外2块，为康熙帝的匾额"大成殿""万世师表"；殿内8块，分别是雍正帝的匾额"生民未有"，乾隆帝的匾额"与天地参"，嘉庆皇帝的匾额"圣集大成"，道光帝的匾额"圣协时中"，咸丰帝的匾额"德齐帱载"，同治帝的匾额"圣神天纵"，光绪帝的匾额"斯文在兹"，宣统皇帝的匾额"中和位育"。

除北京孔庙（文庙）之外，全国各地的文庙也大同小异，这类匾额主要起树立模范、教化后人的作用。以位于山东曲阜的孔庙为例，里面悬挂着许多匾额，文字简练意深，书法精彩纷呈，教育意义明显。曲阜文庙大成殿内集合了康熙至同治八代皇帝御笔题写的10方匾额，依次为：康熙帝的"万世师表"，雍正帝的"生民未有"，乾隆帝的匾额"与天地参""时中立极""化成悠久"，嘉庆帝的匾额"圣集大成"，道光帝的匾额"圣协时中"，咸丰帝的匾额"德齐帱载"，同治帝的匾额"圣神天纵"，光绪帝的匾额"斯文在兹"。

● 曲阜文庙大成殿内的匾额

各个历史时期、各级政府都坚持优先发展教育，通过匾额来赞美、鼓励更多人为社会文化和教育事业作出贡献，面向全

---

[1] 姜胜利. 清史纪事本末：第3卷　康熙朝[M]. 上海：上海大学出版社，2006：884-891.

国大众褒奖激励创办学校的例子就很多。民国大总统黎元洪为情系职业教育的宋氏人家题匾"敬教劝学"[1],上款书"大总统题给";下款书"江苏川沙女士宋冯氏,中华民国十一年七月"。其为乡绅赵秉明也题写了一样的匾,只是下款书"山西灵石县绅赵秉明,中华民国十一年七月"。二匾的书手是同一人,作品差不多;刻手不是同一人,风格有区别。

● "敬教劝学"匾额

● "敬教劝学"题字

　　河北遵化徐步朝创办两座民办初级小学校,知州岳龄赠匾额曰"敬教劝学"。湖南怀化洪江的民营企业家"桐油大王"刘岐山,因捐资办学有功,两次获得政府的嘉奖,并获颁"敬教劝学"匾额。《乾县志》记载,黄金秀,字文轩,乾县姜村神坊人,生卒不详。1915年他借本村兴教寺址,创建私立务本高级小学。因他克己爱人,热心教育,终生办学,勤勉不息,国民政府教育部特奖三等褒状,并授予"敬教劝学"匾额。谢世后,学生记《言行录》一册,并于私立务本高级小学内,立黄老夫子德教碑,以记其事。[2]

---

[1] 目前藏于浦东新区唐镇一心村的培德堂。
[2] 乾县县志编纂委员会. 乾县志 [M]. 西安:陕西人民出版社,2003:873.

二、强化社会治理

社会治理体系是国家治理体系的主要组成部分，是国家治理的重要基础。匾额在进一步健全社会治理制度、导引建筑物方位等方面发挥疏导和价值引领作用。

（一）建筑物的名称标识、方位导引

在中国的宫殿、楼阁、寺观、祠庙、书院、会馆、店铺、宅第以及园林等各类建筑物上，匾额常常为其命名、标识，导引地理位置，方便人们识别、进入。帝王宫室都是数以千百计的庞大建筑群，为了准确说明建筑物的方位，就更应该给以标名。夏商周时期宫殿名称常常是两个字（如鹿台），秦汉时代多用三个字（如灵波殿、长杨榭），最后一字用来说明建筑的形式。这种命名方式为后代所传承，成为主要题名标识，如江西省南昌市的"滕王阁"、重庆主城区的"瞰胜楼""鸿恩阁"等。但唐玄宗在兴庆宫的建筑题名中用了五个字，如"勤政务本楼"。清雍正皇帝在园林建筑中用四个字题名，如圆明园中的四字匾"万方安和"，以及颐和园内乾隆题字的七字匾"山色湖光共一楼"[1]。

● "山色湖光共一楼"匾额

私家园林中的建筑题名的堂、阁、观等，表达建筑的景致和园主的志趣。祠堂正厅也有悬挂堂匾的，如"积德堂"，用以告诫后代。一般民宅的匾额悬于室内作堂匾，如"明德修身"

---

[1] 齐心. 北京名匾 [M]. 北京：北京美术摄影出版社，1996：61.

之类。庙宇匾额不但有为建筑本身命名的,如"大雄宝殿",而且有宣扬教义的,如重庆市主城区老君洞三清殿上的一块匾额,

● "老而不老"匾额

不容易辨识的"老而不老"四个大字体现了道家"我命在我,不在天地,性命双修,长生不死"的理念。教育机构如学校等通常悬挂匾额,用以标识其功能和目的。这些匾额对于指引人们找到学府或获取知识起到重要的导引作用。院校堂馆、府第民居的匾额也起到标识作用,帮助人们了解建筑的性质和用途。

(二)宗教学的史料研究、价值引领

寺庙、教堂等宗教场所的匾额可以反映宗教教义、神灵崇拜和信仰实践,为宗教研究提供重要的历史资料。这些匾额代表了宗教信仰和宗教文化,阐发浓缩的宗教大义,具有宗教学价值。

林声认为,许多匾额带有宗教色彩,"这是因为许多名匾集聚在庙宇寺观、陵墓祠堂之中。除部分为寺庙古刹题名外,多是宣扬教义,其中又多是佛经道藏和古兰经禅学,教理深奥"[1]。如青海瞿昙寺悬挂的斗匾"独尊",意为佛家是唯一的尊者、圣者;陕西西安清真寺阿拉伯文"一真"古匾,指真主独立无偶,为天地万物之主宰;甘肃省秦安县兴国寺的大匾"般若"二字,指如实了解一切事物的智慧;甘肃张掖大佛寺正殿高悬的"无上正觉"匾额,是说释迦牟尼的觉行达到最高境界;福建九侯

---

[1] 林声. 中国匾文化初探[J]. 社会科学辑刊,1995(6):120-126.

禅寺有"洗心之藏"匾额,乃道家"洗濯邪恶之心"之意,也就是《易经》上说的"圣人以此洗心,退藏于密";重庆老君洞石匾"笑傲烟霞"表达的是一种淡然豁达、笑看人生的态度。

● "笑傲烟霞"匾额

在清康熙年间,有许多宗教场所曾获得过皇帝亲笔题写的匾额。以《清圣祖实录》所记载的为例,如为董仲舒庙题匾"阐道醇儒",为周敦颐祠堂题匾"理明太极",为陆秀夫祠堂题匾"忠节不磨"等可属于"儒教"的范畴。对奉行道教的宛平县的玉皇庙,圣祖御书匾额"万象同瞻"[1]。顺治、康熙也曾给基督教的宗教场所如北京天主教南堂题匾"钦崇天道""敬天";光绪帝赐给卜奎(齐齐哈尔)清真寺的"急公好义"匾等。

三、促进公平正义

匾额具有强大的凝聚力,是维系中华儿女共创辉煌的精神纽带,在保障和促进社会公平正义方面发挥着重要作用。故宫中和殿乾隆皇帝题写的匾额"允执厥中"(允:诚信,执:遵守,厥:其,中:中正),意思是诚恳地秉执其中正之道,才能治理好国家。

● "允执厥中"匾额

---

[1] 于敏中. 日下旧闻考一百六十卷 [M]. 北京:北京古籍出版社,1985:1572.

悬于公堂之上的古代官匾"明镜高悬""公正廉明""明察秋毫"等，孙中山先生所题的"天下为公"匾额，光绪二十二年（1896年）的民间匾额"公正可风"，都体现了公平正义。明代《南都繁会图》描绘了明晚期南京城商业繁盛的情景。画中店铺摊点密密实实，招牌广告林林总总，商旅行人熙熙攘攘。在"万源号通商银铺"的竖匾最下方，还标示着"出入公平"四个大字，反映了支收平当、公平交易、童叟无欺的营商理念。

● "公正可风"匾额

● 《南都繁会图》里的招牌

四、增进民生福祉

南宋抗金名将韩世忠有感于许叔微治病救人的事迹，题写"名医进士"匾相赠。民国大总统黎元洪为创办学校的宋氏人家题匾"敬教劝学"。鲁迅先生感动于刘青霞的胸怀和胆识，以"才貌双全""中国女杰"两匾额相赠。孙中山写下"巾帼英雄""天下为公"两匾额送给刘青霞。下图为两匾的复制品。

●"巾帼英雄""天下为公"匾额

重庆湖广会馆所藏匾额"二天",从上款内容得知送匾人曾得了疑难杂症,在百般求医无着的情况下,是姓唐的医生(受匾者)治好了他的病,为感激其起死回生之大恩,便送了这位医生一块"二天"匾,以歌颂、感谢其再生父母般的恩泽。

●"二天"匾额

五、倡导移风易俗

匾额在民俗学领域具有重要价值,反映了人民群众的民间信仰和生活方式。民俗匾额可以包括庙会、节庆、习俗等方面的内容,为研究中国民俗提供了有力支持。

无论是屋舍内外的装饰,还是景观的打造,增加文化氛围和艺术感,提升环境的品位,所涉及的匾额无不表达了劳动人民向往、追求美好生活的意愿。比如民居屋舍匾额的内容为"忠厚传家""芝兰入室""安乐""桂馥"等。在闽粤台等地民居以及客家人的大门口、厅堂或楼房上，往往悬挂有与该姓氏堂号有关的匾额，有的还配上吉祥图案，是融书法、绘画艺术于一体的民俗文化现象。一般而言，如李姓用"柱史家声""北海名流"，王姓用"珠树家珍""三槐流芳"，张姓用"金鉴千秋""渔阳惠政"，周姓用"爱莲世第""允文允武"，曾姓用"三省传家""武城世第"等。

民间根据礼节和风俗，在人际交往中也有匾额交流，比如祝寿时的匾额为"寿比南山""南极星辉"等，新房落成时祝贺的匾额为"华堂生辉""吉星高照"等，协调并拉近了亲戚、朋友以及邻居、远亲的关系，对于倡导文明新风、构建和谐社会大有裨益。

从城乡门匾的变化可以反映时代的变迁、民生的变化。二十世纪五六十年代，农村的门匾内容大多为"勤俭持家""耕读传家""抗美援朝""反对侵略""自力更生""艰苦奋斗""农业学大寨""工业学大庆""劳动光荣""实现四化"等，而改革开放以后特别是进入二十一世纪的新时代，脱贫攻坚任务完成前后，富裕起来的百姓修建新房的热情高涨起来。农村大门的材质发生变化，石门、木门越来越少了，油光锃亮的大铁门、透明时尚的玻璃门、方便安全的感应门逐渐多起来，门匾也都用精致美观高档的瓷砖、石材、金丝楠木等镶嵌，显得雍容华贵、富而无骄。门匾的主文内容变成"家和万事兴""欣逢盛世""厚德载物""知行合一""宁静致远""人杰地灵""人寿年丰""人民至上""初心使命""自信自强""守正创新"等，内容更为丰富和特殊。

六、崇尚爱国敬业

刘海粟为杭州岳庙题写的匾额"精忠报国"。这四字代表着岳飞为国家竭尽忠诚、牺牲一切。岳飞虽然被奸臣陷害了,但他爱国敬业的民族气节却永远留在人民的心中,永不磨灭。中华民族一向有着强烈的爱国情怀,人们都秉持着舍小家顾大家、舍小我成大我、舍家为国的精神,视国家的利益高于一切,竭尽全力报效祖国。

● "精忠报国"

如前图爱国将领冯玉祥于 1934 年题写"碧海丹心"匾,镶嵌在今山东蓬莱区蓬莱阁院内南墙石壁上,一字占据一石,款署"冯玉祥"三字,下无印钤。冯将军与同样主张抗击日寇的李烈钧将军一起游览蓬莱,且下榻于蓬莱阁,共同瞻仰明代抗倭英雄戚继光祠,观景触情,借景吟诗抒怀,更坚定了他们抗击侵华日寇的决心与信心。一日,两人决定为蓬莱阁题联写匾。李烈钧先书一联:攻错若石,同具丹心扶社稷;江山如画,全凭赤手挽乾坤。冯玉祥将军当即配上"碧海丹心"横额。当时墨汁不足,冯即濡足阁上粉墙的红土汁一挥而就。联与额相得益彰,充分表达出两位将军满腔抗日爱国热忱。原联与匾均悬挂于蓬莱阁下,后联散失,现仅存此额。"碧海丹心"四字展现其凛凛正气和爱国情操。

七、弘扬诚信友善

胡余庆堂"戒欺"匾额。"徽商是明代中叶至清道光年间中国最具实力和影响的一支商帮,曾创造了雄踞华夏商界三百年之久的辉煌。徽商的崛起称雄,和徽商吃苦耐劳的创业精神、百折不挠的进取精神以及外在时机等有着千丝万缕的联系,但是,最核心和最根本的因素是'诚信为本'的商业理念。徽商的诚信,用言行向世人彰显;徽商的诚信,是他们舍弃许多损人利己的利益才一点一滴为徽商集团打造的标识;徽商的诚信,是一辈辈徽商人镌刻于心底的烙印;徽商的诚信,是古往今来无数徽商时刻谨守的底线。"

● "戒欺"匾额

以下两图均为光绪年间民间所赠送的"乐善好施"匾额。

● "乐善好施"匾额

● "乐善好施"匾额

综合来看，社会类匾额在中国社会中具有多重功能和价值，反映了中国社会对教育、文化、宗教和民俗的重视，同时也承载了社会文化传统和价值观念。匾额的宗教学价值和民俗学价值也为相关研究领域提供了丰富的资料和素材。在彰显教育先行、强化社会治理、维护社会秩序、促进公平正义、增进民生福祉、倡导移风易俗、崇尚爱国敬业、弘扬诚信友善等方面发挥了价值和作用。

第五节　生态类匾额

生态指生物在一定的自然环境下生存和发展的状态，也指生物的生理特性和生活习性。生物圈内的生物，不论是同种或异种，彼此间都会相互影响；生物和它所生活的环境间，也会发生相互作用，这就叫作生态。生态类匾额通常涉及一切生物，涉及生物所生活的环境。出现在自然景观和人文景观里面的，不管是园林、亭台、楼阁、书院，还是官署等场所，都有生态，既有具体的生态，比如动植物的生态，也有抽象的生态，比如政治生态、文化生态等，这与前文所述有些关联。所以本节重点关注自然景观且举例说明，还关注园林、亭台、楼阁等人文打造的景观，论及咏景、助兴、抒情，激励热爱生态、赞美生态、爱护生态的自觉性与可持续性。

一、咏景抒情：崇拜自然、尊重自然

自然景观的匾额不同于给建筑物标识名称，也不同于体现建筑物及周边环境的装饰、点缀，可以抒发感情，进行观景总结。这类匾额用于标识和赞美自然景观，如山川、湖泊、森林、草原、海洋、瀑布、冰川等。这些匾额通常带有对自然美的赞美和吟咏。

匾额的文字和图案可以表达人们对大自然的崇拜、尊重和敬仰，强调大自然的壮丽和美丽。生态类匾额的主要功能之一是咏景抒情，即通过文字来赞美和吟咏自然景观的美丽和壮丽，帮助人们表达对大自然的情感和感慨。

以"西湖十景"为例，我们来研究自然景观的匾额。"西湖十景"的匾额都是康熙帝亲自题写的。宋祝穆《方舆胜览》记载："西湖，在州西，周回三十里。其涧出诸涧泉，山川秀发，四时画舫遨游，歌鼓之声不绝。好事者尝命十题，有曰：平湖秋月、苏堤春晓、断桥残雪、雷峰落照、南屏晚钟、曲院风荷、花港观鱼、柳浪闻莺、三潭印月、两峰插云。"[1]《梦粱录》卷十二《西湖》载："近者画家称湖山四时景色最奇者有十：曰苏堤春晓、曲院荷风、平湖秋月、断桥残雪、柳浪闻莺、花港观鱼、雷峰夕照、两峰插云、南屏晚钟、三潭映月。春则花柳争妍，夏则荷榴竞放，秋则桂子飘香，冬则梅花破玉，瑞雪飞瑶。四时之景不同，而赏心乐事者亦与之无穷矣。"熟悉西湖十景的人们一定会发现，当时盛传的西湖十景与今天的西湖十景并不完全相同。不但个别名称不同，而且先后顺序不同，其中改动的地方出自康熙帝之手。

清康熙三十八年（1699年），康熙帝第三次南巡至杭州，亲自题写了西湖十景的名称，几年过后再次南巡至杭州，再修改再重题，最后成了如今的模样。康熙所题匾额为：苏堤春晓、双峰插云（改"两峰"为"双峰"）、柳浪闻莺、花港观鱼、曲院风荷（旧称"麴院荷风"，改"麴院"为"曲院"，改"荷风"为"风荷"）、平湖秋月、南屏晓钟（旧称"南屏晚钟"，改"晚钟"为"晓钟"）、三潭印月、雷峰西照（改"夕照"为"西照"）、

---

[1] 祝穆.方舆胜览上[M].祝洙，增订.施和金，点校.北京：中华书局，2003：7.

断桥残雪。这些改动一目了然。现在经过人民大众的选择,四次改动两次认可,还有两次改动的"南屏晓钟"恢复为"南屏晚钟","雷峰西照"恢复为"雷峰夕照"。

西湖以其湖光山色和人文底蕴,得到了历代文人墨客的眷顾,在文学方面留下了《武林掌故丛编》《西湖梦寻》《西湖集览》《西湖志》《湖山便览》等文献,记载了大量关于西湖和古代杭州的史迹掌故,留下了大量的咏景、抒情的诗篇。

二、增智言志:启迪智慧

在我国各名胜风景区的亭子、楼阁、庭院及长廊上,匾额更是随处可见。观赏匾额,还具有增长知识、表达志向和意愿的功能,它们对其周围的山色水景往往起到了画龙点睛的作用。如果周边环境糟糕、污染严重,匾额的功用则无法体现。因此,防治污染、保护环境非常重要。

由于匾额有如此之功用,故大凡有文物古迹和风景名胜之处多有匾额,它们与名山胜景相辅相成,装点景色。比如,始建于辽清宁二年(1056年)的山西应县木塔,高67米有余,是中国现存唯一的纯木结构楼阁式塔,也是世界上最高的木构建筑,距今已有900多年的历史。对于这样一座如此高大雄伟、结构精巧的木构建筑,应当何以名之、状之、赞之,历史上的骚人墨客、书家、学者和艺术大师们,便充分利用了匾牌这一艺术形式,积极发挥其高妙的点睛作用,挥毫题写了层层匾额,将古塔辉映得更加辉煌而绚丽。

这些匾额不仅文辞精练,寓意贴切,而且书法遒劲,气势轩昂,堪称文学和书法艺术之瑰宝。当然,现存木塔内外的数十块牌匾不但具有文学和书法艺术上的价值,而且也是木塔修缮历史和重要活动的珍贵史料。例如,悬挂在第五层南面外檐的一块"峻极神工"匾额,是明成祖朱棣于永乐四年(1406年)北征时亲笔题写,这四个字不仅高度评赏了这一木构杰作,而且也是这一重大政治军事活动的真实记录,保护木塔、保护历史记录的重要性就显示出来了。

●应县木塔　　　●"峻极神工"匾额

在全国各地的园林中还有大量匾额存在,这些匾额如园中颗颗珠玑,与园林建筑、湖光山色交相辉映,使游人在旅游观光中长知识、增智慧、受启迪,游兴盎然,流连忘返。湖北黄州东坡赤壁景点,李鸿章题的"二赋堂"三个鎏金大字,以及堂内刻有苏东坡的《赤壁赋》《后赤壁赋》,把游人引入三国赤壁大战,随滔滔江水吟唱起"大江东去"的千古绝句。

●"二赋堂"匾额

江苏省苏州市吴江区的同里古镇里面有个园林叫"退思园"，是清光绪年间安徽兵备道任兰生回归故里后建造的一座私家花园，取《左传》中"进思尽忠，退思补过"之意而建造。"退思园"匾额，重庆市云阳县张飞庙的"江上风清"，它们与长江流水、园林建筑等交相辉映，让游客在旅游时增长知识、受到熏陶、增强游兴。有了匾额，园林建筑艺术增色不少。文字与建筑珠联璧合，是我国古代建筑的基本特征之一。

● "退思园"匾额 　　　　● "江上风清"匾额

● "忠王府"匾额

"忠王府"匾额位于江苏省苏州市东北街、与拙政园毗邻的太平天国忠王府，是清代农民起义政权太平天国忠王李秀成的王府，也是当年太平天国运动时遗留下来的、保存最完整的建筑物。注意匾文字体，特别像我们现在的印刷体"宋体"。此府没有被拆除，本身就说明历史和环境保护的重要性。

三、寓教辩正：人与自然和谐共生

大自然是人类赖以生存发展的基本条件。在我国各地随处可见的匾额传达了人们与自然相融的愿望和情感,尊重自然、顺应自然、保护自然,匾额集寓教于乐、明辨是非、改正谬误于一体,可以促进人与自然和谐共生。

林声认为:"名胜名匾是名胜景观重要的人文景观资源,有着观光助兴、增长知识、寓教于乐的导游功能"。[1]这类匾到处皆有,以北京颐和园为最多。仅长廊一处即有数十块,长廊的两头进出口均有匾额,长廊中间的四个亭子也挂了数块匾额。四个亭子的正面匾额,是按春夏秋冬四季并结合湖光山色和周围环境所题,分别为"留佳""寄澜""秋水""清遥"。四亭之名,情景相切,富有诗情画意。乾隆御笔"秋水亭"黑漆描金木匾。"秋水亭"匾额,意即"观赏清澈湖水之亭"。语出唐代王勃的《滕王阁序》:"落霞与孤鹜齐飞,秋水共长天一色。"用现在的话来说,就是人与自然和谐共生。

● "秋水亭"匾额 　　　　　　● "化动八风"匾额

上右图为慈禧御笔"化动八风"木匾。"化动八风"意即"德音之乐可以教化人心、移风易俗"。语出南朝梁·刘勰的《文心雕龙·乐府》:"夫乐本心术,故响浃肌髓,先王慎焉,务塞淫滥。敷训胄子,必歌九德;故能情感七始,化动八风。"该匾用蝙蝠形装饰,意即谐音"福"。"化动八风"匾额蕴含了教化、祈福之意。

---

[1] 林声. 中国匾文化初探 [J]. 社会科学辑刊,1995(6):120-126.

作为五岳之首的泰山，它不仅是世界著名的风景胜地，也是中国历代封建帝王封禅、祭祀的重要场所。在坊门上书写坊里名称之额，也即匾额源流之一种。泰山之牌坊甚多，在登山正路上标志登山行程和位置的，有遥参坊和岱宗坊等无数匾额珍宝，它们不仅标志着建筑物的名称和内涵，而且指示着登山行程或有其特殊意义。泰山岱庙内存有秦、汉、晋、唐、宋、元、明、清历代诸多碑刻，其中不少碑刻具有极为重要的历史价值和艺术价值。当然，泰山之碑中，当首推岱顶大观峰之《纪泰山铭》这一巨碑，该碑为唐开元十四年（726年）唐玄宗李隆基封禅泰山时所书。被称为"自汉以来'碑碣之雄壮'未有及者"。但是，后人在其上加刻"天下大观"四字，虽云极称颂之谀词，实则有损于原貌。因为坊表和碑首之匾额，在中国匾额文化中占有十分重要的位置，加刻之后，反而显得违反自然、破坏和谐。

● 《纪泰山铭》

四川宜宾"大观楼"匾额，"大观楼"这三字很难写，"大"字笔画太少，"观楼"二字笔画太多，能写得如此协调，真不简单。此匾高约七尺，为乾隆乙酉冬月长白讬隆题（长白讬隆为当时的知府，这三字不是他本人书写，而是他的幕僚冀宣明代笔）。

四川宜宾"大观楼"与云南昆明"大观楼"有得一比。昆明大观楼的匾额，由孙铸于同治年间榜书。大观楼匾额与长联二者交相辉映，是融合了滇池优美的自然环境与昆明深厚的人文积淀的古建筑珍品。既与中国主流传统建筑文化一脉相承，同时，其昆明"五墨"彩绘及挑檐檩枋头木雕均为象头或花卉图形等，又具有鲜明的地方民族文化色彩，体现了民族文化的交融。

● 四川宜宾"大观楼"匾额

● 云南昆明"大观楼"匾额

生态类匾额代表了人们对自然的崇拜和尊重，同时也强调了自然环境的美丽和宜人之处。它们在园林建筑和自然景观中扮演着标识、装饰和抒情的角色，增添了环境的文化氛围。生态类匾额通过咏景、抒情、助兴的方式，鼓励人们更深刻地欣赏和体验大自然的美丽，促进了人与自然的和谐相处。

第六节 "错"字类匾额

本节介绍一些不属于前述类别的匾额，就是"错"字类匾额。错字类匾额指的是匾额上出现的对照当今的规范字属于错别字、拼写错误或书写不规范的情况。这些匾额可能是由笔误、刻错或排版错误引起的,也有的是书写者故意造成的。错字类匾额在语言学研究和文化研究中具有价值,反映了文化传播和语言使用的情况。

一、意象生造的"天""地"二字

据媒体报道,长城最重要的关隘雁门关,被誉为"中华第一关",其上悬挂的千年"错字"匾额无人敢改!

"天险门"为关城南侧的第一道城门,它的主体为明代城楼,在门楣上方的匾额上雕刻着"天险"二字。很多游客都以为"天"字写错了,因为在古代与现代的汉字中均找不到这个字。其实这块匾额为武则天题写,"草为头,田为腹,戈为基"的"天"字是其独创的"则天文字"。武则天给雁门关另一座"地利门"题写的关名已模糊不清,无法辨认。这个"地"字的写法为"山为头,水在中,土为基"。千百年来,这两处匾额一直没改。

● "天险"匾额 　　● "地利"匾额

二、具有哲理的"流""在"二字

江苏省扬州市大明寺平山堂的正堂左边有一匾额,匾额的主文是"风流宛在"四个大字,这四个字中居然有两个错字。一是"流"字少了一点,二是"在"字多了一点。

● "风流宛在"匾额

　　为什么出现多一点、少一点的情形？据说在清光绪年间，两江总督刘坤一为回忆、怀念曾在扬州做太守的欧阳修所作的。欧阳修主政扬州时，是个"风流太守"，留下不少风流韵事。两江总督刘坤一故意把"风流宛在"中的"流"字少写一点，把"在"字多写一点，意思就是希望少点风流、多点实在，寄语后人也应如此，一多一少极富哲理。"流"字也在东晋王羲之的《黄庭经》、王献之的《洛神赋十三行》。唐代柳公权的《玄秘塔碑》《神策军碑》、欧阳询的《九成宫醴泉铭》。宋代苏轼《丰乐亭记》，元代赵孟頫《寿春堂记》等书法名帖中出现过。

三、令人叫绝的"富""章"二字

　　在山东省曲阜市的孔府，正门坐北朝南，大门正中上方悬挂着一块"圣府"匾额，蓝地金字。大门两旁有一副楹联，上联为：与国咸休安富尊荣公府第；下联为：同天并老文章道德圣人家。上联中的"富"字少上面一点，宝盖头成了秃宝盖，下联"章"字下面的一竖一直通到"立"字下面的一横处，把"日"字冲破了成为"田"字。

　　一般的解析是："富"不出头，意思是"富贵无顶"；"章"字下的一竖出头，则表示"冲破日头""文章通天"，这是对孔府的一种赞美。

　　这副楹联相传是清代书法家纪晓岚手书。这副对联的

●孔府

●"章""富"二字

"富""章"二字不是真的写错了，更不是将错就错，而本来就是书法的一种正常写法。"富""章"二字的书法写法在清代之前早已出现。比如"富"字没有上面一点的写法，出现在东晋的《好大王碑》，唐代柳公权的《神策军碑》，明代文徵明的《千字文》等名帖之中；"章"字最下面一竖直通上面的写法出现在东晋卫夫人的《近奉帖》，隋朝智永的《真草千字文》，唐朝褚遂良的《倪宽赞》、欧阳询的《丘师墓志》、颜真卿的《干禄字书》，元代赵孟頫的《三清殿记》，明代董其昌的《自诰身帖》等名帖。因此，"富""章"二字这种写法不是纪晓岚的独创，而是一种正常的、普遍的书写方法，也体现着古人"财不外露、富不出头"

的低调、中和思想,以及古人"文章破日、智慧通天"的齐物、格致的思想。

四、多了一横的"明"字

明孝陵位于江苏省南京市,是世界文化遗产,也是全国重点文物保护单位。在"全国重点文物保护单位"的石碑上,"明孝陵"写成了"眀孝陵"。在明太祖朱元璋陵墓宝顶的正南面的石砌墙体上,写有"此山眀太祖之墓"七个字,这两个地方的"明"字都写成了多一横的"眀"字。"眀"这个字是错字吗?

东晋大书法家王羲之《东方朔画像赞》《乐毅论》《黄庭经》《金刚经》、王献之的《洛神赋十三行》,唐代颜真卿《多宝塔碑》、柳公权《玄秘塔碑》《大唐回元观钟楼铭》《神策军碑》、欧阳询《九成宫醴泉铭》,宋代苏轼《宸奎阁碑》,元代赵孟頫《妙严寺记》等,很多名帖都将"明"字写成了"眀"。在成都著名的武侯祠内,有块匾额叫"眀良千古",新都的宝光寺有"光眀世界"匾;济南市门牌上的"明"字,同样写成了"眀","大眀湖"、青岛市"眀道观";还有"南京市眀城垣史博物馆"等。有人把多写一横的原因解释为:用"目"字代替少一横的"日"字,代表着智慧。智慧加上眼目,就是慧眼。"明君之明重在能识人、识势",所以重"目",而诸葛亮正是这样有眼光的人,所以武侯祠"眀良千古"就用此意。

从书法古帖、匾额来研究,当时写成"眀"不是错字。按照当今的规范汉字,不能写成"眀"了。加了一横的"眀"字被废止了,"眀"只在书法中出现。

明代结束了,就是清代。清代的文字狱很严酷,写"明"字会被冤,认为其要反清复明。所以要避讳"明"这个字,把"明"写成"眀"的现象就很多。当时文人们在各种场合都不敢直书

●"明孝陵"石碑

●"此山明太祖之墓"石刻

●"明良千古"匾额

大明王朝中的"明"字,在不能绕过此字时,就把"日"改为"目",写成"眀",简直就是"睁眼写错字"。

五、多了一横的"避"字

在承德避暑山庄正宫内午门中门上方,悬挂着一块"避暑山庄"匾额。匾的四周环绕鎏金铜龙浮雕,蓝色的匾心"避暑山庄"四个大字金光闪闪。稍微仔细一看,就会发现第一个"避"

字右边"辛"的下部多写了一短横。这可是康熙皇帝于康熙五十年（1711年）的亲笔御书，为什么多一横？有三种解释供参考。

● "避暑山庄"匾额

解释一是早先在清代，两个"避"字可同时使用，无论哪一种写法都是正确的，是一种异体字现象。在这里康熙皇帝是为了追求书法美才这样写的。唐代欧阳询的《九成宫醴泉铭》、颜真卿的《东方朔画赞碑》《李玄靖碑》，元代赵孟頫的《三清殿记》等名帖中，"避"字就多写了一短横。

解释二是从历史的角度来看，1703年始建避暑山庄时，康熙皇帝已经取得了各个方面的胜利，收获了经济、科技、文化的辉煌成果。建筑避暑山庄，乃是为了显示他对未来目标——"万世缔构"的自信。因此，康熙亲笔题写，并将"避"字有意多写了一笔，并没有人怀疑他写了错字，却引得不少饱学之士猜想他当时的心态。

解释三是从史料记载来看，康熙皇帝特意加了一笔，是他认为"此是避暑之避，不是避难之避"。原来，皇上忌讳"避"字有"逃避"的意思，不吉利，所以大笔一挥加上一横，这样就没有"逃避"之意了。

六、少了一横的"院"字

据说，当年咸丰皇帝驾临天津市蓟州区的独乐寺，为寺内的一个四合院题写院名,即兴写下了"报恩院"三个大字。但字写好后,咸丰皇帝才发现"院"字少写了一横。"院"在古代书法名帖当中没有这种少写一横的例子。此字明显错写,随行官员们也都看出来了,但不敢声张,因为皇帝写的字,哪个敢说写的是错字?正在大家疑惑时,咸丰皇帝解释道:"人要知恩

● "报恩院" 匾额

图报,佛家说要报四重恩:佛恩、父母恩、众生恩、国土恩,一生是报不完的,所以'完'字的笔画不能写全。"

七、不带钩的"门"字

紫禁城中许多匾额的"门"字多不带钩,这究竟是为什么?

北京前门的匾额"正阳门","门"字最末一笔不挑钩。民间就此编出故事,说是皇帝不让写匾的人挑钩,为什么呢?据说皇帝出于这样的考虑:我去天坛祭天,要走正阳门,门若带钩,不是把我剐了吗?可见在门匾上写字还是极具学问的一件事。

● "隆宗门" 匾额

● "正阳门"匾额　　● "集贤门"匾额

"门"字不带钩的原因有很多种传说。传说有以下几个原因。

一是防火。据说，南宋时期，有一次都城临安的玉牒殿着了火，一直烧到了大殿门口。大臣们认为，匾额上"门"字的末笔一钩，是火笔，把火灾钩了、招了出来，于是把门上的匾额拿下投入火中，火势才息。门字的钩，有火钩之嫌。从此，门匾上的"门"字末一笔只可直直地竖在那，门字都不带钩了。

二是皇帝忌讳。皇上是真龙天子。龙，虽然跟鱼虾不同，可但凡水中之物，没有不怕钩的，什么钓鱼、钓虾，全都用钩。"门"字带钩，"钩"除了可以钓鱼虾外，还可以钩住一切水生动物，当然也包括象征着天子的"龙"。既然这钩子是皇帝的忌讳，皇城的城门上，也就不敢写钩，"门"字最后一笔自然是直的了。

三是聚贤。明代书法家、中书舍人詹希原善大书，兼欧虞颜柳，凡宫殿、城门、坊匾皆希原书。他书写明朝匾额时，将"集贤门"的"门"字的末笔写成了上挑的钩，多疑的明太祖朱元璋认为"我正想集天下之贤士，你却为我关门塞贤，其罪可诛！"于是将詹希原斩杀。原来，皇帝充分运用想象力，嫌这"门"字的一挑钩，阻碍了人才进门的通路，闭塞了贤路。从此，人们再题写带有"门"字的匾额，就都不敢写这个钩了。后来明朝迁都北京，这个旧习传承下来，所以"门"自然而然没有钩。

其实，皇帝有"集贤"之心，还愁人才无门路？因为在乎门字一笔画，一个皇帝、一个大臣、一个封建、一个冤死。

四是"门"字的演变。从甲骨文，到金文、篆文承续甲骨文字形，直到隶书，"门"字都是没有钩的。到后来的楷书、行书，就有一钩了。门字在魏碑、简牍中有最后一笔带钩的例子。

八、最有说法的"鱼"字

"花港观鱼"是西湖十景之一，那块石碑"花港观鱼"，就是康熙皇帝的御笔。石碑上的"魚"字，应该是四点，康熙皇帝故意写成了三点。为什么呢？据说康熙皇帝信仰佛教，有爱惜生灵、不事杀戮的好生之德，题字时康熙皇帝想到"鱼"字下面写四个点不好，因为在古代，四点代表"火"字，鱼在火上烤，还能活吗？这可是杀生啊！于是康熙皇帝有意少写了一点，成三点。三点代表"水"字，这样在花港就能欣赏到鱼儿在西湖中欢快地游来游去的场景。

● "花港观鱼"石碑

其实，"鱼"字下面三点的字，在古代书法名帖当中已经出现。比如隋朝《杨景墓志》、唐代《李戬妃郑中墓志铭》、元代赵孟頫《六体千字文》等书法字帖。"鱼"字下面为四点的字，有唐代颜真卿的《颜家庙碑》《东方朔画赞碑》等书法字帖。

九、情真意切的"峰"字

康熙在山西五台山题字时，将"灵峰胜境"中"峰"字少写了一横。

相传，康熙听说其父顺治在五台山出家，于是借拜佛为名，悄悄打听其下落。行到灵鹫峰附近，刚好遇到一个仪表非常的僧人，自称"八乂"。康熙下山后反复念叨"八乂"，这才猛然醒悟，原来那个僧人就是父皇，而后题字有意少写一笔，寓意"父子缘薄不相识，人生有憾难圆满"。

● "灵峰胜境"匾额　　● "碑林"匾额

十、照见心境的"碑"字

陕西西安碑林是个书法圣地，始建于宋哲宗元祐二年（1087年），清代始称"碑林"。这里最显眼的字是"碑林"的"碑"字，居然少写了一撇。"碑林"二字出自清代著名爱国将领、禁烟英雄林则徐之手。

道光二十一年（1841年）六月林则徐被构陷革职，发往伊犁。七月林则徐途经西安，来到碑林，郑重地写下了"碑林"两个大字。有人认为这是他当时心境的自然流露和有意照见：我被革职、被遣戍，丢了乌纱帽，就把"碑"字头上的一撇省掉了。其实这不对。理由之一是林则徐离开西安时，写下了"苟利国家生死以，岂因祸福避趋之"的诗句来激励自己，以对当时失落心境的精神提振。二是"碑"字上面少写一撇，在古代书法名帖当中已经出现。比如东晋王羲之的《孝女曹娥碑》，唐代柳公权的《玄秘塔碑》《神策军碑》、颜真卿的《多宝塔碑》《颜勤礼碑》、欧阳询的《皇甫诞碑》，元代赵孟頫《胆巴碑》明代的文徵明的《小楷书千字文》等书法名帖。

十一、天下第一的"第"字

匾额"天下第一关"是明代书法家萧显所题写的。每个字都有1平方米见方。在笔画的处理上，把第一的"第"字写成草字头的"苐"，减少了笔画，减轻了视觉上的重量。"天下第一关"五个大字都为楷体，笔力雄厚遒劲，与城楼气势浑然一体。

其实，"苐"字上面把竹字头写成草字头，在古代书法名帖当中已经出现。比如南北朝的《元显儁墓志》，唐代颜真卿的《颜勤礼碑》《颜家庙碑》、欧阳询的《丘师墓志》，元代赵孟頫的《杭州福神观记》，明代文徵明的《金刚经》等名帖。

● "天下第一关"匾额

十二、厦门大学的校匾写错了三个字？

厦门大学的校匾中，首先"厦"这个字里面，似乎少了一

横;"门"字则少了一点;至于"学"字,更是没有了宝盖头。似乎这三个字都是错别字。值得一提的是,厦门大学门匾上的字,

● "厦门大学"校匾

出自鲁迅先生之手。鲁迅曾经于1926年到1927年间在厦大任教,担任厦门大学国文系的教授。为了纪念鲁迅先生,就选用鲁迅先生曾经写的字,集出来,作为学校的题名。

乍一看,前文的解释似乎有道理。但事实上,属于过度解读,这四个字根本就不是什么错别字,而是用草书写出来的书法字而已。我们所看到的"厦门大学"字样,属于行草,介于大草与行书之间,简笔较多,因此,以规范汉字来看,似乎汉字笔画被省略了。但是,只要草书书写规范,字形有根有据,便不为错字。

就以"学"字为例,如果对比常规写法,很明显是少了一个宝盖头。但是,如果把这个字放在草书里面,那它差不多就是这样写的。因为草书的一大特点,那就是把字形简化,留其意而不拘于形。当然草书笔画省简要有根有据,即便是大草也要遵循简化规律,不可生造,更不可凭自己的喜好任意减省。这需要接触书法才会明白其中的道理。

再比如"门"字,从常规写法而言,既没有那一点,也没有那一个钩,绝对是错别字。但是如果放在草书里面,那简直就是规矩得不能再规矩了。在许多的草书作品里面,门这个字,那也就是一笔的事儿,一个横折就能搞定。

很明显,"厦门大学"的这几个字,就是鲁迅先生的书法作品。因为鲁迅先生所处的那个时代,汉字还没有完全开始简化。如果不是简化用笔的草书,那应该写繁体字才对,然而我们看

到的却是类似于简体字的写法。

鲁迅的字，字法自然古雅，笔法力沉笔稳，线条含蓄有致，风格低调内敛。鲁迅先生流传下来的书法手稿中，特意将这几个字给摘出来，然后拼成"厦门大学"校匾。这种方式在书法里叫"集字"，集字就是从名家笔迹中找到我们想要的字，按照一定的审美要求拼起来，是书法学习和创作中惯用的一种方式。

比如岳飞的"还我河山"四个字，就并非岳飞亲手所书，而是抗日战争时期，为激励抗日民众，周承忠从岳飞所流传下来的墨迹中，集字而成，这件事前文已述。所以说，这不是鲁迅先生专门写给厦门大学的"错别字"，而是当初在鲁迅先生手稿中选字的人选中了这几个所谓的"错别字"。当然，这里的错别字，仅仅是针对我们当下日常使用的汉字标准字体而言。

类似于"厦门大学"校匾这种，从鲁迅先生的书法作品中集字来给自己题名的例子还有很多。比如《参考消息》这个报纸，其报头就是从鲁迅的手迹中选出来的。其中"考"字，写得很像"政"字，所以经常会有人将其读成"参政消息"。

所以，关于厦门大学门楣上的校名，其实是没问题的。因为它本身就是从鲁迅先生书法作品中找出的"集字"，也称得上是一幅书法作品。这不是错别字，而是一种鲁迅风格的草书，姑且称为"鲁迅体"。

总之，不是鲁迅写的"学"字不带宝盖头，而是这个"学"字用的是行草的写法，从王羲之那个时代就不带宝盖头，一直流传至今，也是传承文化，不用大惊小怪。我们之所以会认为它是错别字，只是因为一些人接触书法甚少，不认识、不会写草书的"学"字而已。

十三、国子监大街门匾出现了错别字？

国子监大街院口的门匾是否写错了字？"聖人鄰裡"四个字当中，"鄰里"的"里"被错写为了"裡"。

这个门匾上的"裡"字，用在这里，确实不对。不对的原因在于没有把简体字对应的繁体字的字义搞明白。一个简体字可能会对应多个繁体字、异体字，无论是简是繁是异，各个字的源流要先弄清楚。"圣人邻里"用繁体字题写匾额时，先要弄清楚对应的繁体字到底怎么写才对。"圣人邻里"前面三个字对应"聖人鄰"没有错，但"里"字对应的繁体字，不是"裡"，其实还是应该用"里"。

● "聖人鄰裡"匾额

因为在繁体字里，"里"和"裡"是意义完全不同的两个字，这两个字简化时都写作规范字"里"。"里"的繁体字是"裏"，"里"的异体字是"裡"。"里"和"裡"原是两个不同的字，意义既不相同，也不相通。

繁体字的"里"，是会意字，始见于西周金文，古字形从田从土，本义是居住之地，引申意思为"人群聚居的地方"。"里"还是古代地方行政组织，引申意思为"街坊、巷弄、家乡、邻居"。北京城至今还有很多用"里"来命名的地方，比如安贞里、平安里、蓟门里、永安里等。"裹"亦见于西周金文，属形声字，从衣里声，本义指衣服的内层、内部，组词为"里（裹）子"。"裹"后来简化为规范字"里"。"裡"字是"里"的异体字，没有"街坊、巷弄、家乡、邻居"的意思。

所以，如果将"邻里"的繁体字写作"鄰裏"或"鄰裡"，就大错特错了。"邻里"繁体字正确的写法就是"鄰里"。

第六章 中国匾额的审美鉴赏及当代匾额的书刻创作

在中国传统艺术的丰富宝库中，匾额作为一种独特而引人入胜的艺术形式，承载着深厚的文化内涵和卓越的审美价值。本章将通过对匾额整体审美的深入剖析，为读者呈现一个全面而富有深度的匾额艺术。

第一节　匾额书法的审美

匾额书法作为中国传统艺术中的瑰宝，具有独特的审美特点和价值，与传统的、一般的书法有所不同，因为它需要在有限的空间内表达文字和装饰的美感，发挥悬挂展示和教化示范的功能。

一、概述

匾额书法的审美是一个综合性的概念，不但体现在书法技法、书法风格等书法艺术的独到之处，而且需要综合考虑匾文与匾额整体的排列美感、装饰元素的和谐。通过深入探讨匾额书法的审美特点，人们可以更好地欣赏和理解匾额艺术的内涵和价值。匾额的整体审美也反映了中国书法在不同载体上的创新和表现。

匾额书法作为中国传统艺术中的瑰宝，在艺术中具有特殊地位，是中国书法艺术的一个分支，它需要在有限的空间内表现出书法家的技巧和创意，融合出文字和装饰的美感，因此就具有独特的审美特点和价值魅力，体现了艺术的丰富性和多样性。

二、匾文书法的审美

匾文书法在匾额艺术中占据重要地位，其审美特点不仅仅反映在文字表达上，更体现在匾文书法的独特魅力、匾额书法艺术的独到之处。

（一）相似之处

匾文书法在书法技法方面与一般书法作品保持一致。字法、笔法、章法、墨法、哲法这五个方面的技法，都与一般书法作品相一致。这种一致性使匾文书法在书写的基础上保持了传统的书法风格，同时在特定的匾额艺术要求下进行了调整。

（二）独特之处

因为要满足两个功能的需要，匾文书法与一般书法作品相比，具有不同点或者独特之处。

第一个功能是悬挂展示功能。这里包含悬挂和展示两方面。如本书第一章所述，匾是一块写上或者刻上文字（通常是大字）的牌子（通常是木板），悬或凿于建筑物或室内堂壁的上端，一般挂在门正上方、屋檐下，进行公开展示、正面展示。那么，匾文的内容，也就是大众接收的第一信息，就需要匾额文字内容能够醒目易辨识，易读、易理解，如果书写不规范，老百姓就看不懂。显然，匾额艺术具有极其强烈的人民性；想得到人民群众和专家内行的普遍认可是非常困难的。

第二个功能是教化示范的功能。匾额基本上是不可移动的，随时随地都在传播着中华优秀传统文化，发挥着宣传教育和示范引领的作用，使得匾文的文字内容必须积极、健康、向上，体现真、善、美。虽然匾文字数不多，但是寓意深刻，承载教化示范功能，其审美特征相应地走向守正、创新。

基于以上两个功能的需要，匾文书法与一般书法作品相比，至少有五个独特之处。

1. 字径较大

由于匾额需要在有限的空间内展现，字的大小对易认易读至关重要。即使利用当今科技的力量进行放大，也要考虑到大字的因素，使文字更加醒目突出。

"匾额书法多盈尺径丈。"[1]《泰山经石峪金刚经》是南北朝时期北齐天保年间（550—559年）的摩崖刻石，位于山东泰安市境内东岳泰山斗母宫东北1公里的山谷间一块大石坪上。每个字约50厘米见方。它是我国现存摩崖刻石中形制和规模最大的一处，它的字被尊为"大字鼻祖""榜书之宗"。匾额书法是大字榜书，除与一般书法作品的小字书写（比如钟繇、王羲之、祝允明、文徵明等的小楷字）具有共性，其技法和审美更多的是具有独特性。如果忽视其审美的独特性，还是长期习惯于将匾额大字同一般书法作品混为一谈，就不是正确的书法审美。

2. 点画肥厚

匾文书法的点画通常更为肥厚、饱满，这不仅有助于在远处清晰可见，还为整体书法增添了一种独特的厚重感。匾额大字的线条粗大结实，点画"骨丰肉润"[2]，间架结构

---

[1] 苏显双. 匾额书法文化研究 [D]. 长春：吉林大学，2017.
[2] 上海书画出版社，华东师范大学古籍整理研究室. 历代书法论文选 [M]. 上海：上海书画出版社，2014：62.

严整紧密,风骨峥嵘,"入妙通灵"[1]。如南宋朱熹所书的"正气"匾,明代萧显所书的"天下第一关"匾,清代那桐所书的清华大学校内的"清华园"匾。

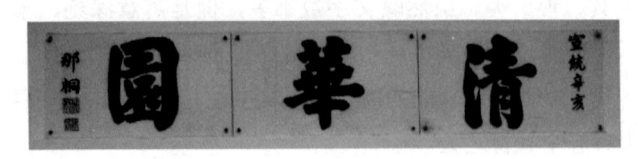

● "清华园"匾额

3. 字体受限

由于匾额的特殊要求,字体在形状上可能受到一定的限制,需要在有限的空间内保持端庄整齐,这是一种独特的审美表现。匾额中字体的选择直接关系到作品的整体效果。字体的大小、风格、笔画等因素需要根据匾额的特殊要求进行合理搭配。字体选择不仅要符合传统书法的规范,还要考虑到匾额的装饰需求,使得文字艺术与整体审美和谐统一。所以,字体非常受限。从目前所见所知的名匾当中得出的结论是:字体一般的选择为正楷、行楷,篆、隶、草、行较少。

唐代以后榜书泛称为大字书法,很少提及扁书、题署。后又提及擘窠书,一般书体为楷书。大字题榜或题匾多以楷书为主,且延续至今。偶尔出现篆、隶、草、行等书体入匾。其实,篆、隶、草、行等书体,只要符合大字书写规范,都属于榜书范畴。

4. 墨迹清晰

匾文书法的墨迹品质直接影响作品的整体效果。书法家在运用墨迹时需注意匾额的特殊要求,保持书法品质的同时,满

---

[1] 上海书画出版社,华东师范大学古籍整理研究室. 历代书法论文选[M]. 上海:上海书画出版社,2014:62.

足匾额艺术的需要。墨迹在肥厚的点画之间要有适度的空间感，要求清晰可辨，使得整体书法更加饱满有力。

5. 体态端严

与一般书法作品相比，匾文书法字体的整体体态显得更加威严端厚、方端匀称、端庄古雅、阳刚劲健、奇伟惊鸿，与匾额整体的审美风格相契合，这种独特之处使得匾文书法在审美上更显个性和独创性。

元代匾额书法高手李溥光的理论著作《雪庵字要》中，对大字书写技法和鉴赏标准有过这样的论述："大抵大字如王者之尊，冠冕俨然，有威严端厚之福相也。倘犯粗俗飘欹之态者，即小人颠沛之状，岂足观哉？"[1] 此述揭示出大字书法即匾额书法所特有的风格特征和美感。即要有"王者之尊"，其相庄重、严肃、威严、端厚、高贵、脱俗。

三、匾额整体的审美

匾额作为一种整体艺术形式，其审美价值不仅仅受限于匾文的书法和刻字，还包括匾额的整体结构、排列方式、形制工艺、装饰元素等与建筑特点、周围环境相协调等方面的因素。这是许多审美元素共同构成的、协调一致的、美美与共的一个整体。

匾额的整体审美包括了文字和装饰元素在匾额上的和谐，以及整体的艺术效果。匾额书法的审美可以从以下几个方面来考察。

（一）与环境相协调

匾额从诞生之日起就是被悬挂、展示、欣赏，匾额的整体

---

[1] 崔尔平. 历代书法论文选续编[M]. 上海：上海书画出版社，1993：187.

审美需要考虑与周围环境的协调性。无论是悬挂在建筑物上，还是用于室内装饰，匾额都要与其周围的自然环境、人文环境、社会环境、心理环境等相互协调，只有这样匾额才有存在的价值和意义。

环境艺术是创造和谐与持久的艺术与科学，匾额属于环境艺术范畴。匾额书法作品与环境的完美融合，区别于一般意义上的书法作品。匾额大字不同于悠闲抒情的书法小品，注重明确的功能展示。书写者的庄重、严肃、威严、端厚、高贵、脱俗的主体精神，与其隐藏的书写个性，必须符合环境美学的要求。匾文蕴含着丰富的内容，铭刻着历史、故事、情感，其整体需要与环境协调。匾额与环境相互协调，匾额整体才会魅力四射。

（二）为大众所认可

匾额作为一种传统艺术形式，其整体审美也需要考虑观众的接受度。

匾文的书写者，无论技艺如何精湛，身份如何高贵，"粉丝"如何众多，历来书写时都非常谨慎，有的甚至不惜"覃思三月"，以免落人笑柄。匾额的制作工序、造价等，也要为大众所认可。匾额的设计要能够引起大众的共鸣，让观众在欣赏时得到美的享受，从而增强作品的艺术价值。

（三）以人民为中心

匾额的审美不应该脱离人民的审美观念。在设计中要考虑到广大人民群众的审美需求，使匾额作品更具有亲和力和受众性。"在科技发达的今天，传统意义上的匾额书法创作已逐渐被电脑制作所取代。 走在大街小巷，作为政府形象工程一部分的牌匾'美术字'大行其道，看似制作精美，光怪陆离，实则单调乏味。与传统意义的匾额相比其传统审美意识淡薄，传统艺术精神及深厚的思想文化内涵也无从体现，与古代匾额书法的'艺术创作'早已不可同日而语。我们欣逢盛世，一方面在享受着新技术和新材料带给我们的便利和快乐，一方面也在渐渐远离了传统文化带给我们的沉厚与高雅。如何守住传统文化之根，做到古为今用，薪火不断，的确值得我们每一个人去思考。"[1]

（四）让内行所折服

匾额整体也需要在专业领域内获得认可。书法家应在对匾额的文字内容、书法技法以及装饰美感、整体设计等方面下功夫，使专业人士对其艺术价值产生认同。

（五）使视觉受冲击

匾额的视觉感知涉及匾额的整体轮廓、形状、大小、颜色、远近和表面细节，匾文所占空间大小、明暗、颜色、动静。生理学家认为：至少有80%的外界信息经视觉获得，视觉是人和动物最重要的感觉。视觉是眼睛对光线刺激的感应功能。因此，匾额整体的审美效果还需要具有一定的视觉冲击力。通过巧妙的排列、装饰元素的运用等手法，观者在欣赏匾额时产生强烈的视觉冲击，增强作品的艺术张力。

（六）于意觉得享受

匾额的意觉感知就是心意所觉察到的匾额的所有信息。信息要传导真实，不产生视觉欺骗。最终，匾额的整体审美目的在于让观者从意识和感觉上都愉悦起来。通过文字和装饰元素的有机

[1] 苏显双. 匾额书法文化研究 [D]. 长春：吉林大学，2017.

结合，整个作品在审美上达到一种美的境界，给人以艺术享受。

在匾额整体的审美中，需要注重平衡各个方面的因素，使文字、装饰、结构等元素相互融合，呈现出和谐而独特的艺术效果。匾额整体的审美不仅仅是书法家个体技艺的体现，更是中国传统文化和艺术的精髓，反映了匾额作品在文化传承和创新中的独特地位。

第二节　匾额创作步骤与方法

前文对传统的匾额的制作做了研究，清代以前的匾额制作的工艺流程及方法大致有选材、制材（制作底匾、制作匾额地仗）、拓字、镌刻（阳刻、阴刻、线刻、透雕）、上漆、制托、封匾、挂匾、揭匾等。当代匾额作品从选择题材、立意构思到作品的产生，是个复杂的系统工程，需要经过多个步骤和具体的方法。以下是一般的创作步骤和方法[1]。

一、立意

匾额的创作，首先是立意。立意是前提，包括对作品题材的确定。"意"是指作品所要表达的思想感情。意从何来？来于己之所感所触、所思所想。而在具体创作过程中，比如一件事，一个画面，一个场景，一种情绪，一种声音，一种要求，触动了你，有时就是灵感的到来，你觉得其中有意味，便可以进行匾额的构思立意了。

作品贵在立意。立意是灵魂。一件匾额作品没有了灵魂，

---

[1] 关于现代刻字创作，请读者参考王志安所著《现代刻字艺术技法与创作》第 185 页至 196 页的内容。作者以"石鼓印象之四"的创作为例，进行了完整创作过程的演绎。

也就没有了生命力。创作一件匾额，首要并不是考虑它的语言文字内容、书体形式、匾额的形象大小等，而是确定立意。无"意"之作，必定神情散漫，杂乱无章，只是文字材料的堆砌而已。立意的正确与否，决定着匾额作品的主题思想是否正确；立意的高下、深浅，决定着匾额作品的思想性与感染力。

二、准备书刻工具

当代匾额的书刻工具主要有：笔、刻刀和其他辅助工具。

笔分两种，一种是书法创作的毛笔，用于书稿；另一种是油画笔，用于匾额作品的着色。油画笔以猪鬃为佳，笔毫丰盈，含水量高，弹性强。

刻刀根据用途可分为三种：平口刀、斜口刀、圆口刀。平口刀用于塑造文字线条和清理作品底面肌理等；斜口刀用于镌刻作品较小文字、飞白线条和作品的印章；圆口刀为附属的书刻工具，偶尔用作镌刻圆刀肌理。大号木刻刀多选用钢材质、单斜面刀具，用来处理大型肌理和笔触，避免画面笔触过于琐碎；小号木刻刀可选择普通的小盒装木刻刀，用来处理细小的文字和小的肌理纹路。

除此之外，还有胶皮锤或消音锤、复写纸、调色器皿、3 秒胶、板刷、磨刀石等辅助工具。

注意，磨刀石需备油石和细石两种粗细不同的石类。磨刀方法是：先以油石研磨，磨至从正面望去刃口呈一道黑线，或把大拇指甲面斜放于桌面呈 45 度，刀杆垂直于指甲，刃口有欲切入的涩感，即为锋利。然后再用细石稍作研磨，将刀口粗糙的砂粒道磨光，呈较好的光洁度，此为护刃。经过护刃的刀具更加锋利、耐用。磨刀时石面与刀口的斜面紧贴，磨刀石与刀杆呈 90 度，右手持刀，左手辅助，平稳前后反复推拉。若刀口与石面接触不实,研磨时则会左右摇晃,致使刀口改变角度或致两边锐利的直角呈圆弧状,影响使用。

三、选材

创作者需要选择适合制作匾额的材料。材料的选择应考虑匾额的用途、环境和耐久性。材料主要有木材（纸、绢、竹、石、金属、陶瓷等）、漆料、颜料等。

选择木材,要注意三点。一是材质软硬适中,纤维略细为上乘。要用多年的旧红白松、杉木或椴木等不易变形的木料,不能用黄花松等易翘曲、变形和腐烂的劣质木材。二是木材必须干燥。平时注意保存。三是匾额木基层表面要求平整、光滑、无凹陷、节疤及划痕。

与木材相比,竹材有更强的柔韧性与抗菌保鲜力。选竹宜选择壁厚7～9毫米和竹龄4～6年的为最佳。石材通常有石灰石、花岗岩等类型,制匾需要选择牢固、耐久、美观的石材。金属材质的牌匾用的通常是不锈钢、铁板等,颜色可以按照色板定制。玻璃材质的牌匾需要考虑设计的视觉效果、字体的排版、字迹的大小,利用局部透明、图案磨砂、电镀涂层等工艺可以增强其美观度和品质感。用橡胶材质进行牌匾制作通常是印刷制作,比较适用于特定场所和品牌的推广。发泡陶瓷可以用来制作匾额。它是近年来新兴的环保材料,具有防火、防水、不开裂、不变形、安装方便快捷的特点,尤其是材质轻,密度只有石材的五分之一,可塑性强,适合运用在户外被日晒雨淋。但目前还未得到广泛推广。

匾额使用的漆料有底漆、面漆和清漆。三者功能不同,成分不同。底漆用于封闭牌匾材料上面的毛孔以及棕眼,面漆是为了增加牌匾的美观程度,让牌匾展现各种颜色效果,最后上清漆是为了让牌匾增加光泽度、硬度以及隔绝空气。实木匾额使用什么样的漆料呢？如果需要遮盖木纹，就使用防水涂料；如果需要凸显木纹，就用防水染色剂；如果需要对匾额进行翻新，要用泥浆涂料。使用工具有毛刷、海绵抹子、棉布等。

颜料是刻字所用的重要材料之一，建议选择颗粒细、色相正、纯度高、不易褪色、有较好的覆盖力和稳定性的丙烯颜料，慎用水粉颜料和广告画颜料。也可把金箔、金粉作为色彩使用，不建议用铜箔或铜粉替代，避免氧化变黑。着色的方法和材料很多，视作者的设计题材和内容而灵活选用。

四、书写

在立意和构思的基础之上确立创作主题，之后就是确定创作内容及文字。在正式书写之前，可以先按照设计草稿，试写一遍或多遍。如有条件也可使用电脑软件模拟出写实图。

接下来创作者就可以开始书写汉字。

先设想好字体。可以选用篆、隶、草、行、楷等不同字体，可根据内容选择需要的书体。

选择好适合主题的书写风格。保证书写的精确和流畅。

充分运用好书法技法，把字法、笔法、章法、墨法、哲法运用到最好。比如，字法当中的收与放、整幅作品的对立与统一的效果。

书写者必须有自己独立的书法创作意识，对古文字有较好的理解，避免错误的写法和使用错误的文字。提倡书写规范字。

可以多写几遍，选择最适合主题的、最满意的一件作品备用。

五、拓字

拓字包括阴字和阳字的拓印。当今匾额的拓字制作已经远没有古时那样复杂。

不保留字样的一般做法是：挂好横竖中线，字样摆放整齐，垫好复写纸，用硬笔沿字的笔画边缘描写，拿掉字样，字的原形就明显地留在匾额上。或者在字样的背面用毛笔蘸大白浆（或其他色浆）沿字的边缘描写，将其平铺在匾材上用手摩擦，让白粉粘于匾材之上，再用笔描勒边缘。

有人认为这叫"上板"。根据立意设计稿，将已经书写好的文字用复写纸进行描摹。在描摹的过程当中，可以对书写效果不好的部分进行适当修正，还可以直接用曲折的硬直线把书写效果描摹改造为刀刻效果，这其中千万不能忽略掉飞白效果。

要注意拓阴字与拓阳字的区别。也叫阴拓和阳拓，二者主要区别在于文字凹凸形式的不同。拓阴，是把字样描在纸上，用毛笔蘸上铅粉或淀粉（也称定粉，化工原料）水描实，以确保描实的效果清晰且均匀，将描实后的纸放在匾额的地仗上，摆端正，用布在匾上轻轻地擦字，使字样拓上。这一步骤需要耐心和细心，以避免损坏字样。如果匾额的地色为白色，可以使用香火头对字样进行描画，作法同上。字样拓上后，如果不需要保留，就把纸糊在匾上，叫糊字样，字体的尺寸可以适当放大或缩小。与此相反，阳拓则产生凸起的字样，以利于镌刻。

保留字样的做法：不管如何，笔者还是认为千万不要破坏原作，充分运用当今的科技手段来拓字，做到精益求精地复制，把原作的"魂"复制到匾额上。

六、镌刻

镌刻是一项复杂的工作，需要专业技能和工具。匾额的制作和镌刻需要精细的技术，以确保质量和精准度。

镌刻，与书写一样，也要运用好对比手法。比如刻画粗细的对比，字形大小的对比，所刻深浅的对比，字与字疏密的对比，书法线条的粗犷与俊逸的对比等。

具体而言，刻板或刻字分为刻阴字、刻阳字等。

（一）刻阴字

沿着字样边沿用斜刀稍向里倾斜把字边刻出来，再往里刻，铲出泥鳅背形，脊背的最高点要和匾地平面一样高，刻下去的深度要随字，笔画宽就刻得深一些，笔画窄就刻得浅一些，字形要有立体感，不得出现死棱角，不能损坏笔体。下款小字是一边一刀就可以铲出来，落成"V"字形。阴字底完全是平面的叫平落，刻法是先刻边，再把底铲平，完成清底。过程中要注意用斜刀连续切割，刻出"V"字槽，将笔画与周围的纤维组织断开。刀的起始位置在直刀切口内侧 5～10 毫米，刀口斜面朝下，切入深度与直刀底部重合。清底根据"V"字槽的深度，清至相同深度。清底刀法质地可选平铲、条铲等。

（二）刻阳字

阳刻与阴刻相反。阳字字体凸出匾的平面，刻字时先刻出字样，把字体以外的大面铲下去，铲平，留下的鼓面字样就是阳字，字体上面是平的。注意入刀时，刀刃在拔模线外侧，刀刃斜面朝向笔画外，依次为直切、斜切、清线底端。字体以外的空白部分需要刻到一定的深度，才能凸出阳字。阳刻作品的清底面积比阴刻作品大，所以肌理和造型要有所变化，结实而浑然一体。清底方法可用平铲、条铲、顺纹丝[1]等。现在有的

---

[1] 顺纹丝是一种更为细致的清底方法。它要求操作者沿着底部纹理的方向进行轻柔的刮擦，以避免损伤底部原有的纹理和细节。这种方法适用于需要保留底部自然纹理和质感的作品。

做阳字的方法是用薄木板镂出字样，钉在匾上再做地仗。

大漆匾做法是先做一麻五灰地仗，在地仗上刻字，上一道血料细腻子，磨光，而后上大漆和退光漆。

这里面注意特殊情形：阴包阳字和阳包阴字。阴包阳字的刻法就是保留字体不动刀，在字体边刻，沿着字边凹下去雕刻，把字体周围、字空刻掉，字体中间相对于字边是鼓出来的，感觉字体是凸出来的。如下图阴包阳刻"道"。阳包阴字的刻法就是先阳刻出立体表面，再在这个凸起的表面上阴刻，让字体中间的部分凹下去。如下图阳包阴刻"扁术"。

● "道" 匾额 　　　　　● "扁术" 匾额

（三）堆字

堆字的准备工序和阴字相同，铲边落字，字比平面低 3 毫米左右，然后钻生，堆字。

1. 钉竹钉

字体的笔道长度超过 60 毫米就要钉竹钉，钉三排钉，中间一排，两边各一排，呈梅花状布置，钉的长度占字长的二分之一，先钻孔，后钉竹钉，钉的高度随字，中间高两边低。

2. 捆麻

用麻线先捆中间的一行，然后再用线麻把两边的竹钉和中间一排的连在一起，横截面呈半圆形。第一道灰堆得稍低于竹钉，用铁板顺平，刷一道油浆，刷去死垄，随高就低，笔道宽就堆得高一些，笔道窄就低一些，要堆顺，这道是扫荡灰，灰干透以后划出印道。

3. 中灰

用铁板上中灰，上满以后，拿刷子蘸浆，刷顺，干透。

4. 糊夏布

在中灰上刷满油糊夏布，笔道较窄在25毫米以下者可以不糊布。

5. 压布灰

在干透的夏布上用铁板、小皮子、刷子上中灰，干透以后磨顺，磨光。

6. 细灰

字体的大片用铁板、皮子刮灰挣灰，小面积用刷子蘸上水刷掉铁板刮出的棱角，下透以后用小砖头、砂纸磨细灰，钻生桐油一道。

堆字各道油灰不能离样，每做一道灰，字边就增厚一层，最后一道灰和字边的刻棱一样平。

7. 缉字

缉字就是在匾额上直接写字。

匾额地仗成活以后在上面拓字样，用捻子和细笔蘸上油漆描边，然后换大笔填字心，字体和匾在同一平面，不凹不凸。缉字以后要求不流、不坠、不花不走样，缉字多用在牌子上。

（四）飞白

用毛笔在宣纸上书写时，仍需用刀的语言来表现因毛笔动作缓慢、墨量逐渐减少而产生的飞白度。飞白刻工精湛，能使立体造型的线条赋予笔墨情趣，再现原作神韵。

1. 凹版作品为白色。镌刻的笔画是凹陷的，笔画中有飞白，飞白斑驳的虚线是正雕，散落在笔画外的是负雕（这里的负雕是指将图案的一部分挖出，使显示的图案低于面层）。

2. 阳刻作品飞白。阳刻线条突出，若线条中有白点，则为阴刻，若散落在线条外，则为阳刻。

雕刻飞白所用的刀是斜刀，雕刻的深浅视作品的大小而定。若面积约等于 40 厘米 ×40 厘米，则雕刻深度为 1～3 毫米；如果大于 60 厘米 ×60 厘米，深度为 2～4 毫米。刀法即推冲法。

七、修正

一旦匾额刻制完成，创作者应该进行审查和修正。这包括检查汉字书写的准确性、装饰元素的完整性和材料的质量。任何错误或不满意的部分都应该予以修正。然后是绘制装饰元素。这应与主题和汉字相协调，增强匾额的整体美感。

八、上色

上色也叫着色，这主要是针对现代书刻而言的。当代匾额的上色可以借鉴。一般先将完成后的木板浸湿，用稀释后的重色丙烯颜料布来涂抹底色，注意抹满所有细微的笔画间隙和匾额作品所有边框。待底色干燥以后，如果觉得底色不够厚重，出现发灰或者发飘，还可以再次用布涂抹，不要抹得太厚，以免破坏了匾额作品本身的材料肌理。待底色干燥并满意以后，根据自己的创作草稿或者设计稿，把阳刻部分适度提亮，或者根据自己的创作风格抹染其他颜色。注意这个环节一般是直接使用丙烯颜料，不要加水，保证板刷蘸取颜料时量少，干扫在画面上，这样出来的颜色效果既通透又能保持原木料的细节肌理。

色彩是作品的形式语言之一。忌为了过于饱和、艳丽而赋色，而是要根据题材和立意去表现内容、情感和自我，去进一步烘托作品的思想主题，做到"随类赋彩"即可。比如棕色，既具有古、旧和历史感的属性，又有坚实、厚重、力量的象征意义。

九、漆字

漆字就是给字上漆。牌匾刻字以后的上漆方法如下。

（一）前期处理

1. 清洗牌匾表面

将牌匾表面清洗干净，确保表面没有灰尘、油污和其他杂质。可以使用清水、洗洁精或酒精进行清洗，但要避免使用含有酸、碱、醇等成分的清洁剂，以免影响后续的上漆效果。

2. 打磨牌匾表面

可以使用砂纸或软布按照纹路方向进行打磨，使牌匾表面光滑，取得好的上漆效果。

（二）抹刷漆料

1. 选择适合的漆料

选择漆料时应考虑牌匾的特性和不同漆料的特性。如木制和金属制的牌匾，应选择相应的漆料。应避免选择含有酸、碱、醇等成分的漆料。

2. 将漆料搅拌均匀

漆料在长时间存放后，会出现分层，需要先将漆料充分搅拌均匀。为了避免漆料中的悬浮颗粒影响漆面光滑度，可以将漆料过滤后再使用。

3. 抹刷漆料

抹刷漆料时可以选择刷子或辊筒。在抹刷时，应按照施工顺序从上至下、从左至右，均匀抹刷，避免漏刷，避免刷痕和浮粉的产生。

（三）注意事项

1. 上漆环境要干燥、通风

在上漆前，保持环境干燥、通风是非常重要的，避免漆层受潮或受污染。

2. 上漆应避免温度太高或太低

温度太高或太低，都可能影响漆料的质量和干燥时间。一般来说，上漆时的环境温度应在10℃以上，并且要避免阳光直射。

3. 抹刷漆料要均匀

抹刷漆料时，应该均匀抹刷，避免漏刷或抹刷不均匀，影响漆层的质量。

4. 石材刻字上漆

简单一点就用油漆，不能太浓，稍稀一点，一般可保持3～5年。复杂一点用酸性染料。将表面全部抹一层蜡，然后刻字（将蜡刻掉），再把石材放进一槽子内，用酸性染料浸泡，一般要一个月左右，染料会浸入石材内，这样保持时间会很长（保持时间和浸泡的时间有关）。

5. 牌匾油漆上色

（1）打磨。牌匾在上色之前，要把牌匾的表面打磨平整，这是非常考验木工技术的，如果打磨不好，上色也不好上，那最终效果也不会太好。打磨的时候要用砂纸包裹住平整的工具，可以用长方体的木方或者其他替代物用手压住然后打磨，打磨方向先是从上到下，然后从外到里。牌匾在粗坯的时候用粗砂纸打磨，打磨到一定程度再换成细砂纸。牌匾的转角和字体这些细节部分要细致，牌匾打磨主要就是为了让牌匾更加平整光滑，去掉多余的杂质，这样才能增加油漆的附着力，所以上色之前的打磨是非常重要的。

（2）刷粉。牌匾粗坯打磨完成后，有的地方还是凹凸不平，这时候就要刷一层腻子粉，等腻子粉干燥以后再进行打磨，这样能最大程度地使牌匾表面更加平整光滑。

（3）调漆。调漆也是非常重要的，不是经验丰富的老师傅都调不出好的油漆。上漆之前要防止油漆滴到地面，造成环境污染。调漆的时候要匀速搅拌，这样才不会溅出，也不容易出现太大的色差。

（4）刷漆。要顺着牌匾的纹路均匀涂抹，不能太薄也不能刷得太厚。最后一次上漆就不需要再进行打磨了，这样牌匾的面漆基本就可以了。

6. 匾额上面的金字上漆

通常情况下，先上面漆然后再描金字，因为字比较小，所以需要用羊毛毛笔或者画油画的那种扁的画笔来上漆。这两种笔相对比较好描一些，还有的人也会用到牛毛毛笔，不能用狼毫之类的硬毛，描金字的笔刷要软，不然容易把漆溅到面板上，这样就不好处理了。类似于用刷子刷墙，一不小心油漆就溅出来了，具体还要看工匠用的什么类型的油漆。

还有的字更小，这种是直接用针管填色，用针筒吸墨然后注射到雕刻的凹槽里，然后再把多余的墨吸出来。这种字太小笔刷都刷不进去，所以只能用这种方法。

还有一种是浮雕牌匾，上面的字是凸出来的，除了上漆还可以贴金纸，贴金纸的匾通常是用在室内，室外用寿命不长久，容易掉色。

7. 关于不锈钢字的上漆

一是打磨拉丝。对不锈钢板进行激光雕刻，初步制作好不锈钢字后，为了使不锈钢字更容易上漆，会在字的表面进行打磨拉丝处理。

二是喷色测试。调好油漆后，我们会对单字进行喷色测试，以免出现过大的色差。如果喷的油漆没有问题，我们会进行二次喷漆，确保不锈钢烤漆字的颜色均匀细腻。

三是烤漆。将烤漆字做好后放入高温烤箱12个小时后再拿出来，确保烤漆字能够将油漆均匀吸附在不锈钢表面。

十、整体制作

包括制作匾托及其他附件。制作完成后，进行整体包装、封存，叫封匾，特别注意要保护好匾面。

十一、展示

匾额可以展示在适当的地方，如府第、博物馆、画廊等。展示方式应符合匾额的用途和环境。可以选定日期，举行揭匾仪式。悬挂起来的匾额，需要妥善保管和日常维护，以防止损坏和褪色。

后记

以匾研史，可探索文明；
以匾讲话，可读懂人民；
以匾习书，可强化技法；
以匾追游，可补益身心；
以匾作文，可推动"两创"；
以匾品性，可涵养人生；
以匾育人，可复兴民族；
……

中国是匾额文化的发源地，中国匾额的历史源远流长。过去在城市或乡村，匾额都被普遍使用；而如今，除了专门收藏匾额的地方外，已经很难看到有文物价值的老匾额了。大多数中国匾额，是书写后镌刻出来的，因此中国匾额从某种程度上来说，就是一种刻字艺术，即镌刻文字的艺术，利用工具在物质载体上刻画形成的有艺术美感的文字的艺术。一般而言，刻字包括传统刻字和现代刻字，故刻字艺术也可分为传统刻字艺术和现代刻字艺术。中国匾额属于传统刻字艺术。

匾额有扁、匾、楄、额、牌、牓、榜等单称，也有扁牍、扁牓、扁榜、扁额、匾式、牌扁、牌匾、牌额、牌面、白榜、榜额、署书、扁（匾）书、榜书、题署、题额等合称。匾额其实就是一块写上或者刻上文字（通常是大字）的牌子（通常是木板），悬或凿于自然物、建筑物或室内堂壁的上端，一般挂在门正上方、屋檐下。

中国匾额是一门集文学、书法、字印、绘画、篆刻、建筑、雕塑、镌刻、工艺、装潢、漆艺等于一体的综合艺术。本书运用美学、艺术学、文字学、书法学、刻字学、物理学等交叉学科的知识进行分析，实在难能可贵。

本书分为六章。第一章从刻字的渊源包括汉字的起源，对匾额的起源学说与分类予以考述，得出中国匾额"萌芽于先秦，形成于汉魏，完善于隋唐，普及于宋元，繁盛于明清，发展于民国，创新于当代"的结论。紧接着第二章对这个结论进行详细论证，把中国匾额的历史演进了一遍，也把中国古代一些擅长书写匾额大字的名家的故事，依据文献资料，简略地展示了出来；对现存匾额实物进行了考证，对各时代的著名书家进行了考证，并对中国匾额融入现代刻字艺术时未来的发展进行了展望。第三章着重讲述中国匾额的形制、制作艺术以及匾额与其他艺术的关系。第四章从平面构成、立体构成、色彩构成三方面，对匾额的现代刻字艺术表现进行了研究。第五章按照经济建设等"五位一体"总体布局的分类顺序，对中国匾额的功能作用、价值意义进行了分析。第六章对中国匾额书法和整体的审美进行了鉴赏式研究，并对当代匾额的书、刻创作进行了阐述。

研究中国匾额，势必是中华文明探源工程的一部分，是中国悠久文化史研究的一部分。匾额文化是中华民族的文化遗产，是中国文化的重要载体，传承和保护匾额文化是中华儿女的历史责任。《中国匾额》怀着抢救保护中国匾额文化的使命感孕育而生。

对于中国匾额的深入研究，还有很多事情要做。

第一，加强多学科联合攻关。中国匾额的研究取得的成果还是初步的和阶段性的，还有许多匾额的历史之谜有待破解，还有匾额的许多问题需要通过实证和研究来达成共识，特别在完整展现匾额源流、规划匾额发展未来和鉴定匾额真伪方面，还有大量工作要做。对中国匾额起源和形成的探究是一个既复杂又漫长的系统工程，需要把考古探索和文献研究同自然科学技术手段有机结合起来，综合把握物质、精神和社会关系形态等因素，逐步还原匾额的发展历程。要加强匾额研究的统筹规划和科学布局，坚持多学科、多角度、多层次、全方位，密切考古学和历史学、人文科学和自然科学的联合攻关，拓宽匾额的研究时空范围和覆盖领域，进一步回答好中国匾额起源、形成、发展的基本图景、内在机制以及中国五大区域的匾额历史演进路径等重大问题。

第二，深入研究阐释中国匾额精神。要进一步研究匾额文化当中讲仁爱、重民本、守诚信、崇正义、尚和合、求大同的精神特质和发展形态，阐明中国道路的深厚文化底蕴。

第三，需要进一步研究中国匾额的艺术表现。研究中国匾额的字体和书风表现，按照字体历史发展顺序来编排。力求把篆隶的尚古取法与高古之风、行草的抒情表现与率意之风、楷书的庙堂之气与中正之风等风格进行整体研究并表现出来。从书、刻两方面，对匾额的书写和镌刻技法进行研究，强调书手与刻手的技法，比如字法、笔法、章法等，包括刀法。

第四，推动中华优秀传统文化创造性转化、创新性发展。"学者研理于经，可以正天下之是非；征事于史，可以明古今之成败。"中国匾额是中华优秀传统文化之一，中华优秀传统文化是中华文明的智慧结晶和精华所在，是中华民族的根和魂。我们要坚持守正创新，不断推动中华优秀传统文化创造性转化、创新性发展。在"两创"推动过程中，我们要坚持习近平文化思想的根本指导，充分运用中华文明探源工程等研究成果，更加完整准确地讲述中国匾额历史，更好发挥以匾育人的作用，展示中国匾额的独特精神标识，更好构筑中国匾额精神、价值、力量。

第五，发展匾额智慧产业。让更多中国匾额文物和文化遗产活起来，营造传承中华文明的浓厚社会氛围。我们要积极推进匾额文物保护利用和文化遗产保护传承，挖掘中国匾额的多重价值，传播更多承载中国匾额文化、中国精神的价值符号和文化产品。

本书绝非尽善尽美。比如：个别地方的著名匾额，因故还没能全收进来；五大区域代表性的匾额仍有遗漏；因年深日久，字迹不清或者真假难辨的匾额，也只能放弃收入。加之全方位、多角度研究中国匾额，经验缺乏，时间紧张，水平有限，难免遗漏和考证不准，切望各位方家批评指正。相信不久的将来，定会有一部更全面、更精深的匾额著述问世。

本书部分图片源自网络，版权归原版权方所有。这里表示衷心感谢！

在本书付梓之际，首先要感谢各位朋友的辛勤付出！感谢中华全国总工会的徐乐同志以及国家文物局的江宝山同志！感谢回复政府信息公开申请的同志！感谢重庆城市管理职业学院的周毅同志及其同事！感谢对本书关心、指导并为出版等工作付出辛勤努力的所有同志！愿大家都爱上中国匾额！

● **中国匾额发展轴线**

正大光明

中国匾额

先秦及秦

萌芽期。在人口集中地的都城、宫楼、城门、宗庙之上，会有本建筑名称的标识、标牌或者标位，后来逐渐成为匾额

汉魏

形成期。造请、约请名家题写匾额的社会风气盛行。魏晋时期国家明令禁止立碑，碑刻数量锐减，一定程度上影响了匾额的发展

隋唐

完善期。全国上下认可、参与匾额书写活动，名家题写、品评匾额蔚然成风，民间的匾额文化逐渐完善

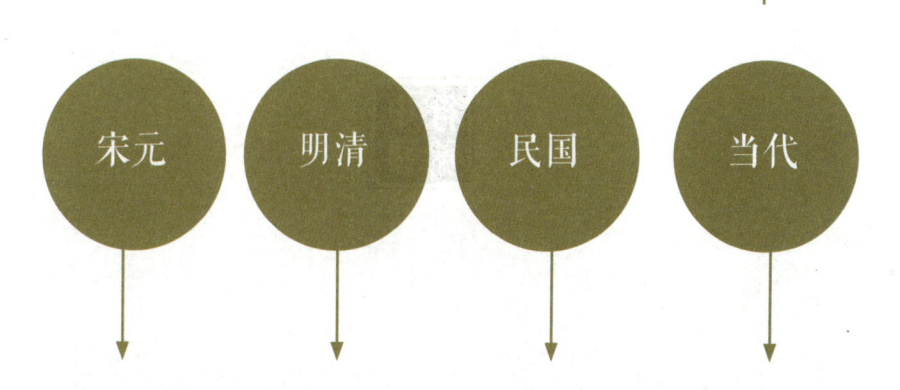

宋元	明清	民国	当代
普及期。许多帝王喜好匾额并亲书御赐、推广，匾额在全社会得到进一步普及	繁盛期。匾额、楹联成了必有的装饰形式，各书法家大显身手	发展期。官署、庙宇、商宅、园林、斋堂、雅屋、书院、民居等地均有匾额，匾额渗透到人们生活的方方面面	创新期。传统匾额与现代元素相结合，与时俱进地展示中华优秀传统文化的魅力

中國符號